あなたの自己回復力を育てる

認知行動療法とレジリエンス

マイケル・ニーナン［著］
石垣琢麿［監訳］
柳沢圭子［訳］

Michael Neenan

Developing Resilience
A Cognitive-Behavioural Approach

金剛出版

Developing Resilience : A Cognitive-Behavioural Approach
by
Michael Neenan
Copyright © 2009 by Michael Neenan

Japanese translation rights
arranged with Routledge
through Japan Uni Agency (Japan), Inc., Tokyo

監訳者まえがき

石垣琢麿

———

　つらいこと，嫌なことがあればへこまない人はいません。嫌なことを避けたり，へこまないように努力したりするのも一つの方法ですが，「嫌なことは絶対にしない」とか「いつもへこまないようにしよう」というのは無理な話です。だから，どうすればへこんだ状態から回復できるか，を考えるほうが心の健康にとっては得策なのです。

　この本のタイトルにもなっている「回復力」とは，このへこんだ状態から抜け出す力のことです。回復力は「レジリエンス（resilience）」という言葉で表されることもあります。最近では，いろいろな場面で使われるようになりました。たとえば，崩れた生態系が元に戻るプロセス，経済的低迷や災害からの復興などを考える際に，レジリエンスがキーワードになることがあります。

　著者であるニーナンは，認知療法・認知行動療法の立場から，心の回復力をわかりやすく，たくさんの例を使って説明しています。しかし，彼も「序」で書いているように，「一夜にして回復できる夢のような力」は，残念ながら誰も持ち合わせていません。また，私たちはつらいとき「元に戻れたらいいのに……」と強く思いますが，へこんだゴムボールとは違って，人は常に変化しているので元の状態に戻ることはできないのです。それに，元の状態に戻ることは本当に良いことでしょうか？　その状態，状況にいたからつらくなってしまったのでは？

　ニーナンは回復力を支える強さをいくつも挙げていますが，どれも特殊なことではなく，誰でもが知っていて，身につけられるものばかりです。いや，もしかすると，皆さんがすでに身につけているものかもし

れません。私たちは子どものころから何度もへこんで，そこから立ち上がった経験があるからです。ただ，私たちは，つらいときに（順調なときもですが）それを忘れてしまったり，うまい使い方がわからなかったりします。この本の途中では，いくつか心理療法の専門的な考え方が紹介されていますが，それにこだわることなく通読することをお勧めします。この本は，いわば「より良く生きるための生活の知恵」を思い出させてくれる本です。日常を振り返りながら自分の経験を思い出し，ニーナンが勧める方法を実践してみましょう。

　また，「あんなにつらい体験をしたのだから，これから何が起こっても大丈夫」と胸を張って言う人こそ要注意だとニーナンは言います。その人は，確かに強い回復力があったからこそ立ち直れたのでしょう。しかし，私たちの人生は，つらい体験を一度限りで許してくれるほど甘くありません。心の回復力とは，たゆまず努力することで得られる柔軟さだと言い換えてもよいかもしれません。それは自分の弱さを，ひがんだり落ち込んだりせずに，冷静に見つめることでもあります。

　この本は教科書でもハウツー本でもありません。本当のお手本は皆さんの経験のなかにこそあるのです。さあ，ニーナンをガイドにしてあなたの回復力を探しに行きましょう！

*

　最後に，この良書を私に紹介していただき編集の労を取ってくださった金剛出版の藤井裕二氏と，的確で読みやすい日本語に翻訳してくださった柳沢圭子氏に深謝いたします。

序

　逆境を生き抜き，過酷な体験を経て精神的に強くなった人に，私は物心ついたときから惹きつけられてきました。それはたとえば，捕虜になった人，強制収容所に収容された人，あるいは重い障害をもつ人などです。同じ試練に遭っても，自分は被害者だと恨みを抱き，一生がめちゃくちゃになってしまう人もいるのに，なぜこういった人たちは自分を被害者と考えなかったのでしょうか？　その秘訣は何だったのでしょうか？　このような非凡な人たちの伝記を何冊も読んで見えてきたのは，過酷な状況に打ち勝とうとする彼らの決意でした。自分が置かれた新たな環境に適応し，逆境との闘いに建設的な意味を見つけようとしていたのです。逆境にどう対応するかは，周囲の状況が決めることではなく，自分自身が決めることだと彼らは言います。言い換えれば，どのような態度で臨むかは自分で選び取る，ということなのです。

　認知行動療法家である私もやはり，出来事への反応を決めるのは，出来事自体ではなく，自分がその出来事に与える意味（態度）だとクライエントに伝えています。「重要なのは，人は概して人生に起きる**出来事**ではなく，出来事に対する自分の**解釈**に反応するということである。同じ出来事が起きても，人によってまったく違う反応を示すことがある」(Antony and Swinson, 1998〔強調は原典通り〕)。逆境への自分の対処がどれだけ上手か，あるいは下手かを知るには，自分の態度を見きわめることが非常に重要です。本書では，回復力（レジリエンス）に関する説明と，回復力が実際に働いている例を，認知行動療法の観点から見ていきます。登場するクライエントは，個人が特定されないよう架空の人物にしてありますし，クライエントと私の会話は，忠実に再現したもので

はなく，わかりやすさを重視して再構成してあります。

　クライエントの問題の大半は誰の人生にも起きそうなもので，規模も程度も偉人たちの試練にはおよびません。本書は，従うべき手順や記入すべきフォーマットが載っているマニュアル本ではありません。回復力を解説し，称える本だと考えてください。さまざまな問題に対峙して乗り越えた人たちの話から，どうすれば逆境を勝利に変えうるかを示しています。あなたが本書から有益な教訓を引き出して，苦境のなかを前進する建設的な方法を見つけられるように願っています。

　最後に，長年の同僚であるロンドン大学のウィンディ・ドライデン教授に謝意を表します。ドライデン教授は寛大にも，原稿を読んで改善すべき点を示してくれただけでなく，第1章の内容について貴重な提案もしてくれました。もちろん，本書のなかに誤りや不備が認められたなら，それはひとえに私の責任です。

あなたの自己回復力を育てる
認知行動療法とレジリエンス

【目次】

- ◉監訳者まえがき──石垣琢麿／003
- ◉序／005

第1章　回復力とは何か？　　013

はじめに──013／逆境から「飛び起きる」のか「立ち上がる」のか──016
「ダメージを受けるのは負け犬だけだ！」──018
回復力とはどのような強さなのか？──019／回復力は手の届かないものか？──020
生き抜いたからといって幸せとは限らない──021
孤軍奮闘するか，助けを求めるか──022／回復力と感情──023／回復力と行動──026
変えられるものと変えられないものを区別しよう──028
回復力は特別なものではない──030／「逆境を糧にする」──030
逆境以外にも目を向ける──033／回復力の定義──034
◉［コラム1.1］回復力とは何か？｜ニーナンとドライデンの定義──035

第2章　態度──回復力の核心　　037

はじめに──037／ABCモデル──040／新しい考え方を促す──045
洞察から実践へ──049／変化を維持する──051
「私には，考えよりも感情のほうがわかりやすい」──051／絶望のなかの希望──054
強さを支える意志──057／闇のなかの光──058
その瞬間の意味を見出す──059／態度を検証する──060

第3章　回復力の養成を妨げる態度　　061

はじめに──061／「被害を受けたのは自分のせいではない」──062
「自分はそれを絶対，乗り越えられないだろう」──064
「こんなことには耐えられない！」──066／「なぜ私なのか？」──068
「過去からは逃れられない」──070／「こんなことは起きるべきではなかった」──073
「私はダメ人間だ」──074／「なぜ幸せを見つけられないんだろう？」──076
「挫折に対処するとき，もがき苦しむ必要はないはずだ」──077
「知らなければならない」──079／「自信がない」──080
「自分は生まれつき悲観主義者だ」──081／態度は変えられる──085

第4章　回復力をさらに高める　　086

はじめに──086／自分の強さを探す──088
日常生活を検証して，回復力の証拠を探す──092
過去の逆境から教訓を見つけ，現在の出来事に活かす──092
未来の逆境を想像して，回復につながる強さを新たに築く──094
今現在の逆境に対処する──098／楽な環境から出て，不快感に耐える力を高める──101
新たな強さをゼロから築く──105／体を鍛えても精神的に強くなるとは限らない──109
回復力の強化を決意する──111

第 5 章　回復力を支える強さ　　112

はじめに —— 112 ／さまざまな強さ —— 113
強さのバランスを変化させる —— 135 ／くじけずに努力を続ける —— 136
強さを維持する —— 139

第 6 章　職場における回復力　　141

はじめに —— 141 ／問題の見方は必ず複数ある —— 143
部下の仕事への管理を緩め，自己管理に努める —— 147
完璧主義の危険性 —— 151
不快感を変化のプロセスの一部として受け入れる —— 155
やる気が出なくても，つまらない仕事はこなせる —— 159
仕事の成果を高めるために生き方のルールを書き換える —— 164
大げさな言葉遣いによって状況をさらに悪化させない —— 170
職場における回復力 —— 172

第 7 章　人間関係における回復力　　173

はじめに —— 173
人から拒絶されたからといって，自分で自分を拒絶しない —— 174
思いやりのあるコミュニケーションを取り戻す —— 178
人生を良い方向に変えるため，自己主張する —— 183
挑発されても冷静でいる —— 186 ／欠点があっても，親友にはなれる —— 188
「悪い行ない＝悪い人間」ではない —— 192
他の人の行動に対する自分の責任をとらえ直す —— 195
自分を利用させる手助けをしない —— 198 ／人間関係に取り組む —— 201

第 8 章　厄介な人に対処するための回復力　　203

はじめに —— 203 ／争いを続けるより，解決を試みる —— 206
自分の反応を分析し，批判に耐えられるようになる —— 209
いじめる上司に立ち向かう —— 212
もっと自由に行動するために罪悪感を捨てる —— 216
人から嫌われても悩まない —— 220
生き方はその人自身に見つけさせる —— 225
厄介な人への対処の第一歩は，自分をコントロールすること —— 229

第9章 回復力を維持する ──────────── 231

はじめに ── 231／ABC モデルを思い出す ── 232
定期的な心のトレーニング ── 236／回復力の物語を探す ── 238
学びの日記をつける ── 239
ぶり返しと再発に対処する ── 240／ぶり返しと紛らわしいケース ── 247
回復力について語る ── 248／手本になる人を探す ── 248
コミュニティへの参加を通じて回復力を強める ── 249
目標を設定しつづける ── 250／一生涯の回復力 ── 251

第10章 回復力についてのまとめ ──────── 252

はじめに ── 252／回復力は誰でも身につけられる ── 252
回復力は逆境から飛び起きることではなく，ゆっくり立ち上がること ── 253
回復力が役立つのは逆境だけではない ── 254
態度が回復力の核心 ── 254／回復につながる態度を行動によって支える ── 255
否定的な感情に対処する ── 256
自分がコントロールできることとできないことを区別する ── 257
人生のあらゆる出来事から学ぶ ── 257／自己信頼 ── 258
回復につながる考え方を維持する ── 259
最後に ── 260

●参考文献／261
●索引／265
●著者略歴・監訳者略歴・訳者略歴／269

# あなたの自己回復力を育てる
認知行動療法とレジリエンス

Developing Resilience : A Cognitive-Behavioural Approach

第1章
回復力とは何か?

はじめに

　まず，はじめに，次のような状況を想像してみてください。二人の男性が同じ会社に勤め，同じ地位にあり，同じ額の給料をもらい，二人とも自分の仕事をとても気に入っていたとします。その二人が，不運にも「リストラ」に遭ってしまいました。最初は二人とも激しい怒りと落胆を感じました（「バカな上司め！　あんなに会社に尽くしてきたのに。こんな目に遭うのなら，これからも努力なんかしないほうがましだ！」）。しかし，それ以降，二人はこの挫折にまったく別々の対応をするようになります。一人は，失業したことを嫌々ながらも受け入れ，新しい職探しに打ち込み，家族や友人からの手助けも喜んで受けました。その結果，何度目かの挑戦で再就職することができました。給料はこれまでよりも下がったものの，再び働けるのはうれしいことでしたし，昇進の可能性にも期待がもてました。彼はどのようにして，つらい時期にも方向を見失わずにいられたのでしょうか？　「それは本当にわからないんですよ。ただ，うじうじしていても仕方ないでしょう？　そんな気分でいたって，仕事にはありつけません。がんばってやっていくしかないでしょう」。
　もう一方の男性は，わが身に起きたことの不当さを悶々と考えているうちに，当初の怒りがさらに強まり，酒量が増えていきました。近寄ると怒鳴るので，妻も子も寄り付こうとしませんでした。この男性はリストラに遭わなかった友人をうらやみ，そういった友人とのつきあいを避

けていました。就職活動など眼に入りません。妻は勇気を振り絞って，かかりつけ医に相談してみるよう勧めましたが，次のように言い返されてしまいました。「医者なんか必要ない！　俺はただ仕事を取り返したいだけだ。それですべてが解決するんだよ。お前にはわからないのか？」

　二人の男性が同じ反応（二人とも精神的に参るか，二人とも再起に向けて努力するか）を示さなかったのは，なぜでしょうか？　降りかかった出来事は同じだったはずです。回復力を理解するための第一歩は，人が不運な出来事にどのような意味（態度）を与えるかを考えることです。一人目の男性は，最終的に「うじうじしていても仕方ない。がんばってやっていくしかない」という結論に達して，職探しをし，再就職できました。しかし，もう一人の男性は「仕事を取り返したい」という考えに固執し，怒りと無力感を延々と引きずって，職探しをしようとしませんでした。このように，人は同じ出来事を経験しても，その出来事への考え方によって違った反応を示します。人によって反応が違うということは，出来事の見方はつねに複数あるということです（Butler and Hope, 2007）。つまり，あるひとつの見方にとらわれるのではなく，柔軟な考え方をもつ，またはそういった考え方を育むほうが，つねに変化する難しい状況に適応できるはずです。

　本書では一貫して，思考が感情と行動に強く影響することを強調しています。難局に対処するうえで自分の態度がプラスに働いているか，それとも障害になっているかを明らかにしたいなら，自分の思考を検討しましょう。本書では，自滅的な態度や目標を妨げる態度を，修正すべき対象としています。問題のある思考や行動を特定し，それに疑問を抱き，変化させることは，私が20年にわたって行なってきた認知行動療法の基礎なのです。認知行動療法のテクニックを用いると，今，抱えている問題（パニックや抑うつなど）に対処しやすくなるだけでなく，自分は強く有能な人間で，つらい時期を乗り越えることができ，人生の幸せを見つけ，重要な目標を追求できると信じることができます。言い換えれ

ば、さらなる回復力を育むことができるのです。

　逆境において回復につながる行動をその人が取れるかどうかは、すぐにはわかりません。つらい時期のある一瞬だけを取り出しても、将来、誰が立ち直り、誰が立ち直らないかを予測できるわけではありません。先の二人の男性は、失業した当初、いずれも激しい怒りと落胆を感じていました。状況に対して同じ見方をしていたからです。この状況だけを見て、どちらが再起に向けて努力でき、どちらが降参してしまうかをはっきり予測できるでしょうか？　また、現在のつらい出来事に必死に耐えている人でも、この先ずっとあらゆる出来事に耐えられるわけではありません。また、何カ月も絶望のどん底にあるからといって、ずっとそこから抜け出せないわけでもありません。出来事に与えられる意味は、やがては変わる可能性があります。数年後の状況を見たら、先ほど「努力した」ほうの男性の結婚生活が破綻し、「妻がいなければ生きていても仕方がない」と言って治療を受けることになるかもしれません。逆に、「降参した」ほうの男性が、「ずっと自分で起業したかったのだから、試してみるか」と言って始めた事業をそこそこ成功させているかもしれません。

　回復力という言葉は魅力的ですが、とらえどころのないものでもあります。魅力的だというのは、試練に打ちのめされる人がいる一方で、試練によって強くなる人がいる理由を明らかにしてくれるからです。とらえどころがないというのは、はっきり定義できないからです。回復力の専門家のなかには、「私たちがこの概念を完全に理解できる日は決して来ないだろう」(Coutu, 2003：18) と言う悲観論者もいるくらいです。私は回復力に神秘性があるとは言いたくありません。しかし、回復力に関する本をいくら読んでも、学者と何度話し合っても、回復力に何が関係するかを知っていても、次の問いには答えられないのです。なぜ、ある人は、とてつもない苦しみにも耐えることができ、楽観的でいられるのに、別の人は、苦しみがはるかに軽くても、激しい怒りと被害者意識

に閉じこもってしまうのか？

　それでも私は，回復力にまつわるいくつかの誤解を解くことで，あなたが回復力をもっとよく理解できるよう，お手伝いできると考えています。多くの人は，過去でも現在でも，すでにどこかで回復力を示しているものですが，本書では回復力をさらに育む方法も紹介したいと思います。哲学者のトム・モリスは次のように述べています。人は，ある程度の年月を生き，周囲で起こっていることに注意を払えば，「人生についての深遠な真理がわかるようになる。それは，内的な回復力こそが，外的世界に影響を与える秘訣だということである。試練のときこそ内面の強さと不屈の精神が求められる」(Morris, 2004 : 1)。回復力は精神的健康の基礎でもあると考えられています（Persaud, 2001）。

逆境から「飛び起きる」のか「立ち上がる」のか

　回復力とは「逆境から飛び起きることだ」と考えられがちですが，これでは回復力を正しく理解できません。飛び起きるというと，私は子どもの頃に持っていたおもちゃを思い出します。胸くらいの高さの，空気で膨らませるクマの人形で，パンチすると床に倒れるのですが，すぐ起き上がります。飛び起きるという言葉から思い浮かぶのは，「髪の毛一本乱さずに速やかに苦もなく逆境から立ち直る，冷静沈着な人間」です。逆境を乗り越えるのに——苦しみつつ，時間をかけて——必死の努力をせざるをえない人にとって，そんな人間は羨望の的でしょう。そういった立ち直り方は，一部の人にとっては理想の姿かもしれません。でも，それはむしろマンガじみていないでしょうか？　それに，この理想を実現できないと，自分を卑下して，自分を弱いとか無力などと見なしてしまう可能性があります。そもそも，速やかに苦もなく飛び起きることができるなら，その人が経験したのは逆境と言えるのでしょうか？

　もちろん，逆境とは主観的なものです。たとえば人前でスピーチをす

ることは，ある人にとっては嫌でたまらない出来事ですが，別の人にとっては脚光を浴びるチャンスです。したがって，逆境に対する主観的な見方を知れば，その人の弱点と，弱点に対処するために必要な作業がわかります。ただし，誰が見ても過酷で壮絶な逆境（たとえば，虐待された場合）に対する作業には時間がかかり，苦痛も伴います。

　一方，ある状況に逆境というラベルを貼ることによって，その出来事をつらく感じてしまい，結果として本当の逆境に陥ってしまうと考える専門家もいます（Grotberg, 2003）。自分に起きる悪いことや嫌なことがすべて同じ程度だと思うなら，あなたはものごとを正しく判断する感覚を失っています。その場合は，たとえば，ちょっとした失望から強い苦痛までを0～10点のスケールで表わす練習をして，正しい判断の仕方を身につけることが回復力につながります。逆境であっても回復につながる対応をしたいときは，闘いに直面し，耐え，克服し，可能ならその闘いによって変化を遂げられるように，その人のすべてを注ぎ込まなければなりません（Grotberg, 2003）。これは飛び起きるというより，マットに倒れたボクサーがゆっくり立ち上がるような行為です。ウォルシュが述べているように，「力強い態度と回復力は別物」なのです（Walsh, 2006）。また，日常的な問題（たとえば家族や友人の問題，仕事上の問題，予想外の嫌な出来事など）に対処することは，誘拐されたり，自動車事故で片脚を失ったりするといった，トラウマとなる出来事への対処プロセスとは違います。

　もうひとつ考えなければならない問題は，あなたの生活は逆境以前とまったく同じ状態に戻れるのか，ということです。仮にあなたが事故でケガをし，慢性の痛みに苦しむようになって，薬を飲んでかろうじて痛みに耐えている状態だとします。この場合，素早く楽に逆境以前の状態に戻ることはできません。生活のなかには事故前と後で変わらない部分もあります（たとえば，同じ友人とつきあったり，同じ新聞を読んだり，同じテレビ番組を観たりします）が，永遠に失われてしまった部分もあ

ります。こうしたクライエントは一般に，無理からぬ反応として，事故前の状態を何度も何度も思い出して，「私はただ，前の生活を取り戻したいだけなんです」と言います。自分の体が弱ってしまったという厳しい現実に前向きに適応し，人生に新たな明るい意味を発見するための懸命の努力は，その後で，しかも避けようもなく始められます。このように，適応と発見のプロセスは，本来，時間のかかるものなので，「飛び起きる」という言葉のイメージとはずいぶん違います。

「ダメージを受けるのは負け犬だけだ！」

　回復力に関する誤解はもうひとつあります。それは，「自分は試練を経て強くなったのだから，もう金輪際ダメージを受けることはないし，何ものにも傷つけられたり押しつぶされたりしないはずだ」という考えです。しかし，このような「超人レベル」に到達することが本当にできるのでしょうか？　ある試練に対処することで，どれだけたくましくなったとしても，将来の別の試練にうまく対処できるとは限りません。ダメージを受けることは弱さのしるしではないのです。いかなる逆境にも完全に抵抗できる人など，どこにもいません。また，回復力は不変のものではありません。状況が変われば（たとえば投獄されたり，騒音をまき散らす人が隣に引っ越してきたり，体調不良が長引いたりしたとき）回復力も変化します（Rutter, 1987）。あなたはこういった新たな状況にうまく対処できず，「あの回復力はどこにいってしまったんだ？」と嘆くかもしれませんが，ある苦境で回復力が発揮されたら別の苦境でもそれが自動的に発揮されるにちがいないと期待するほうが間違いなのです。
　たとえば私のクライエントだった有能な管理職の男性は，自動車事故に巻き込まれてケガをし，精神的ショックも受けました。ただ，この男性にとって最もショックだったのは，事故そのものではなく，立ち直るまで一週間ほど仕事を休まなければならなかったことでした。仕事を

休んだのは事故に対する正常で人間らしい反応にすぎないのですが，この男性は蔑むように「自分が情けない」と言い切り，なぜ事故の翌日すぐに仕事に復帰できなかったのかと悔やんでいました。格好良く「飛び起き反応」を示せると思っていたのに，実際には違ったので戸惑ったのでした。彼が恐れていたのは，自制力を失ってしまった，つまり自分の強さが失われてしまったのではないかということでした。しかし，前段で説明したような考え方を私と話し合い，それを受け入れると，彼は回復力に対する見方をもっと現実的に考え直しました。「自分は有能だが，それでもダメージを受けるときもある。これを忘れないようにしなければ！」。以前は，同僚が仕事量の多さに音を上げたり，業績目標を達成できなかったりしたとき，「おまえは負け犬だ！」の一言で片づけていましたが，このように態度が変わってからは，もっと温かな，棘のない接し方ができるようになりました。

回復力とはどのような強さなのか？

　回復力について書かれた本のなかには，哲学者ニーチェの言葉――「自分を死に至らしめない限り，どのようなものごとも自分をさらに強くしてくれる」――を好んで引用し，その意味は説明しなくても明らかだとしているものもあります。試練に打ち勝ち，そのプロセスで自分をさらに強くすることによって，回復力は培われるというのです。しかし，こういった本には，強さとは何かについてほとんど書かれていません。たとえば，強くなれば他の人の苦労にもっと思いやりをもち，手を差し伸べられるようになるのでしょうか？　それとも，先ほどの管理職の男性がかつてそうだったように，人生には勝者と敗者しかおらず，敗者が弱さのツケを払うのは当然だと考えるようになるのでしょうか？　後者を強さだと考える人は，苦難を克服しようともがくうちに，自分の価値観（自分にとって何が大切か）を投げ打ったり，見失ったりしたのかもし

れません。この場合，回復力が非情さに変わってしまっています。私の知る限り，回復力の専門家で，非情さを回復につながるものとして推奨している人はいません。「思いやりがあり，人の役に立つ社会の一員になること」のほうが重要なのです（Brooks and Goldstein, 2003 : 3）。たとえば，自分の回復力のスキルを他の人に伝えたり，ボランティア活動をしたりすることは，そのような理想的な人間になれるひとつの手段です。

　先に述べた通り，危機の際には往々にしてその人の価値観が厳しく試されます。非常事態を何としてでも避けようと奮闘しているうちに，価値観を失ってしまったように感じるなら（たとえば，自分の会社の倒産を防ぐためにありったけの時間と精力を注ぎ込まざるをえず，大好きな趣味をやめてしまったような場合），危機が去ったときに自分の価値観を思い出し，そこからどれだけ離れてしまったかを検討して，価値観を取り戻すための行動計画を立ててください。また，逆境に対処することで，どの価値が特に重要で（家族，信仰，真の友情など），どの価値がそれほど重要でないか（多くの収入を得ること，著名人と知り合いになること，長時間働くことなど）も明確になります。不幸が襲ってきたときに価値観が揺らぐなら，成功したときも同じことが起きるかもしれません。つまり，不節制をして成功の恩恵を無駄にするということです。たとえば「今が楽しければいい」と刹那的に考えて，せっかく手に入れたお金を浪費し，将来の備えには一銭も回さないこともありえます。回復力があれば，調子が良いときにも悪いときにもそれを生かすことができます。

回復力は手の届かないものか？

　回復力に関する一部のセルフヘルプ本（たいていはアメリカの本）は，逆境を乗り越えただけでなく，その後スポーツやビジネスなどで見事な実績を上げた人の実例を書き連ねています。こういった体験談は畏敬の

念を湧かせますが，回復力を獲得できるのは非凡な少数の人だけで，多くの一般人には無理だという印象を与えかねません。したがって，私は本書で輝かしい体験談を列挙することはせず，言ってみれば「日常的な回復力」だけを取り上げたいと思います。それはつまり，日常生活のトラブルに対処することや，心理的な問題に取り組むこと，そして人生に必ず待ち受けている逆境に直面することです。大半の人は回復力の模範にまでならなくても，自分は思っているより強いという，穏やかな満足感を抱くだけで十分かもしれません。なお本書に掲載した事例は，いくつかの例外を除き，私の臨床経験から抜粋したものです。

生き抜いたからといって幸せとは限らない

「サバイバー（生き抜いた人）」という言葉には勇ましい響きがあります。嵐が通過した後も強く決然と構えている人のイメージです。サバイバーと回復力のある人は，必ずしも同じ立ち直りのプロセスをたどるとは限りません。サバイバーは激しい怒りと非難の気持ちに取りつかれている場合がありますが，回復力のある人は人間的な成長を示し，人生の重要な目標を追求しています（Walsh, 2006）。オコネル・ヒギンズは次のように述べています。「**サバイバー**という言葉と違って，**回復力がある人**という言葉は，ただつらい感情体験を乗り切り，かろうじて精神的なバランスを保っているだけの状態ではないことを意味する。なぜなら**回復力**は，きわめて本質的な，自己修復と成長という能動的な**プロセス**を表わしているからである」（O'Connell Higgins, 1994：1）。「自己修復」という表現力豊かな言葉は，自分の人生を軌道に戻すことを意味します（Werner and Smith, 1982）。これには，たとえば，大きな波乱やトラウマの時期を経た後，再び幸せを見つけることも含まれます。サバイバーに問いかけるべきは，「あなたは幸せに生き抜いているのですか，それとも不幸に生き抜いているのですか」ということです。

私の元同僚は，夫婦の問題と仕事の問題の両方を抱えていました。調子はどうかと尋ねると，同僚はよく「まあ，何とか耐えているよ」と答えた後，にやりと笑い，「どんなひどい状況でも，下には下があるものさ。たとえば首を切り落とされるとかね！」などと軽口をたたいていました。しかし，特にパブで何杯か飲んだ後には，妻と上司の悪口が堰を切ってあふれでるのでした。この二人が諸悪の根源だというのです。自分の状況が少しでも好転するには，二人が態度を改めなければならず，自分にはどうすることもできないと思っていました。やがて，誰彼かまわず，アルコール抜きでも本音をさらけだすようになりました。予想通り，この同僚は公私ともに孤立し，結局は休職することになりました。回復力のある人とない人の違いは，よりよい将来に近づく道を模索できるかどうかです。そのためには，あなたを手助けしたいと考えてくれる人──あなた自身が手助けしてもらいたい人──に支えてもらっても，専門家の援助を求めても，自分の内面を深く掘り下げてもかまいませんし，以上の3つの方法すべて使ってもかまいません（ただし，自らの経験にいまだに苦しんでいる人には助けてもらわないほうがよいでしょう）。私の同僚は自己修復の気配を一切見せず，ただ自らを不幸に閉じ込めておくような，自己弁護的で自滅的な考えや行動に埋没していました。

孤軍奮闘するか，助けを求めるか

　私は前段で，人生の危機の際に，他の人の手助けを求めたり受け入れたりする気があるかどうかについて触れました。しっかり自立していることに誇りをもっている人は，他の人に助けてもらうことを弱さのしるしだと見なすかもしれません。「みんなは私を頼りになる人間だと思っている。問題の解決を手伝ってもらおうと，私に相談してくる。そんな私が助けを求めたら，みんなどう思うだろう」。この人は，他の人も自分と同じように自分のことを見ているので，手助けを求めたら驚かれ

るかバカにされると思い込んでいます。しかし、ボナンノが指摘しているように、「回復力に関する誤解のひとつは……〔それが〕もっぱら本人だけの問題だという考え方」です（Bonanno, 2006 : 33）。つまり、自己修復は独力でやり遂げるものだという信念です。これほど真実から遠い考え方はありません。この章の冒頭で示したように、失業した男性の一方は職探しをする際、家族と友人の手助けを喜んで受けました。回復力は、社会的に孤立していては育まれません。誰かが建設的な手助けを申し出てくれるなら、それを受け入れましょう。必要なとき、貴重な助言をしてくれそうな人がいるとわかっているなら、それを求めましょう。そういった手助けや助言を受ければ、問題を克服するために悪戦苦闘する期間が大幅に縮まります。「自立」にはセルフヘルプとソーシャルサポートの両方が含まれるはずです。

回復力と感情

　回復力は一種の禁欲主義、つまり痛みや苦しみに負けず、気高く耐えることだと勘違いされる場合があります。感情を見せるのは性格の弱さであり、そんなことをすれば禁欲主義に反すると考える人もいます。しかし実は、回復力は感情をコントロールすることであって、抑えつけることではありません。禁欲を重んじるストア派の哲学者が目指していたのも、感情のない生活を送ることではなく、否定的な感情を減らす方法を学ぶことでした（Irvine, 2009）。逆境にあるのに感情をまったく失っているなら、それはその経験を処理できなくなっているしるしです。そうなると、回復につながらない下手な対応を続けてしまう恐れがあります。たとえばピーターは、すでに成人している息子と喧嘩をし、二度と口をきかないと言われてしまいました。人生の諸問題へのピーターの対処方針は、「どんなときでも柔軟にかわす」というもので、このときも「それがおまえの望むことなら、そうするといい。気持ちが変わったら、い

つでも戻ってくればいいからな」と答えました。友人たちは彼の穏やかな対応に驚き、自分なら決してそんなふうに穏やかではいられないだろうと言いました。

　しかし2週間後、息子とよく似た青年と道でぶつかったピーターは、ちょっとぶつかっただけなのに彼に対して烈火のごとく怒りました。そして、息子の言葉について、後日こう告白しました。「実は精神的にとてもこたえたのですが、それを感じることや、他の人に悟られることが嫌だったんです。あの不運な若者にぶつかるまではね。どこにいるかわかりませんが、彼が私を許してくれることを願っています」。何の感情も込めない反応を示せるのは、その出来事が自分にとって少しも重要でなく、まったく気にならない場合だけです。そもそも逆境というのは、ネガティブな感情を生みがちなネガティブな出来事のはずです。言うまでもありませんが、誰でも自分の人生にそんな不快なことが起きてほしいとは思いません。したがって、適応力のある対処法を見つけるためには、ネガティブな感情をいかにうまく処理するかが大切になってきます。

　逆境から飛び起きるというイメージは、逆境の魔手から一瞬にして逃れることができる、突然のうれしい変化が生じるという想像につながります。何といっても「飛び起きる」という言葉には、苦境から素早く楽に元へ戻るというニュアンスがあるからです。

　自分を楽天家だと思っていたジャネットを例に挙げましょう。彼女は友人のサリーとルームシェアしていました。ある日、彼女たちの部屋に空き巣が入りました。サリーは激しく動揺して泣きつづけました。ジャネットは、自分の貴重品もサリーの貴重品も盗まれていないことに安心し、サリーが泣きやまないのはなぜなのかと首を傾げました。ジャネットはコーヒーをいれ、部屋の被害状況を調べて、こんな出来事に対しても前向きな気分でいられる自分を心のなかでほめました。「良い面にちゃんと気づけるなんて、楽天家の私らしいわ」。しかし彼女は、数日後の夜中、部屋に泥棒がいるのではないかと勘違いして、パニック状態にな

りました。不安がおさまらないため仕事は休まざるをえず，自分がこのような「恥ずかしい」振る舞いをしていることにも戸惑いました。彼女は，再び泥棒が入るのではないかという不安に加えて，パニック発作の再発にも不安を抱くようになったのです。一方，サリーは泣くのをやめ，今ではジャネットよりうまく対処しています。結局，ジャネットは精神科を受診することにしました。

　ここで言いたいのは，回復力は，感情を押さえつけることや，肯定的な感情をもつことではない，ということです。2つの例からわかるように，わが身に悪いことが起きているのですから，回復力にはネガティブな感情を味わうことも含まれます。しかし――ここが肝心ですが――回復力には柔軟な態度が必要で，悪い出来事に対してもネガティブな感情にとらわれていてはいけないということなのです。ネガティブな感情は人を動けなくするのではなく，重要な情報源となって，今，人生に大変な事態が起きているから注意を向ける必要があると教えてくれています（ただし，実際に注意を向けるまでには時間がかかるかもしれません）。たとえば，恋人に振られたサイモンは，ふさぎ込んだり，やたらに泣いたり，どこで二人の仲がおかしくなったのかを考えながら夜の街を歩いたり，"She's Gone"〔「彼女は行ってしまった」の意〕という曲を何度も繰り返し聴いたりしていました。そんな気分で数週間を過ごすうち，サイモンは「もう落ち込みたいだけ落ち込んだ」という結論に至り，さらに数週間後にはディナーパーティーで知り合った女性とデートをしていました。

　第2章でお伝えしますが，ネガティブな感情を弱める方法は，そのような感情の引き金となる考え方を変えることです。感情の変化について，ここでひとつ専門的なことをお話しします。ネガティブな感情を直接変えることは難しいため，通常は考えや行動を変えることで，間接的に感情を変えます。抑うつ状態にあるときは，気分を高めてくれたり，達成感が得られたりして，それによって自分は無力だという考え方が変わる

ような活動を毎日実践することが重要です。サイモンの場合，恋人との関係の終わりが世界の終わりだと考えるのをやめました。たしかにサイモンは苦しみましたが，そのことで自分を哀れに思うのに飽き，「ゲームを再開したい」と思ったのです。したがって，ネガティブな感情自体が問題なのではありません。ネガティブな感情が問題となるのは，その感情のせいで，状況を変える（たとえば仕事でよりよい成果を出す）ための建設的な手段が取れなくなったり，変えられない状況（たとえばリストラされた場合）に前向きに適応できなくなったりしたときだけなのです。

回復力と行動

困難な状況で自分が柔軟にものを考えられるかどうかは，行動による証拠がないと判断できません。言い換えると，柔軟な態度を柔軟な行動に転換できるかどうかが問題なのです。仮に，あなたが何か批判を受けたとしましょう。そのとき自己弁護だけに走るのではなく，さまざまな選択肢を考えるとします。その選択肢とは，たとえば，自分の批判された点について相手に質問して情報を求めること，さりげなくその場を立ち去ること，聞き流すこと，批判を受けている最中にリラクセーションのスキルを実践すること，答えを考える時間をくれと頼むこと，自分でも当たっていると思う批判には同意すること，などです。同じ対応を取りつづけても何も変わりません。行動に柔軟性がないのは，おそらくその問題に関して考え方を変えていないからです。つまり，「よく俺を批判できるな！　今に見ていろ！」と腹のなかでは思っているということです。

行動は，行為傾向（ある状況で取りそうな，または取らなそうな振る舞い）と，完了した行為または明らかな行為（実際に行なったこと）に分けられます。この区別はきわめて重要です。なぜなら，回復力には，(a)

したいこと（たとえばテレビを観ること）をせずに，（b）したくないこと（たとえば面倒な書類書き）をすることが必要だからです。回復力を育むためには，長期的目標の達成のために一時的な楽しみを我慢しなければならない場合が多々あります。たとえば，体を鍛えたいけれど，それほどやる気がなければ，運動は来週からにしようと考えて，読みたい本に手を伸ばしかけますが（これが「行為傾向」に当たります），そこで考えを変えるかもしれません。長期的目標を自分に言い聞かせ，本を読む代わりに外へ出て，ランニングをするのです（これが「明らかな行為」です）。

　逆境で回復につながる行動を取るのは，苦しいことが多いものです。この苦しさから逃れるために暴飲暴食したりすることは，とても魅力的です。しかし，そのときは苦しみがやわらぐでしょうが，長期的にはかえって自分の首を絞めてしまいます。なぜなら，「苦しみには耐えられないから，できればいつでも逃げるべきだ」と自分に教え込むことになるからです。回復力は，苦しみを感じること，もがくこと，そしていかに不本意でも，この2つを経験する心構えをもつことで育まれます。一方，回復につながらない行動とは，この2つから逃げることです。回復につながる態度とスキルを蓄積しなければ，将来の逆境には対処できません。

　回復力のひとつの要素は，苦しいときでも前進するための建設的な方法を模索することです。「闘いには毎回勝利しなければならない。そうでなければ回復力があることにはならないし，これからもずっと回復力がもてない」とあなたは思うかもしれません。しかし，このような回復力の捉え方は，どちらかというとマンガじみています。理想の体重になってそれを維持することと同じで，高い回復力は目標にすべき対象ではあっても，つねに完全に獲得できるわけではありません。「よし，終わった。これで回復力をものにしたぞ。さあ，次の課題は何だ？」などとあなたが言う日はまず来ないでしょう。これを踏まえると，回復力の

ある行動というのは，目標の追求にプラスになる行動とならない行動の比率で表わされると言えます。たとえば，ある状況下で取る行動のうち80％がプラスになる行動で，20％がプラスにならない行動，という具合です。したがって，場合によっては，「回復力のない行動」も回復力には含まれるわけです。ただし，回復力を貸借対照表で考えるなら，資産（プラスになる行動）が負債（プラスにならない行動）を上回るようにすることが重要です。

　例として，「とても嫉妬深く，男性に深い不信感をもっている」と言っていたダイアンの話を紹介しましょう。それまでの恋愛は，ダイアンが恋人の浮気を疑い，相手の行動を絶えず問いただすことで破綻していました（実際に，彼女は昔の恋人に浮気されたことがあったのです）。現在の恋人は「すばらしい人です」とダイアンは言い，確かな浮気の証拠がない限り相手を責めたくないと考えていました。彼女が取り組んだ難しい課題は，彼とよりよい関係を築くために，わずかな疑いであれば問いたださずに黙っていることと，もっと実りある活動に自分のエネルギーを振り向けることの2つでした。この計画を実行したところ，疑いを抱いても彼女は70〜80％の割合で黙っていることができました。結果として二人の関係が良くなったばかりか，彼女は多くの時間を資格取得のための勉強に当てられるようになりました。「自分は割とバランスの取れた人間なんじゃないかと思えます。そんなふうに感じたのは久しぶりです。ぜひ80％を超えたいと思っています」。

変えられるものと変えられないものを区別しよう

　自分の年齢は変えられませんが，読む新聞は替えられます。もし恋人があなたのもとを去り，絶対に戻ってくるつもりがないのなら，あなたは身動きできないまま抑うつ状態でいるよりも，むしろ悲しみをしっかり感じることで，対応を変える決意をしなければなりません。つまり，

恋人に振られたという事実は変えられなくても、自分の対応は変えられるということです。つらいことですが、悲しみをしっかり感じれば、その関係の喪失を処理できるようになり、人生を前進させやすくなります。恋人の心を取り戻そうとして（メールを送ったり、留守番電話にメッセージを残したり、振られたことを否認したりして）、変えられないことを変えようとする人もいるでしょう。あるいは、恋人に振られたことは受け入れても自分の抑うつ状態は変えられないと思い込んで、薬やアルコール、不特定多数の相手との交際に没頭してしまう人もいるでしょう。しかし、そのような行為はどれも、気分の落ち込みを強めるだけです。

仮に、二人の関係は行き詰まったものの、取り返しがつかないわけではなく、恋人は一定の条件が整えばあなたのもとに戻ってきそうだとします。しかし、抑うつ状態のせいで、あなたはよりを戻せるとは信じられません。復縁の可能性を検討し、それに基づいて行動するためには、まず抑うつ状態を何とかしなければなりません。ここで、変えられるものと変えられないものについて簡単に説明します。

* 状況（またはその一部）を変えられるのであれば、変えるための手段を講じましょう。
* 状況（またはその一部）を変えられないのであれば、自分の感情的な反応を変えることに取り組みましょう。
* 状況（またはその一部）を変えられるにもかかわらず、現在の感情的な苦しみのせいでそれを検討できないなら、問題解決に取りかかる前に苦しみを弱めましょう。

あなたの現状がこの3つのケースのうちどれに当てはまるかを正しく判断することは少し難しいでしょう。代わりに、あなたが信頼している人に意見を求めれば、どれが正しいかわかりやすくなるうえ、感情的な支えも得られます。もちろん、問題解決の方法は他にもあります。布団

にもぐって，問題が消えてなくなるか，誰かが解決してくれるのを祈ることです。しかし，この方法では，問題があなたの肩をぽんと叩いてその存在を思い出させるに違いありません。問題の解決が遅れれば遅れるほど，布団から顔を出したとき，逆に多くの問題に直面しなければなりません。

回復力は特別なものではない

　グロットバーグは，次のような心強い言葉を述べています。「回復力は魔法ではない。特定の人にしか見つからないものではないし，差出人がわからない贈りものでもない。どんな人間にも，回復力をもつ能力がある」(Grotberg, 1999 : 3)。しかし，回復力を育む方法を誰もが強く学びたがるわけではありません（ためらう理由については，第 3 章を参照してください）。回復力を育む方法に決まりはありません。自分の性格，年齢，個人的な強み，文化の差に応じて，独自の回復力養成法をつくればよいのです（Newman, 2003）。言い換えれば，それは回復力のオーダーメイドです。たとえば私は，悩みがあるときは，じっくり考えるために長い時間，散歩をします。帰ってくるとたいてい気分が良くなり，頭のなかに問題の解決法がいくつか浮かんでいます。また，私は自分で問題を解決したいほうですが，行き詰まったら，他の人の意見を尋ねます。自分の発想だけに頼っていたら，私は回復につながらない対応を取ってしまうでしょう。

「逆境を糧にする」

　この言葉は，信じない人にとっては単なるきれいごとのように思えるでしょうが，信じる人にとっては重要な真理なのです。不幸からも何かしらポジティブな意味を見出せるということは，回復力の重要な要素で

す。ただし，このメッセージを伝えるタイミングには注意しなければなりません。相手が絶望のどん底にいるときに伝えれば，あなたはとてつもなく鈍感だと思われるでしょう。しかし，相手が苦難にいくらか対処できるようになっていれば，おそらく「自分は進歩している。思わぬ潜在力が出てきている」という相手の認識と共鳴するでしょう。

　ジョーンという女性は，次のように語りました。「ジェフリーに振られたときは，苦しくてたまりませんでしたし，毎晩，泣きながら眠るありさまでした。お酒を飲みすぎたり，さんざん悪態をついたりもしました。どうやってこの事態を乗り越えればいいのかわかりませんでした。私はそれまで，ひとりになったことがなかったんです。でも，半年たった今，ひとり暮らしに抵抗はありません。それほど悪くないものですね。私はぼろぼろにはなりませんでした。いえ，なりましたけど，ずっとそのままじゃなかったのです。親友たちのおかげで立ち直りました。今の私は確実に，昔は考えられなかったくらい自立しているだけじゃなく，驚くほど強くなりました。でも，振られてももっと強くなるなんて別れた日に言われたら，私はその人を大声でののしって，物を投げつけていたでしょう。今でもときどき，自分は一体どうやってあの状態からここまで来たのか不思議に感じます。ジェフリーなしで幸せになることなんて絶対できないと思っていました」。どんな人生経験も，そこから学ぶ気があれば，無駄にはなりません。ただ，ジョーンと同じように，学びの内容はたいてい，すぐにではなく長い時間をかけて見えてくるものです。

　ハイトは，悲劇やトラウマに関する多くの研究に基づいて，苦しい時期を経験した人が，将来3つの形で恩恵を受けることを示しています（Haidt, 2006）。これらの恩恵は，「外傷後成長」と呼ばれています（Boniwell, 2006）。

1. **自己イメージが変わる**——逆境という難題に向かって奮起すると，思いがけない能力が引き出されることがあり，それによって自分に

対する見方が変わります。たとえば，不安でびくびくしていたのが，決然としてどっしり構えられるようになったと感じるのです。さらに自己イメージの変化によって，将来の苦難への対処に関する考え方が変わります。「自分はうまく対処できるだろう。しかし，そのときの対処法を今，知っておく必要はない。ただ，対処できるという信念さえあれば，自信をもつことができる」。

2. **人間関係の性質が明らかになると同時に豊かになる**——困ったとき頼りにならない友人と，支えてくれる友人がわかってきます。これは落胆と驚きが交錯する経験かもしれません。落胆するのは，親しいと思っていた友人がなぜか訪ねてこなくなったり，電話をかけてくれなくなったりするからです。驚くのは，あまり親しくなかった友人や，場合によってはあまり好きではなかった人が，あなたが苦しいときに貴重な手助けをしてくれるからです。友人が選別されるだけではありません。逆境に耐えることで，家族の絆も強まり，互いの距離が縮まります。「母が40代前半で亡くなったとき，私は打ちのめされてしまいました。父と私は一緒に泣き，母の死を乗り越えるためにぴったりと寄り添っていました。父は，私が聞いたことのなかった母とのエピソードを語って，私を笑わせてくれました。あれほど父との距離が縮まったことはありません」。

3. **人生の優先事項が変わる**——言ってみれば，トラウマ後の新たな物の見方によって人生がばらばらに解体され，重要ではないものが一掃されます。死に直面したことで，時間の大切さを痛感するようになり，このかけがえのない資源を無駄遣いしたくないと考えるようになります。「あの自動車事故に遭うまで，私は家族をおろそかにしていました。家族と一緒に過ごす時間をもっと増やすつもりだと口では言いながら，それを実行に移したことはありませんでした。だって，私が帰宅するといつだって家族がいるのですから，大騒ぎする必要はなかったのです。職場こそ自分の能力を示すことができる

戦場でした。でも，事故に遭ってからはそれを実行に移し，父として，夫として，家族によそよそしくしていたことを謝りました。今は，これまでにないほどすばらしい家庭生活を送っています。仕事で出世することには，もう前ほど魅力を感じません。出世を生きるか死ぬかの闘いだと思っている人を気の毒に思いますが，私だって事故に遭ってようやく，自分が人生で何を経験しそこなっていたかに気づいたのです」。

逆境以外にも目を向ける

本章ではこれまで，逆境との関連で回復力を説明してきました。しかし，回復力の定義を次のように拡げている専門家もいます。「回復力とは，逆境を経験していようといまいと，一人ひとりの人生で大切なポイントに現われてくるものである。誰もが日常生活のなかで，ある程度のストレスと難問に遭遇する。きわめてつらい逆境に陥るのはそのうちの誰なのかを予言することはできない」(Brooks and Goldstein, 2003 : 3)。コンサルティングと訓練を行なうカリフォルニアのハーディネス研究所〔「ハーディネス」は頑強さの意〕は，「ストレスを受けているとき回復力を示せるように，態度とスキルを指導すること」を目的として設立されました（Maddi and Khoshaba, 2005 : 5)。私自身も，精神保健の専門家や，スポーツのコーチ，ビジネス界の人たち向けに，回復力の訓練プログラムを実施しています。回復力のスキルを教えている学校もあります。そこでは，読み (Reading)，書き (wRiting)，算術 (aRithmetic) という 3R に，回復力 (Resilience) という第 4 の R を付け加えています (Papházy, 2003)。

レイヴィックとシャッテによれば，回復力は逆境との闘いに関わるものだけでなく，人間関係の改善のために他の人に働きかけること，新しい友人や恋人を見つけること，会社員から自営業への転向といったリスクを負うこと，人生を最大限に楽しむことなどの「積極的」なものも含

まれます（Reivich and Shatté, 2003）。他の人に働きかけることは，それ自体がリスクです。拒絶されるかもしれませんし，失敗するかもしれません。しかし，もし人生における個々の失敗と，その失敗に関する自己非難とを切り離せるようになり（「事業はダメになったけれど，自分はダメ人間ではない」），誰かや何かに拒絶されても自分で自分を拒絶しないようになれば（恋人に振られても，「何が起きても，自分の人間としての価値は変わらない。だから，恋愛しているかどうかは，生活の楽しさには影響するが，人生の価値には影響しない」と考えられること），他の人への働きかけは怖くなくなり，わくわくしながら待ち望むものになるでしょう。次に，この拡げられた回復力の定義を検討します。

回復力の定義

　ここで紹介した回復力についての緻密な検討から見れば，回復力を「飛び起き論」に沿って，単純に，しかも不正確にまとめることはまったく無意味です。そこで私は，同僚であるロンドン大学のウィンディ・ドライデン教授とともに，回復力を改めて定義しました（コラム 1.1 を参照してください）。この定義には，本章で説明した内容の一部が取り入れられているうえ，認知行動療法家としての私たち二人の経験も集約されています。なお，説明の必要な点がいくつかあります。最初の段落に出てくる「急性または慢性の逆境」というのは，前者が一時的な出来事（たとえば，冬に高速道路の渋滞から一晩中，抜け出せないこと）を指し，後者が長く続く出来事（たとえば，アルツハイマー病の闘病生活）を指しています。また，「希有な逆境または平凡な逆境」とは，前者がテロや大地震といった劇的で世界の注目を集める出来事を指し，後者が失業，人間関係の破綻や軋轢といった，ほとんどの人が経験する日常的な出来事を指しています。最後に，回復力の核心とされている「態度」については次の章で取り上げたいと思います。

| コラム 1.1
回復力とは何か?
| ニーナンとドライデンの定義

　回復力は，急性または慢性の逆境——希有な逆境も平凡な逆境もあります——に対する一連の柔軟な認知的・行動的・感情的な反応です。この反応は学習することができ，誰にでも獲得可能です。回復力の養成には数多くの要因が影響を与えますが，最も重要なのは，逆境に対処するために取る態度（出来事に与える意味）です。したがって，態度は回復力の核心だといえます。

　一般的には，回復力は逆境から「飛び起きる」ことだと理解されています。しかし，それは違います。もっと正確に，現実的に理解するなら，回復力とは，頻繁に苦しんだり，もがいたりしながら，不幸から立ち上がることです。苦しんだり，もがいたりしても，変えられる逆境を変える努力や，変えられない逆境への前向きな適応ができなくなるわけではありません。また，いかにゆっくりでも，つまずきながらでも，目標に向かって前進することや，自分にとって大切なものごとを追求することは不可能ではありません。この前進こそが回復力の決定的な特徴です。したがって，回復力をもてば逆境以前の生活をそのまま取り戻せる——一瞬で元通りになれる——というわけではなく，むしろ逆境との取り組みから学んだ事柄が，その人を良い方向に変え，人生で何が大切かをもっと感じられるようにし，大切なものごとを追求させるのです。

　回復力は個人的な問題ですが，回復力の養成は生活環境によっ

> て促進されたり阻害されたりします。たとえば，支えてくれる友人がいる場合は促進され，恋人から暴力を受けている場合は阻害されます。このように，楽観主義や自己制御といった純粋に内的な要因だけではなく，生活環境も考慮に入れると回復力をよく理解できます。また，回復力の定義は拡大され，日常の問題によりよく対処するための態度とスキルまで含むようになりましたが，そうしたことは先々必ず待ち受けている逆境への備えにもなるはずです。

第2章
態度 ── 回復力の核心

はじめに

　哲学者のアンソニー・グレイリングは、「『態度』はきわめて重要である。恋に落ちることから、特定の候補者に投票することまで、『態度』は人のあらゆる行動を決定する」と述べています（Grayling, 2005）。態度とは何でしょうか？　それは、物、人、集団、問題、概念に対する肯定的または否定的な評価で、「言葉狩りには大反対だ」とか「楽観的な人が好きだ」とか「私たちみんなが地球温暖化に関心をもつべきだ」などといった言葉で表わされます。態度は長く続くもので、一瞬で変わってしまうものではありません。態度には次のような3つの要素があります。

* **思考**──その人についてどう思うか。「あいつは信用できない」。
* **感情**──その人についてどう感じるか。「あいつのずるい立ち回りには腹が立つ」。
* **行動**──その人に対してどう振る舞うか。「あいつとはいつも距離を置いている」。

　態度について話すとき、私は「思考」に重きを置いています。思考は私たちの感じ方と行動の仕方に強く影響するからです（ここからは、態度と思考を同じ意味で使っていきます）。思考と感情と行動は、互いに影響を与え合っています。たとえば、落ち込んだ気分で目覚め、一日の

大半をベッドのなかで過ごしたら,「自分は気分を変えるための行動が何ひとつ取れていない」という思考がさらに強まるでしょう。しかし,思考はこの相互関係のなかでも「リーダー格」です。何を考えるか,つまり思考の内容と,どう考えるか,つまり結論に至るための情報処理の仕方こそ,認知行動療法が特に関心をもつ事柄なのです。

　回復につながる態度は,新たな状況に適応できる柔軟性をもっています。逆境に陥ったことを受け入れ(ただし,受け身の姿勢ではありません),自分の力で変えられるものとそうでないものを区別し,さまざまな問題解決策を試します。しかし,柔軟性は無限ではありません。やがては限界に突き当たります。ただ,そこに至るまでには,かなり自由に意思決定ができるはずです。たとえば大切な友人との関係が壊れたら,私はそのために,楽しいことも楽しめなくなるでしょう。失ったことに対して悲しみを感じるでしょう。しかし,新しい有意義な友人関係を築けることにも気づくはずです。「失った友人との関係がなければ人生は暗くむなしい」などとは考えないので,抑うつには陥りません。一方,硬直した態度には当然ながら柔軟性がないので,別の視点から問題の解決策を考えられるまで,逆境との長く厳しい闘いが続きます。態度の変化をもたらすのは,他の人からの働きかけかもしれませんし,自分の意思かもしれません。あるいはその両方かもしれません。

　回復力についての本を書いている私ですが,自滅的な振る舞いをしないわけではありません。たとえば,1997年に椎間板ヘルニアを患ったときがそうでした。あのときは痛みがひどく,自由に動けなくなり,ほとんどの時間を自宅で横になって過ごしていました。ひとり暮らしであるうえに,食料の買い出しに行けなかったので,食事はほとんどスープとパンですませていました。近くに住む兄夫婦が,元に戻るまで泊まりに来いと何度も言ってくれましたが,私はひとりで支障なくやっていると言い張り,その申し出を断りました。しかし,支障がないというのは嘘でした。私は自分の腰の状態を受け入れ,医師の指示通り安静にして

薬をのんでいましたが,「泊まりに行ったら迷惑がかかる」という考えに,それは違うと知りつつ愚かにも固執していました。それどころか,ひとりで苦しむのは良いことだ——自分の人格が試され,それほどひどくはないことがわかる——と思い込み,招待を受け入れることを弱さと降伏のしるしだと考えつづけていたのです。しかし,毎日のように電話で考え直すよう説得されるうち,「ひとりで苦しもう」という方針との間に激しい葛藤が起こりました。結局,数日後には理性が頑固さに打ち勝ち,兄夫婦の世話になることにしました。それが正解だったことは,ほどなく明らかになりました。

　回復力の養成を認知行動療法の観点から見ると,不快な出来事への感じ方と行動の取り方は,その出来事に対する考え方によってほぼ決定されます。レイヴィックとシャッテも次のように述べています。

> 　回復力にとって最大の壁は,遺伝でもなければ,子ども時代の体験でも,機会や経済力の欠如でもない。内なる強さを引き出すための最大の壁は,認知〔思考〕の様式である。つまり,どう世界を眺め,どう出来事を解釈するかという,誰もが子どもの頃から育ててきた思考のスタイルなのである。　　　（Reivich and Shatté, 2003 : 11）

　ストア派哲学者であるエピクテトス（55年頃〜135年頃）の主張は現代でも通用します。つまり,「人は,何が起きるかによって心を乱されるのではなく,それに対する考えによって心を乱されるのだ」（Long, 2004 : 3）。言い換えると,出来事自体が心を乱すのではなく,その出来事をどのように受け取るかによって心が乱れるということです。この主張は,当時の人だけでなく現代人にも極論だと思えるかもしれません。そのうえ,100%正しいとも思えません。たとえば,誰かが突然バットを振り回してあなたを殴ったら,それまで感じていた心の平安は粉々に打ち砕かれるでしょう。それは,殴られることに対する考え方とは関係

ありません。それほど唐突に攻撃されては、考えを取りまとめる暇もないでしょう。考えがはっきりするのは攻撃の後、つまり、生活に生じた大きな混乱や身体的苦痛に対処したり、法廷で加害者と対峙したりしたときです。これはエピクテトスの洞察へのかなり現実的な反論だといえます。しかし私は、ストア派哲学者の本を読めば多くの収穫が得られると思います。「ストア派の人生哲学は古いかもしれないが、有意義で充実した人生を送りたい現代人、つまり、より良い人生を送りたい現代人にとっては注目に値する」(Irvine, 2009：4)。人間のありようは2000年経ってもほとんど変わっておらず、ストア派哲学者の助言は今もなお意義を失っていません。

ABCモデル

普通、注意の対象は目を向けている方向にあるものです。あなたの注意はたいてい自分の内的世界ではなく、外の世界で起きていることに向いています。腹が立ってむしゃくしゃしているときには、内と外の2つの世界がどう関わり合っているかということなど考えもしません。私のクライエントはよく、出来事や他の人を問題の原因に挙げ、自分の考えや態度が果たしている役割を考えていません。認知行動療法の用語では、これは「A→C思考」と呼ばれています。以下がその例です。

A＝きっかけとなる出来事 (activating event) または逆境 (adversity)
同僚たちに向けてプレゼンテーションを行なっているとき、言葉に詰まり、赤面し、何人かに笑われる。

⬇

C＝結果 (consequences)
感情面——怒り（抑制する）、恥ずかしさ、不安。

行動面──自分を落ち着かせようとする，テーブルにもたれて体を支える，自分も面白がっていると見せたいので同僚たちに弱々しく微笑む。

あなたは「笑われて腹が立たない人なんて，いるわけがない」と言うかもしれませんが，それでは同じ出来事に対する個人差をまったく無視することになります。笑い自体があなたを「立腹させる」なら，たとえあなたが腹を立てたくなくても，他の反応は一切，起こりえないはずです。A→C思考の問題点は，私たちがあらゆる出来事に対して受け身でいるだけの存在だと想定しているところです。良い，悪いと意味づけて出来事を理解しようとする能動的な存在だとは考えません。A→C思考を続けていると，あなたは無力な状態から抜け出せないでしょう。Aの出来事が自分に都合良く変化しない限り，違った感じ方や行動の仕方ができないと思っているからです。都合の良い変化とは，たとえば，プレゼンテーションはもうやらなくていいと上司から言われるような場合です。

A→C思考を代表するもうひとつの主張は，先ほどの裏返し，つまり，良いことが起きたら良い気分になれるというものです。これは一見，もっともだと思えるかもしれません。良い出来事に対して良い感情を抱くのは，その出来事を肯定的に評価するからです。仮に，あなたの大好きな人がデートの誘いに「イエス」の返事をくれたとします。「最高の気分。あんなにすてきな人がデートしてくれるなんて！」。しかし，彼にとても嫌な癖があることがすぐわかり，熱は急速に冷めます。「なんだ，彼ってそんなにすてきじゃないじゃない」。彼への感情が変わったのは，新たに得た情報に基づいて，彼への見方が変わったからです。これだけ激しく考え方が変わると，以前のようなとても好意的な気持ちはもう抱けないか，抱きにくくなります。A→C思考に欠けているのは，B，つまりAの出来事に下す評価の重要性です。認知行動療法では，悪い出来事に直面したとき，思考が感じ方や行動の仕方に強く影響するというこ

とを示すために，ABCモデルを使います。最初の例に戻ると，次のようになります。

A＝きっかけとなる出来事または逆境
同僚たちにプレゼンテーションを行なっているとき，言葉に詰まり，赤面し，何人かに笑われる。

↓

B＝Aの出来事に対する思考や態度
「あいつら，よく俺を笑えるな！ これじゃ，俺がバカみたいじゃないか。自分に対する信用と敬意が両方吹き飛んだ」。

↓

C＝結果
感情面――怒り（抑制する），恥ずかしさ，不安。
行動面――自分を落ち着かせようとする，テーブルにもたれて体を支える，自分も面白がっていると見せたいので同僚たちに弱々しく微笑む。

Bでの考えがわかれば，なぜCでそれほど腹が立つのかがずっとよく理解できます。この状況に関するABCモデルでBの考えを変えてみれば，Cの結果が変わります。

A＝きっかけとなる出来事または逆境
同僚たちにプレゼンテーションを行なっているとき，言葉に詰まり，赤面し，何人かに笑われる。

↓

B＝Aの出来事に対する考えや態度

「言葉に詰まるのは気分のいいものではないが，笑いがおさまったら先を続けるぞ。笑いたいなら，笑えばいい。自分はプレゼンテーションのスキルを磨きたい。プレッシャーのなかで冷静さを保つことも，そのひとつだ。みんなが笑ったおかげで，こういったスキルを練習する機会がもてた」。

↓

C ＝結果
感情面──不快感と満足感が入り交じった気持ち。
行動面──笑いがおさまるまで，静かに立っている。

　ABCモデルでいうなら，さらなる回復力を育むにはB→C思考に慣れることが重要です。B→C思考では，出来事自体ではなく，出来事に対する考えが，感情面と行動面の反応をほぼ決定します。この思考法を身につけると，出来事にどう反応するかに自分で責任がもてるようになり，「自分の人生の書き手」になることができます。たとえば，「彼女には振られたけど，彼女がいようといまいと，俺の人生は相変わらず有意義だ」という具合です。一方，A→C思考をしていると，回復につながらない対応を取りつづけてしまいます。「彼女が俺を振った瞬間から，俺の人生は無意味になった」というように，人生は自分のコントロールできない要因によって決まると考えるのです。また，ABCモデルを使うときは，Cでの感じ方やAでの出来事を長々と考えたり説明したりしないことも大切です。可能なら，速やかにBに行きましょう。このモデルでは，AやCよりも，Bを理解して取り組みはじめることが重要だからです。
　ブライアンは上司に威圧感を覚えていました。上司は高学歴で，はきはきとしゃべり，説得力のある意見を述べ，自信満々に見えたからです。「上司は私に威圧感を与えるんです」とブライアンはぼやきましたが，

これは明らかにA→C思考でした。私が途中で遮らなければ、問題の原因を説明するために、いつまでも上司の心理分析を続けていたでしょう。私はまったく違った角度から質問を投げかけてみました。「あなたは上司の前で、どうやって**自分**に威圧感を与えるのですか？」。こう尋ねることで、B→C思考を引き出そうとしたのです。ブライアンは少し当惑し、威圧感を与えるのは自分ではなく上司だと言いました。そこで私は、ブライアンが自分の学業成績についてどう考えているのか尋ねてみました。「普通級〔イギリスで行なわれていた中等教育修了の共通試験のひとつで、普通級・上級・学問級の3段階があった〕の合格科目がいくつかあるだけです。あまり自慢できるものではありません」。次に、彼自身の話し方について聞いたところ、「『えっと』とか『うーん』などと言いすぎます。自信がなさそうな感じです」という答えでした。意見の伝え方について尋ねると、「用心しながら伝えます。たぶん誰かに強く反論されたら、いつでも意見を変えるでしょう」とのことでした。自信については、「あまりありません」。自分への見方を検討したブライアンは、上司と接するたびに知的な面で敗北感を味わっていることに気づきました。つまり、上司の前でもっと自信をもち、威圧感を弱めたいなら、自分自身に対する見方を変えなければならなかったのです。回復力を育む秘訣は次の通りです。「出来事にもっと建設的に対応するためには、まず自分自身をコントロールしなければならない。ただし、自分が変わっても、それで他の人が行動を改めるかどうかはわからない」。

ブライアンは、つねに自分を「不十分」だと評価していることに気がつきました。「もっと教養を身につけ、もっとはっきりものを言い、もっと自信をもつべきだ。自分の意見が正しいと思うなら、それを貫けるようになるべきだ。もっと自分の言い分を擁護できるようになるべきだ」という具合です。このように「不十分さ」、つまり「〜すべきだ」という理想の状態と現実との差に注目すると、自分は劣っているという考えが持続するだけでした。そこで着眼点を変え、仕事の能力に目を向ける

と(ブライアンは立派に仕事をこなしていました)、「不十分」でいるのではなく「前進する」ことが可能だと彼には理解できました。そのために必要だったのは、自己受容に基づいて考えを変え、「人間としての価値では自分は他の人と同等だが、スキルでは同等ではない」と考え、自己主張などのスキルを練習することでした。結局ブライアンは、上司とのミーティングで完全にリラックスできるまでにはなりませんでしたが、そういった場を、新しい考え方と振る舞い方の「実験室」と見なそうとしました。まず上司が変わらなければ自分は変われないと彼が信じつづけたら、ゆくゆくはどんな結果になっていたか想像してみてください。

新しい考え方を促す

視点や態度や考え方を変えるということは、いとも簡単なように思えるかもしれません。しかし、スーパーマーケットに行き、「態度の棚」を見つけ、いずれかひとつ、たとえば「つねに自信をもてるようになる」という商品を選べば、それを即座に身につけられるというわけではありません。言うまでもありませんが、新たな態度を身につけるには、作業を実行し、そのために努力することが必要です。次に、新たな態度を身につける手順を示します。

ステップ1 ── 問題に対する考え方の、どこで立ち往生しているのか?

自分がどのような状況と格闘しているか、考えてみてください。その闘いをいっそう苦しくしているのは、自分のどのような考え方ですか? たとえば、ジャニスが経営している会社は業績も好調でしたが、ジャニスは重要な仕事を従業員に任せることにためらいを感じていました。もしずさんな仕事をされ、自分がそれを引き取ってやり直すはめになったときのことを考えると、そもそも従業員に任せる意味がないからです。そのうえジャニスは、社員の日常業務も細かく監視していました。会社

に損害を与えるようなミスを見つけて修正するためです。ジャニスを「立ち往生させている」考え方は、「要求された仕事を従業員がきちんとこなし、ミスで会社にダメージを与えないことを、私が確信しなければならない」というものでした。「〜しなければならない」は、他の考え方を抑圧する「横暴な考え」です。ジャニスは会社の円滑な運営に努めるあまり、不眠や心身の激しい疲労感をたびたび経験していました。

ステップ②——どのような考え方をしたいのか？

現在の考え方と比較するために、自分が本当はどんなふうに考えたいのかを検討することは、きわめて重要です。代わりとなる新しい考え方がない限り、古い考え方はなかなか手放せません。その状況でどう考え、どう感じ、どう行動したいかは、想像のなかでリハーサルできます。新たな対応の仕方を、できるだけありありと思い浮かべましょう。ジャニスが新たに抱きたい考えは次のようなものでした。「従業員の可能性を伸ばすためにコーチングをしたい。そのために従業員にもっと責任を与えて私の負担を減らすとともに、この新たな運営方法が会社にどう影響するか、すぐにはわからないという不確実性に耐えられるようになりたい」。ジャニスは「一歩引くこと」について不安を感じていましたが、そうすることの利点も理解できました。利点とは、たとえば、「数年後の会社のあり方をもっと時間をかけて戦略的に考えられるし、安らかな睡眠を取り戻せる」ことなどです。

ステップ③——古い考え方と新たな考え方を検証する

新たな考え方は人生に新たな可能性を開きますが、古い考え方はいまだに強い力を保っていて、いつ人生に入り込んで前進を阻んでもおかしくありません。古い考え方は一夜にして消えるわけではありませんし、新たな考え方によって永遠に頭から追い出せるわけでもありません。古い考え方に対する確信を弱め、新たな考え方に対する確信を強めるため

には，両方の考え方を次のようなやり方で検証します。

| あなたの考え方は硬直しているのか，それとも柔軟か？

　硬直した考え方は，たとえそれが自滅的な結果をもたらしても，あなたを固定した見方に縛りつけて離しません。いわば，「自分の考えの囚人」になってしまうのです（McKay and Fanning, 1991）。それに引きかえ，柔軟な考え方をもてば，新しいやり方を試すことによって，変化する状況に適応できます。つまり，これが人間的成長に通じる気の持ちようなのです（Dweck, 2006）。ジャニスは，自分の古い考え方が硬直しており，新たな考え方が柔軟であることを理解できましたが，自分がなぜそんな硬直した考え方をしてしまうのか，理由を知りたいと思いました。この疑問については，「私たちはみな硬直した考え方をしがちです。特にプレッシャーがあるときや動揺しているときはなおさらです」などと，セラピストと少し話し合うことは有益かもしれません。しかし，あまりこだわらないことが重要です。大事なのは硬直した考え方に**どのように**取り組むかであって，**なぜ**それが存在するかを知ることではないからです。硬直した考え方は誰のなかにもあるものなのです。

| あなたの考え方は現実的か，それとも非現実的か？

　状況に対するあなたの考え方は，事実と一致していますか？　たとえば，あなたは電車に乗り遅れたのに（事実），乗るべきだったと言い張ったり，駅までの道で渋滞に巻き込まれたのに（事実），渋滞しているべきではなかったと言い張ったり，寝坊したのに（事実），いつもの時間に起きるべきだったと言い張ったりしていないでしょうか？　事実と，それに対するあなたの考え方の間には大きな隔たりがあります。そんな隔たりがあると，感情面と行動面の反応がよりいっそう強くなり，長引いてしまうでしょう。たとえば電車に乗り遅れたら，午前中ほぼずっと腹を立てて，イライラしつづけるはずです。

「要求された仕事を従業員がきちんとこなし，ミスで会社にダメージを与えないことを，私が確信しなければならない」というジャニスの硬直した考えは非現実的でした。なぜなら結果を確実に知るためには，従業員が任された仕事を終え，ジャニスがミスの発見と修正をしそこなったときに，会社に悪影響があるかどうかをしばらく観察しなければならないからです。これは，前もってわかるような事柄ではありません。一方，従業員の能力を高めるためにコーチングするという考えは，柔軟なうえに現実的でもありました。ジャニスは，従業員は任された仕事をきちんと遂行できるだろうし，ミスがあっても会社はそれほど大きな損害を被らないだろうと語りました。また，新たな運営方法には不確実性が伴うけれども，自分は耐えられるだろうと述べました。さらに，過剰な管理からコーチングに転換することで，自分が求めていた個人的な恩恵も得られるだろうと，彼女は言いました。

あなたの考え方は有益か，それとも無益か？

ここでは，その考え方に固執することの現実的な結果について検討します。あなたはその考え方をもちつづけることで，メリットとデメリットのどちらを多く得ていますか？　デメリットのほうが多いなら，なぜその考え方にしがみつくのですか？　この質問にジャニスはこう答えました。「もし私が一歩引き，従業員にもっと責任を与えて，あまり口出ししなかったら，何か大変な間違いが起きるのではないかと不安なんだと思います」。つまり，古い考え方を抱きつづけることにもひとつのメリットがあったのです。しかし，デメリットのほうが多く，書き出してみたらホワイトボードを一面，埋め尽くすほどでした。たとえば，一日中，強いプレッシャーを感じていることや，帰宅しても仕事が頭から離れないことなどです。コーチングをすることのメリットとしては，会社の重要な戦略的問題に集中できることや，オフィスで過ごす時間を短縮できることなどがありました。デメリットがあるとすれば，これからジャニ

スが新たな考え方を実践したとき，はらはらしながら結果を見守らなければならないことくらいでしょう。

あなたはその考え方を他の人に教える気があるだろうか？

あなたが自分の考え方が理にかなっている──自分にとって納得がいく──と思うなら，それをわが子や配偶者，友人，同僚といった人たちに教える気がありますか？　たとえば，「ひとつでも間違いを犯したら，その人はダメ人間だということだ」と考えているなら，あなたはわが子にそれを教えますか？　答えがノーなら，子どもにはその代わりに何を教えますか？　そして，それを自分に教えない理由は何ですか？　答えがイエスなら，子どもはあなたの考えを採り入れた結果，どうなるでしょうか？　誰もがあなたと同じ考えを抱いている世界に住んだら，どんな感じがするでしょうか？　私はジャニスに，「能力を高めるためのコーチング」というワークショップを企業関係者向けに開く光景を想像してもらい，参加者に次のように教えるかどうか尋ねてみました。「重要な仕事を任せる前に，従業員が要求された仕事をこなせることを**完全に**確信しなければならない。そう確信できるまで，自分自身の負担を増やすべきである」。ジャニスは，こんな考えを抱いていたら職場の効率がひどく低下するので，教えないだろうと答えました。そして，コーチングしながら従業員に能力を発揮する機会を提供し，そのなかでミスを修正させたり，ミスから学ばせたりすることこそが，従業員と会社を育てる方法だと語りました。

洞察から実践へ

思考や態度が感情と行動に強く影響するということがよくわかっても，変化，もっと厳密に言えば，持続的な深い変化をもたらすには十分ではありません。あなたは自分の不毛な行動について，次のようにつぶやい

たことはないでしょうか？「なるほど、だから自分はこんなことをしてしまうのか。この教訓はこれからの人生にすごく役立ちそうだ」。しかし、数日後にはこの洞察にそれほど興味がなくなり、行動を変えるための労力について冷ややかに考えるうち、変えようという熱意は急速にしぼんでいきます。変化のプロセスにおける「実地訓練」の段階では、新たな知識への確信を強めるために、毎日でもその知識を行動に移す必要があります。ただし、新たな考え方に従い、古い考え方に反する行動を取るときは、違和感が伴います。まるで、物心ついたときからズボンを左足から履いていたのに、今日からはいつも右足から履こうと決めたようなものです。この「違和感」を覚える段階は、あって当然のもので、変化の努力を根気強く続けていけば、やがて過ぎ去ります。その頃になると、古い習慣のほうが不慣れに感じられるかもしれません。したがって、「違和感なくして変化なし」（Neenan and Dryden, 2002a）だと覚えておいてください。

　ジャニスは、重要な仕事の総合的な監督権が自分にあることを念頭に置きながら、仕事を従業員に任せはじめ、日常業務に口出しする回数も大幅に減らしました。ただし、「前へ出るか、後ろへ引き下がるか」という葛藤はときどき生じました。つねに業務を完全に管理しなければ会社がつまずくのではないかと不安になると、前へ出て細かく管理したくなりましたが、そこでコーチングという新たな考え方を自分に強く言い聞かせ、一歩引いて自分の仕事を進めようとしたのです。第1章の「回復力と行動」の項（pp.026-028）でも述べましたが、回復力のある行動のほうが、そうでない行動より圧倒的に多いということが重要です。回復力の貸借対照表で、資産が負債を上回るようにするのです。ジャニスの場合、両者の比率は75％対25％で、新たな考え方のほうが上回っていました。従業員は、自分の仕事ぶりを彼女から信頼してもらえると感じて、以前よりも高い意欲と能力を示しましたし、ジャニスは経営者としての職務に大半の時間を費やせるようになりました。従業員は当然な

がらミスを犯しましたが，会社への大きなダメージはありませんでした。

変化を維持する

　望み通りの変化を成し遂げたら，次の課題はそれを維持することです。仮に，懸命に運動をして，割れた腹筋を手に入れたとしましょう。しかし，何もしなくても筋肉が落ちることはないと考えて，運動をやめてしまったら，どうなるでしょうか？　このように努力を怠ることで変化が消え，自滅的な古い考え方と行動に再び人生を乗っ取られるのを防ぐためには，維持するためのスローガンが必要です。それは新たな考え方を要約した，簡単なものでかまいません。たとえばジャニスの場合は，「従業員をつねに監視するのではなく，コーチングする」というものでした。ジャニスは職場で毎日，数分を割いて，自分が新たな考え方を守っているかどうか，そして従業員との関係にどのような変化が必要かを考えました。また，この新しい仕事のやり方について定期的に従業員から意見を聞きました。

「私には，考えよりも感情のほうがわかりやすい」

　先ほど，「問題に対する考え方の，どこで立ち往生しているのか」という質問をしました。それがわかれば，今の問題への対処の仕方が上手か下手かを知る糸口になるからです。なかには，「自分がどう感じているかはわかるが，何を考えているかはよくわからない」と言う人もいます。感情は考えによって引き起こされるので，感情がわかれば，考えもわかる場合もあります。感情には，自分がもっている考えを暗示するテーマが含まれています（表 2.1 を参照してください）。
　心が乱れていると気づいたら，自分の感情を見きわめて，「自分に語りかけている」考えに耳をすましてください。表 2.1 に挙げたテーマを

表 2.1 感情／テーマ／もっているかもしれない考え

感情	テーマ	もっているかもしれない考え
不安	脅威または危険	「彼に捨てられたら，ひとりではやっていけない」
抑うつ	大きな喪失，失敗	「自分は無職なので価値がない」
罪悪感	道徳的な過ち，人を傷つけること	「子どもを怒鳴るなんて，自分は悪い父親だ」
怒り	自分のルールが破られたこと，欲求不満	「私がしゃべっている途中で，割り込んでくるべきではない」
羞恥心	弱さや欠点と思われる部分が人に知られたこと	「同僚の前で泣くなんて，自分はどうしようもない弱虫だ」
傷つき	裏切られたか，ひどい扱いを受けたこと（そんな扱いを受けるいわれはないのに）	「本当にあなたの助けが必要だったとき，あなたは私の味方をしてくれなかった。私はいつだってあなたの味方をしてきたのに」
羨望	人の好運をむやみにほしがること	「私があの地位に昇進したかった。彼にとって昇進が裏目に出て，苦しめばいいのに」
嫉妬	現在の愛情関係を第三者に脅かされること	「あいつはとてもハンサムだから，その気になれば僕の彼女を誘惑できるし，彼女もそうされたいだろう」

見れば，その感情と，それに伴う考えがわかるかもしれません。考えを変えれば，感情を変化させることも可能です。ただし，考えと感情を混同しないように注意しましょう。「感じている」という言葉を使っても，それが本当の感情だというわけではありません。たとえば，「私はすべての人を敵だと感じている」とか，「自分はこの問題を決して克服でき

ないと感じている」とか,「同僚から十分な手助けを得られていないと感じている」とか,「私が隣人と口論していたとき夫が味方をしてくれなかったので,裏切られたと感じている」などといった文章は,みな感情ではなく,考えの例です。あらゆる文章に「感じている」という言葉を入れてしまうと,自分には何十もの「感情」があると勘違いしてしまうかもしれません。したがって,自分の考えがわからないときは,たいていの場合,考えを感情だと誤解しているだけなのです。先ほど挙げた「感情」の4つの例はすべて,「考えている」と言い換えるべきです。「私が隣人と口論していたとき夫が味方をしてくれなかったので,裏切られたと考えている」は,表2.1のなかの傷つきや怒りに関連している可能性があります。怒りの背後には往々にして傷つきが潜んでいるからです。考えを感情と見なしつづければ,「そういった考えに関連している本当の感情を覆い隠す」ことになります(Gilson and Freeman, 1999 : 46)。

　話をもう一歩,進めましょう。あなたは自分の考えや感情はともかく,自分がどのような行動を取っているかはわかるはずです。表2.1で挙げた感情はそれぞれ,特定の行動と関係しています。

感情　　　　　　　行動
不安................脅威または危険を避けようとする
抑うつ..............楽しい活動をしなくなる
罪悪感..............許しを請う
怒り................言葉による攻撃や身体的な攻撃
羞恥心..............隠れる,引きこもる,人と目を合わせない
傷つき..............引きこもる(すねる)
羨望................人の好運を台無しにしようとする
嫉妬................恋人の行動を監視し,問いただす

思考と感情と行動がいかに密接に関わっているかを考えてみましょう。

仮にあなたが誰かをデートに誘うことをためらっている（行動）としたら，あなたは何を避けているのでしょうか？　デートに誘ったら，あなたは不安（感情）を覚えるでしょう。「ノー」と言われる可能性があるからです。では，あなたは「ノー」という言葉にどんな意味を与えているのでしょうか？　「自分には魅力がなく，誰にも求められていない」（思考）。自分を悩ませる考えはみな，先ほど紹介した4つの方法で検証できます。つまり，あなたの考え方は硬直しているか柔軟か，現実的か非現実的か，有益か無益か，他の人に教える気があるかどうかを問うのです。ここで，デートの誘いの話に戻りましょう。ためらうという行動を取れば，拒絶という恐怖とその後の自己非難から自分の心を守ることができます。しかし，何に対しても回避行動を続けるなら，この状況だけでなく人生で遭遇する何に対しても，回復につながる対応は取れません。「人は人生のあらゆることに対処できるようになれる」というのは，ヴィクトール・フランクル（Viktor Frankl）が発した，深い，そして心強いメッセージです。

絶望のなかの希望

　オーストリアの精神科医で心理療法家でもあったヴィクトール・フランクル（1905-1997）は，アウシュヴィッツなど4つの強制収容所での過酷な体験を生き抜き，次のように書いたことで知られています。「人間から奪えないものがひとつだけある。それは人間にとって最後の自由，つまり，どんな状況であれ，そのなかで自分の態度を選ぶ自由，自分のやり方を選ぶ自由である」（Frankl, 1985 : 86）。この考え方はエピクテトスなどのストア派哲学者にも通じます。態度を選ぶことは自分の責任であって，誰かに肩代わりしてもらえる仕事ではありません。フランクルは，いかに悲惨な状況でも，人生に意味を与えた人ほど生き残れる確率が高いことに気づきました。逆に，未来を信じられなくなった被収容者

は死んでいったといいます。最悪の状況下では，人間性の最良の部分が引き出されることがあり，他の人を助けるために自分のパンの最後の一切れをあげてしまう人もいましたが，このうえなく下劣な振る舞いもフランクルは目撃しています。人間の最良の振る舞いと最悪の振る舞いを同時に目にして彼が気づいたのは，私たち誰もが両方の行動を取る可能性を秘めていて，どちらに従うかは自分が置かれた状況ではなく，自分の下す決断次第だということでした。先ほどの言葉の引用元であるフランクルの著書『夜と霧』は，1946年の初刊行以来，一度も絶版になったことがなく，20世紀に出版された本のなかで特に影響力の大きいもののひとつに挙げられています（Redsand, 2006）。

　強制収容所でさまざまな経験を味わった結果，フランクルはロゴセラピーという心理療法を考案しました。これは人生をあきらめてしまいそうな人に対して，人生の意味を見つける手助けをするものです。「意味は人間のなかにある最大の原動力である」（Frankl, 1985 : 121）。フランクルは，人生全般の意味を探すことではなく，「むしろ，ある瞬間の，その人の人生の具体的な意味」を探すことを強調しました（Frankl, 1985 : 131）。人生の意味は「最期の瞬間，最後の一息のときまでも」見出せます（Frankl, 1997 : 64）。どんな状況下でも態度を選ぶとはどういうことなのか，それを深く考える方法として，パタコスは自分がつらいと感じている状況をひとつ選び，何の制約も設けずに想像力を働かせ，その状況の**良い**点を10個，書き出すよう勧めています（Pattakos, 2008）。ちなみに，パタコスが初めてこの練習を教わったときは，今日死ぬことの良い点を10個見つけなければなりませんでした。この練習は難しいものですが，「人間にとって最後の自由」を行使することを学べるうえに，新たな視点に気づく可能性もあります。

　私のクライエントのルーシーは，ひとり暮らしを恐れていました。「前に試したとき，うまくいかなかったんです」。しかし，今の恋人との多難な関係が近々終わりを迎えることはわかっていたので，もう一度ひと

り暮らしを試す可能性を考えてみました。私が10個の良い点を挙げる練習の意義を説明すると、ルーシーは「10個の嫌な点でしょう！」と反論し、セラピー中には何も思いつきませんでした。そして「これってすごく難しいですね」と言いました。ここで重要だったのは、ルーシーにとって良いと思う点10個を私が先走って示さないでおくことでした。そんなことをしては、この練習の効果がなくなってしまうからです。ひとり暮らしをする意味は、私ではなく、本人が考えなければなりません。ルーシーは次回までに考えてくると言い、次のセラピーで10個の良い点を読み上げました。

1. 彼に文句を言われずに酔っ払うことができる。
2. 体型をけなされずに、裸で家を歩き回れる。
3. もっと自立するための努力ができる。
4. 人生をじっくり考えられる。
5. ベッドを独占できる。
6. もう少し上手に自分とつきあうための努力ができる。
7. 彼からにらまれることなく、女友達を家に招いて、思う存分、笑うことができる。
8. 好きなだけお風呂に入っていられる。
9. 犬を飼える。ずっと犬が飼いたかったから。
10. いつでも好きなときに音楽がかけられる。

ひとり暮らしはルーシーにとって決してうれしいことではありませんでしたが、自分のなかから、かろうじて探し出したさまざまな可能性を眺めて、今度は大丈夫かもしれないと、少し楽観的になれました。セラピー終結時に約束したフォローアップ面接のとき、ルーシーはひとり暮らしが「結局はそれほど悪いものではありませんでした。私は精神的に強くなってきています」と話し、新たな恋人を急いで探そうとはしてい

ませんでした。ひとり暮らしをする場合であれ，重い病気の末期状態だとわかった場合であれ，探す気さえあれば，その経験から良い意味を引き出せるものです。

強さを支える意志

先ほど私は回復につながる考え方の基盤として，「人は，何が起きるかによって心を乱されるのではなく，それに対する考えによって心を乱される」というエピクテトスの箴言の重要性に触れました。エピクテトスの教えを熱烈に信奉していた一人に，ジェイムズ・ストックデイル（James Stockdale 1923-2005）がいます。海軍のパイロットだったストックデイルは，1965 年，北ヴェトナムで撃墜されました。パラシュートで地上へ降下し，長い監禁生活を覚悟したとき，ストックデイルは「自分は科学技術の世界を離れ，エピクテトスの世界に入るのだ」とつぶやいたといいます（Stockdale, 1993：7）。結局，捕虜としての監禁生活は7年半におよび，その間には拷問や，独房での長期監禁も経験しました。捕虜になったとき骨折していた片脚は，おざなりな手術しかされず，何年も痛みつづけました。エピクテトスの箴言を数多く記憶していたストックデイルは，よくそれを使って自分を慰めたそうです。「脚が悪いことは，脚にとっては障害だが，意志にとっては障害ではない［エピクテトスは脚が不自由でした］。この考えを，どんなことが起きたときにも思い出してみよ。その出来事は，何か別のものにとっての障害ではあっても，自分自身にとっての障害ではないと気づくだろう」（Long, 2004：4）。

ストックデイルは，エピクテトスの教えのおかげで捕虜生活に耐え，体は弱ったものの心は無傷のままでいられたと言っています（Stockdale, 1993）。シャーマンは，エピクテトスの箴言で生き延びようとしたストックデイルの実験を，「奴隷状態のなかで力を与える行為」と呼びました（Sherman, 2005：6）。ストックデイルは講演者として引っ張りだこにな

りました。講演の中心テーマは，戦時であれ平時であれ，逆境に直面したとき，どうすれば威厳をもってそれに打ち勝てるかというものでした。

闇のなかの光

　ヘレン・ケラー（Helen Keller 1880-1968）は1歳7カ月のとき視力と聴力を失いました。しかし，話し方と読み書きを教師のアニー・サリヴァンに習い，のちに著述や，講演，障害をもつ人の権利擁護活動を行なうようになります。そのほか，女性参政権や，労働者の権利，産児制限，人種差別廃止といった進歩的な運動も支持しました。こういった立場を取ったせいで，彼女には敵も多く，あらゆる人から聖人視されたわけではありませんでした。しかし，世界を見ることも聞くこともできないからといって，そこで起きていることへの意見表明を阻まれるべきではないと彼女は考えていました（Herrmann, 1999）。世界の多くの人がケラーを，克服不可能に見える障害を克服したすばらしい手本と見なしました。ケラーも，ともすれば悲観的な見方に引きずり込まれそうになったことがありましたが，悲観主義者が人間の精神のために新たな道を切り開いた例はないと言い，その誘惑に抵抗しました。

　　たしかに，閉ざされた人生の門の前でひとり座って待っていると，孤独感が冷たい霧のように私を包むことがある。その門の向こうには，光や音楽，楽しい仲間がいる。しかし，私は入れない。もの言わぬ無慈悲な運命が行く手を阻む［…］それでも，唇までのぼりかけた無益な恨みごとを，私の口は発しない。そのような言葉は，流さなかった涙のように，また心のなかへ戻っていく。沈黙が私の心を覆っている。しかし，そこへ希望が微笑んでやってきて，「無私の精神のなかに喜びがありますよ」と囁く。それで私は，人の目に映る光を自分の太陽に，人の耳に響く音楽を自分の交響曲に，人の唇

に浮かぶ微笑みを自分の幸福にしようと努めるのである。

(Keller, 1903/2007 : 64-65)

　ヴィクトール・フランクル，ジェイムズ・ストックデイル，ヘレン・ケラーという3人の非凡な人物は，私たちの人生にも活かせることをたくさん教えてくれました。その最たるものは，私たちが絶望から精神的に自由になり，人生のあらゆる出来事に勇気と決意と威厳をもって向き合う能力をもっているということです。こう書いていると，第1章で述べた言葉を思い出します。回復力は，一握りの非凡な人がもつ特別な才能ではなく，むしろ誰もが育める能力だということです。

その瞬間の意味を見出す

　2007年，私はイギリスのケント州で，2日にわたる認知行動療法の講座を開くことになっていました。奥歯に異常を感じたのは，その講座が始まる数日前のことです。知らないうちに化膿していたのです。日曜の夜遅くホテルに着く頃には，その歯が激しく痛みだしていました。しかし，代役もいないのに，講座をキャンセルして家に帰るわけにはいきません。私は約束を守ると同時に，痛みに耐える方法を見つけたいと思いました。歯科医院に行けるのは早くても水曜です。そこで，「いかなる状況でも自分の態度は選べる」というフランクルの言葉を考えました。自分はどのような態度を取ればよいだろう？　結局，ジェイムズ・ストックデイルがこよなく愛したエピクテトスの箴言，「脚が悪いことは，脚にとっては障害だが，意志にとっては障害ではない」を選び，次のようにアレンジしました。「歯痛は心の平安にとっては障害だが，講座の開催にとっては障害ではない」。睡眠はほとんど取れず，食事もあまりのどを通らず，歯と歯が触れ合うたびに鋭い痛みが走りました。講座を教えている最中は痛みがやや和らいでいることに気づきました——おそら

く注意がそれていたからでしょう——が，夜遅くホテルにいるときは猛烈に痛み，気を紛らわすものがほとんどないため，何度も散歩に出るしかありませんでした。しかし，火曜の夕方，車で帰宅する頃には，痛みに勝ったという穏やかな満足感が生まれていました。不本意ながらも痛みに慣れると同時に，痛みを強める要因と弱める要因もわかったのです。我慢の日々も，あと一晩で終わりです。翌日，歯科医の治療を受け，痛みが一気に消えたときは，喜びもひとしおでした。

態度を検証する

　出来事への対応の仕方が態度によって決まるのだとすれば，逆境に対する自分の振る舞い方が回復につながるものか，それとも自滅的なのか，自分の態度を見きわめればわかるはずです。認知行動療法のABCモデルは，自分の態度を見きわめる系統立った方法を教えてくれます。今の考え方をいかに昔から正しいと信じてきたとしても，それにしがみつく必要はありません。時間と労力をかける気があるなら，もっと有益な考え方を探すことができます。残念ながら，考え方はなかなか変えられないと思う人や，変えたいとさえ思えない人もいます。次の章では，回復力を阻むこうした考えを取り上げます。

| 第3章
回復力の養成を妨げる態度

はじめに

　回復力は，ポジティブ心理学の研究対象のひとつです。1990年代後半に生まれたポジティブ心理学は，従来の心理学のように人間の欠点や弱点を対象とするのではなく，強さや長所を特定し，それを伸ばすことに重点を置いています。心理学者のセリグマンは次のように言っています。

　　　人は自分の弱点を直したがっているだけではない。意味のある人生を，そして後悔しない人生を求めている。あなたも私と同じように，「人生をマイナス5点からマイナス3点へ向上させて，日々のつらさを少し和らげるだけではなく，プラス2点からプラス7点へと向上させるにはどうしたらよいのか？」と考えたことがあるはずである。
　　　　　　　　　　　　　　　　　　　　　　（Seligman, 2003 : xi）

　人間的成長には両方の心理学が必要です。従来の心理学で，マイナス5点または3点を0点に戻し（たとえば，社交嫌いで引きこもりがちな性向を克服し），その後ポジティブ心理学で，0点をプラス5点または7点へ引き上げる（たとえば社会的ネットワークを築いたり，自信を感じたり，もっと楽しい生活を送ったりする）のです。ただし，障害や苦悩から健康や充実感に至るまで，人間のありよう全体を網羅する学問は，従来の心理学でもポジティブ心理学でもなく，「単に心理学だ」と言う

学者もいます（Linley et al., 2006：6）。

　回復力があることは，間違いなく強さです。しかし，回復力を育みやすくするためには，まず養成を妨げる要因と，その要因を取り除く方法を知らなければなりません。これから紹介するのは，問題に直面したとき，回復につながる対応が取れない態度です。ただし，この本では，回復力の養成を妨げる態度をすべて挙げるわけでも，重要なものだけを挙げるわけでもありません。私がセラピーでよく出会う態度を挙げるだけです。また，こういった態度は永久に変えられないというわけではないので，その態度に疑問を抱いて変化させる方法も紹介します。

　ここで，ぜひ言っておかなければならないことは，理由が何であれ，回復力を身につけたがらない人もいるということです。そういう人は，逆境や不幸に対処しようとして失敗し，打ちのめされ，意欲を失っていて，幸せをつかみそこねてばかりいるのです。

　自殺しか苦しみを終わらせる道はないと思いつめている人もいます。たとえば，脊髄を損傷した人の自殺率は，残念ながら一般人口と比べて7倍以上高いと言われています（Ubel, 2006：10）。そういう人に必要なのは，苦しい状況に対する周囲の人の温かい理解です。直面している問題を克服できないからと，非難してはなりません。

　第1章で指摘したように，回復力は人を勝者と敗者，あるいは努力する人と降参する人に分けるためのものではありません。誰もが身につけられる能力として考えてもらいたいのです。

「被害を受けたのは自分のせいではない」

　これはつまり，悪い出来事に対して自分は何もできないと感じ，自分の不幸についてつねに他の人を責め，それによって心のなかで加害者と被害者をはっきり区別し，自分の人生に変化を起こす責任を引き受けないということです。そのうえ，人から過去に与えられた，または現在与

えられている苦しみに耐えている自分はえらいとさえ感じているかもしれません。「私が義理の親からどんな扱いを受けているか、ぜひ知ってもらいたいものです。あの人たちが訪ねてくるたび、心ない言動に耐えなくちゃいけないんです。自分でも毎回どう乗り切っているか、よくわかりません」。これでは、人生が「被害者の物語」で埋め尽くされてしまいます。あなたは自分の苦しみと無力さの物語を──他の人がまだ聞く耳をもっていれば──話してやろうと、いつも待ち構えているのです。同じような物語を話したがっている人とつきあったら、苦しみを競い合うコンテストが始まることでしょう。被害者という自分の立場を正当化しつづけるほど、そこから抜け出して自分の人格や人生の良いところを伸ばせなくなります。

　たしかに、あなたは人から不当な扱いを受け、誰にも助けてもらえなかったかもしれません。しかし、同情を引くため苦しみに頼りつづけるか、それとも苦しみに見切りをつけて被害者意識から脱するかを決めるのは、やはりあなた自身の責任なのです（Wolin and Wolin, 1993）。

　たとえば、ピーターは上司からハラスメントを受け、精神的に参って病気休暇を取ることになりました。「誰も僕の訴えをまともに取り合ってくれませんでした。単に、『みんなが大変な環境で働いているんだ。きみもうまくやっていかなきゃな』と諭すだけでした」。結局、ピーターは退職しましたが、上司から受けた扱いが忘れられませんでした。その上司が昇進したことを後で知り、自分へのひどい仕打ちも会社側が高く評価したのだと解釈しました。セラピーでピーターは、上司の自分に対する不当な扱いと、そんな行為に「目をつぶった」会社に対する怒りを吐き出しました。しかし、それに劣らぬほど重要だったのは、いまだに消えない怒りと、不当な行為を正せなかった無力感が、彼の人生に有害な影響を与えていると考えていることでした。特に深刻だったのは、再びハラスメントを受けるのを恐れて、職探しをする気になれなかったことです。

私はピーターと2種類の不当な行為について話し合いました。ひとつは上司がピーターにしたことですが、もうひとつは彼が自分自身に対して行なっていることでした。夢と希望を追わず、いつまでもハラスメントを理由に消極的になっている彼の態度は、自分を不当に扱っているといえるでしょう。ピーターは2番目の、自分自身に対する不当な行為こそ真の意味で有害だと考えました。そして、「ハラスメントは一時的な出来事で、今後の人生全体には悪影響を及ぼさない」と思うことが重要だと理解しました。現に、ハラスメントが続いたのは半年間だけでした。私はそうした上司に対抗するテクニックをいくつか教えました（第8章を参照してください）。将来へと目を転じたことで、ピーターはもう一度、自分で人生をコントロールできると感じるようになりました。

「自分はそれを絶対，乗り越えられないだろう」

「それ」が指しているのは、心を深く傷つけた出来事や、つらかった子ども時代のことかもしれませんし、将来、幸せになる可能性がついえたと思うほどの苦難や、自分の人生は修復不能なダメージを負ったと思うほどの苦難のことかもしれません。あるいは、一部のクライエントが語るように、「自分がずたずたに引き裂かれた」状態のことかもしれません。となると、次のように尋ねてもあながち的外れではないでしょう。「粉々に割れたハンプティ・ダンプティ〔『マザーグース』に出てくる卵の形をしたキャラクターで、塀から落ちて割れてしまう〕を元通りにすることは可能でしょうか？」（あるクライエントはこの質問に大きな声で「ノー」と答えました。いったん壊れたら、直してもずっと壊れやすいままだと言うのです。そのため私は、粉々になった自分が元通りになることを表わすため、別の比喩を見つけなければなりませんでした）。フラックによれば、大きなストレスに直面して「ずたずたに引き裂かれる」ことは、回復につながる反応の一段階として正常どころか必要でさ

えあるといいます（Flach, 2004）。この「引き裂かれた」状態の時期にこそ，悪い出来事への新たな対応の仕方を生み出して，自分のかけらをより頑丈に組み立て直すことができるからです。古い対応の仕方が通用しなくなっているので，新たな方法を見つけざるをえないとも言えます。ただし，この「引き裂かれた」状態には危険もあります。かけらをうまく組み立て直せる場合もありますが，意義のある形にまとめられず，「永久に不安定になる」（Flach, 2004）場合もあるからです。激しいストレスの経験は，現在と将来のための貴重な学びの機会だと見なされる場合もありますが，マイナスからプラスが生まれることもあると認めなければ意味をもちません。

　クライエントの一人に，ロジャーという「燃え尽きた」企業幹部がいました。業務上の厳しいプレッシャーを会社からかけられてとことん参っていたのです。「私はダメな人間です。42歳ですでにお先真っ暗です」と言うような抑うつ状態で，「会社の連中は何をしたいんでしょうかね？　私を殺したいとでも言うんでしょうか？」と腹を立てており，自分がプレッシャーに対処できないことについて，「自分は弱虫なんです」と恥じていました。ロジャーは人生がずたずたになったと考えていましたが，彼が理解できる余裕が見えたとき，ハンプティ・ダンプティはまた元の姿に戻せると私は指摘しました。自分のかけらを組み立て直し，人生を別の方向に進めることは可能だと話したのです。ロジャーはその話に興味を示しましたが，自分はプレッシャーにうまく対処する必要があったし，うまくできなかったことによって，これから一生，自分には弱さのしるしが「こびりつく」と，あくまでも言い張りました。数回のセッションの後，彼は私のもとへ来なくなりました。それ以来，一度も会っていません。もしかしたら，自己が組み立て直され，もっと強くなるという話に，後日ロジャーが興味をもち，それに基づいて行動を起こしたのかもしれません。でも，これは私の希望的観測にすぎません。

　自己を修復するプロセスには長い時間がかかることもあります。社会

的に不幸な境遇にある男性に対して行なわれた，ある有名な長期研究を紹介しましょう。ハーヴァード大学のジョージ・ヴァイラント教授らは，こういった男性の青年期から老年期までを追跡したところ，人生の出発点で恵まれていなくても，固い決意があれば，最終的には幸せで充実した生活を手にできる場合もあるという喜ばしい結論に至っています。

> 不幸な境遇の青年が，愛情と創造力に満ちた成功者になる。「チャンスに恵まれなかった」子どもが，幸せで健康な大人になる。かつてはずたずたに引き裂かれながらも，10年後―― 40年後の場合もあるが――ひとつに統合された彼らハンプティ・ダンプティは，私たちに多くのことを教えてくれる。　　　　（Vaillant, 1993：284）

　仮に，誰かの人生をある時点でのぞいてみたら，苦難に打ち負かされ，先行きが暗いように見えるかもしれません。しかし，数年後の人生をのぞいてみたら，その予想は外れているかもしれないのです。私はイギリスの国民健康促進サービス（NHS）で20年働いている間に，自滅的な生活を送るクライアントを大勢見てきました。亡くなった人や，絶望のサイクルから抜け出せない人もいましたが，元気になった人も大勢います。その時点で，もし私が賭けをして，最終的に助かる人と助からない人を予想していたら，おそらく大損をしていたでしょう。

「こんなことには耐えられない！」

　この態度は，欲求不満に耐える力が低いことを表わすと考えられています（Ellis, 2001）。言い換えれば，望みがなかなか叶えられないことによる欲求不満や，退屈さ，否定的な感情，困難な作業（たとえば，ものごとを先延ばしにする癖を克服すること），不便，挫折といったものに耐えられない状態を指します。要するに，何かをたやすく達成できない

と，すぐにあきらめてしまうということです。欲求不満に耐える力が低くなるような認知の中心は，「将来に見返りがあるからって，今の苦痛に耐えるなんてムリ！」というものです。セラピーで自分を変えるという困難な作業が始まると——つまり，セラピストとの話し合いで得た認知行動療法の洞察を日々実践する段になると——一部のクライエントがセラピーをやめてしまうのは，主に欲求不満に耐える力が低いためです。欲求不満に耐える力が低いと，困難は避けたほうが得だと思ってしまいます。実際には，困難を避ければ未解決の問題がたまるうえに，自己開発の機会を見送ることになるため，長期的には人生がずっと難しくなります。

　ヘレンはフランス語を習得したいと思っていましたが，授業に2回だけ出席した後，講座をやめてしまいました。人前で発音の練習をしなければならないのが恥ずかしかったのと，すぐに流暢にしゃべれるわけではないことに気づいたためです。前年に挑戦したスペイン語とクラシックギターも，同じ理由でやめていました。体を鍛えよう，新しい仕事を探そう，恋人を見つけよう，生活に張りを与えようと，ヘレンは次々に誓いを立てましたが，すべて実行できずに終わってしまいます。そして，変化のつらさを避けたせいで，皮肉にも結局は退屈で満たされない生活を送るはめになっていました。しかし，今の生活を続けるつらさと，もっと明るい未来のために生活を変えるつらさと，どちらが耐えがたいでしょうか？　しかも，問題はそれだけではありませんでした。ヘレンは安易にあきらめてしまう自分に対して，「私のどこがダメなんだろう？　なぜ何も続かないんだろう？」と，たびたび腹を立ててもいたのです。つまり，退屈な生活と，変化の努力を続けられない自分への怒りという，二重のつらさを抱えていたわけです。セラピー中は，自分の問題点を理解するためにすぐ答えを知りたがり，安直な解決策をセラピストに求めつづけました。

　たとえば，「店に長い列ができていると耐えられない」といった欲求

不満に耐える力の低さを口にするとしたら、このときの「耐えられない」とは実際にはどういう意味なのでしょう？ 耐えようとすると死んでしまうのでしょうか？ つまらない作業を続けると精神的に破綻してしまうのでしょうか？ あるいは、嫌な出来事に対処したら幸せになれないとでもいうのでしょうか？ 実のところ、多くの人が、耐えられないと思うことにも耐えられています。本当に取り組むべき課題は、より良い耐え方を見つけることです。つまり、自分が避けている作業や状況をあえて探し出して、実は欲求不満にも耐えられると証明することです。そして、将来の見返りは今努力しても得る価値があるということを自分に証明してみせるのです。ヘレンの課題は、特にフランス語とクラシックギターを習得する努力を続けることでした。人生で欲求不満は避けて通れませんが、欲求不満で自分を悩ませることは避けられます（Hauck, 1980）。

「なぜ私なのか？」

衝撃的な出来事を経験したとき、人はよくこの問いを発します。答えはたいてい、問い自体が語っています。「こんなことは私の身に起きるべきではなかった。私は罰が当たるようなことなんて何もしていない」（本書全体でクライエントが使っている「べき」という言葉は、何が起きなければならず、何が起きてはならないかを決めつける命令的な意味をもっています）。そんなふうに思うのは、免責基準、つまり、悪い出来事が自分に起きるべきではない理由があると信じているからです。世界は公正で公平だという思い込みは、トラウマを引き起こすような出来事によって打ち砕かれることがあります（Janoff-Bulman, 1992）。たとえば、ジョンは車の多重事故に巻き込まれ、重傷を負いました。そして、こんな出来事がわが身に起きたことに憤っていました。ジョンは「自分はとても誠実な人間だ」と主張しつづけていましたが、それが一体どう

事故と関係するのか，最初はわかりにくく感じられました。しかし，彼の理屈を探ってみると，自分はとても誠実な人間だから，「人生における災い」を免除されるべきだったというのです。「もし私が怠け者で仕事嫌いだとか，嘘つきで詐欺師だとか，そういう不愉快な人間だったらわかります。でも，私はそんな人間じゃない」。ジョンの世界観は「バカにされ，破壊され」ました。今ではコントロール不能な力の犠牲者と自分を見なすようになり，どうすれば人生に前向きな意味を取り戻せるか，さっぱりわからなくなっていました。

「なぜ私なのか？」と考えても救いになるような答えは出ないでしょう。これは，私がそういうクライエントと接してきて得た教訓です。だいたい，どんな答えが出ればあなたは満足するのでしょう？「世界は残酷で予測不能な場合がある」という答えでしょうか？ それとも，「自分がたまたま悪いタイミングで悪い場所にいた」という答えでしょうか？ あるいは，「ドライバーはあなたをはねたとき居眠り運転をしていたけれど，悪意はなかった」という答えでしょうか？「なぜ私なのか？」は答えの出ない問いです。結局は納得できない答えを探しつづけても，その出来事を建設的に処理しはじめることはできません。

むしろ，状況をまったく違う角度から見れば，何か答えが出るかもしれません。「なぜ私だけが特別なのか？」と考えるのです。この問いには，人生で悲劇や不幸に遭う可能性がない人など一人もいないという，一見，受け入れがたい真実が含まれています。しかし，悲劇や不幸が起きても，人生に幸せと意味を見つけることは可能です（Warren and Zgourides, 1991）。これは前の章（pp.054-055）で紹介した，ヴィクトール・フランクルのアウシュヴィッツからのメッセージとまったく同じです。しかし，言うまでもありませんが，「なぜあなただけではないのか？」という問いを発するタイミングには十分注意しなければなりません。出来事に対する自分の反応さえ検討しないうちに，こんな問いを投げかけられたら，クライエントはセラピストを無神経だと思うでしょう。時期が来

たら，十分な配慮をしながら，非難がましくない口調で質問します。尋ね方はいろいろあります。たとえば，「誰もがみな，人生で何らかの悲劇かつらい出来事に遭う可能性があるということを，今までに考えてみたことがありますか？」などです。

ひったくりに遭ったメアリーは，「私のような善い人間に悪いことが起きるべきではない」という免責基準を挙げていましたが，やがて「なぜ私だけが特別なのか？」という考え方を受け入れるようになりました。ジョンと違って，メアリーはこの考え方が自分を解放してくれるように感じ，「なぜ私なのか？」の呪縛から逃れはじめました。ところが，メアリーの新たな考え方は，「私は一度〔ひったくりの〕被害に遭ったのだから，もう大丈夫。今度は他の人の番だ」というものでした。「なぜ私だけが特別なのか？」という考え方には，その出来事が同じ人に再び起きる可能性も含まれます。しかし，メアリーはそれを考慮に入れず，新たな考え方のなかにまたもや免責基準を設けているだけでした。そこで，これは自分に落とし穴を仕掛けるようなものだと話したところ，ようやくこれらの免責基準を取り除くことができました。それから2年後，メアリーは地下鉄でスリに遭いました。本人によれば，「完全に打ちのめされ」ずに済んだのは，災難が再び降りかかる可能性を受け入れていたからだとのことでした。

「過去からは逃れられない」

「まるで，過去の出来事に永遠に鎖でつながれているようだ」という言葉が示す通り，過去は現在の行動に強く有害な支配力を及ぼしつづけていて，真の幸せをことごとく奪い去ってしまいます。ただし，この支配力を維持しているのは過去そのものではなく，その人が過去の出来事について作り上げ，今でも信じている考えです。その考えこそが鎖なのです。過去は変えられません。しかし，過去に対する考えは変えられま

す。鎖は断ち切れるのです。たとえば、ダレンは10代の頃、自分が養子だと知りました。そして、実の親が自分を捨てたのなら、自分には何か欠陥があるに違いないと強く思いました。大人になって私と会ったときも、同じ考え方を続けていました。

筆者 養子の件を知る前は、自分のことをどう考えていたんでしょうか？
ダレン 特に問題のない、普通の人間だと考えていました。
筆者 養父母との生活はどんな感じでしたか？
ダレン 幸せでした。満足でしたね。
筆者 実の親があなたを養子に出したと知ったとき、なぜ**自分**に問題があるに違いないと考えたんでしょう？
ダレン そんなこと、言うまでもありません。こんなことが自分に起きたら、誰だってそう考えますよ。
筆者 言うまでもないことでも、ちょっと私に説明してくれませんか？
ダレン それは、私がかわいかったら、親は手元に置いておきたがるはずだってことです。そうでしょう？
筆者 かわいい子どもでも養子に出されるということはないのでしょうか？
ダレン あるでしょうね。
筆者 それにはどんな理由が考えられるでしょう？
ダレン ええ、そのことはわかっているんです。養父母と話したことがあります。実の親は問題をたくさん抱えていました。精神的な問題もです。自分の生活さえままならないのに、ましてや子育てなんてできません。それで、私のために最良の環境を求めたんです。自分たちはそういう環境を私に与えられなかったので。
筆者 どうやら、あなたはそれを納得のいく説明だとは思っていないようですね。

ダレン　ええ，思っていません。こんなに長い間，私が腹を立てているのは，もし親が私を本当にかわいいと思っていたら，手放さない方法を見つけていたと思うからです。何かしら道はあったでしょう。簡単なことです。

筆者　実の親があなたを手放さない方法を見つけようとしなかったとなれば，唯一の答えは，あなたが昔も今も愛されない人間だからだというわけですね？　そして，あなたは自分に対してそういう考え方をもちつづけていると。

ダレン　その通りです。他にどんな考え方をしろって言うんです？

筆者　そうですね，実の親が苦労していたことと，ご自分の問題に対処できなかったことを知っていたとなると，あなたは実の親が超人になって，あなたを手元に置いておくために闘って勝ってもらいたかったわけですね。言い換えると，あなたが望むような人間になってもらいたかったということです。でも，彼らは彼らにしかなれませんでした。つまり，問題を克服するために努力したけれど，うまくいかなかったということです。

ダレン　本当ですね。そんなふうに考えたことはありませんでした。私の親は違う人間にはなれなかったんだと思います。ただ，言われればそうだと思いますが，自分の頭をそういうふうに切り替えるのは難しいです。

筆者　もうひとつ，頭を切り替えてみてほしいことがあります。養子だという理由で，あなたが自分に「愛されない人間」というレッテルを貼りつづけていることです。たしかに養子でしたが，愛されない人間だったわけではありません。もし本当にそうだったら，養父母はどうしてあなたを深く愛せたんですか？　養子であることは問題ではありません。自分に対してその否定的な考え方をもちつづけていることが問題なんです。その考え方をもちつづけるか，変えていくか，あなたは毎日，決めることができるんですよ。

ダレン　どうやって？

筆者　私たちが今日やっていることをやればいいんです。自分が愛されない人間だという考えから一歩引いて，それを批判的に検討しはじめるということです。あなたはまるで，15 年間，自分を洗脳してきたみたいじゃないですか。

やがて，ダレンは以下の事柄を理解し，受け入れることができました。養子だと告げられたとき，ダレンは自分で自分を拒絶し，結果としてその拒絶を 15 年も持続させてきたこと。養父母との生活の質は，実の親が提供できた生活よりはるかに良かったはずだということ。そして，「実の親」というのは生物学的に決まるのではなく，愛情深い養育環境を与え，どんなときもつねに子どもの味方でいるかどうかで決まるということです。

「こんなことは起きるべきではなかった」

この言葉を，「俺ってなんてバカなんだ」といった卑下の言葉とともに，あなたは何度，口にしたことがあるでしょうか？　そういうとき，あなたは実際に生じた結果ではなく，別のもっと良い結果を望んでいたのでしょう。たとえば，ガソリンが残り少なくなっているのに，何軒かのガソリンスタンドの前を素通りしたとします。仕事で疲れていたため，とにかく家に帰りたいと思い，列に並ぶ気にならなかったのです。しかし，家まであと数キロというところでついにガソリンが底を突き，いかにも信じられないという口ぶりで，「なぜこんなことになるんだ？」とつぶやく結果となります。もうひとつ例を挙げましょう。日曜大工に心得も興味もまったくないのに，恋人にせがまれて，渋々「試しにやってみるか」という気になったとします。しかし，出来映えはさんざんで，プロによる修理が必要となり，結局，その料金の高さに愕然とするのです。

エデルマンが述べているように，「私たちのあらゆる言動——悪い結果をもたらすものも含めて——が生じるのは，その時点で，それが生じるのに必要な要因がすべて揃っていたから」です（Edelman, 2006 : 74）。そう考えると，こういった出来事は当時の状況におけるあなたの考えと行動から，起きるべくして起きたのです。「起きるべきではなかった」のではありません。最初の例では，ガソリンを入れるより，とにかく帰宅したいという気持ちのほうが勝っていました。2番目の例では，不思議な考えにとらわれて，日曜大工の心得も興味もまったくないのに，自分は失敗せず，そこそこうまくできるだろうと思ってしまいました。したがって，「こんなことは起きるべきではなかった」と思いさえすれば過去が変わるかのように，そう思いつづけても無意味です。それが起きる条件はすべて整っていたのです。代わりに，同じことを繰り返さないよう，その間違いから学ぶことに方針を転換しましょう。たとえば，また家の修繕をしようとするなら，その前に日曜大工の講習を受けることです。

「私はダメ人間だ」

こんなふうに自分をおとしめる考えをもっていると，無気力な状態から脱せません。人は自己イメージに沿って行動するからです。言ってみれば，この考えに屈し，「これが今の私だし，今後もずっとこのままだ」と宣言したようなものです。あなたはきっとこういった考えや言葉を不変の「事実」と考えているのでしょうが，実はそれは自分自身と人生についての思い込みでしかなく，疑問を抱いて変えることができます。たとえば，もしあなたが「正真正銘のダメ人間」だったら，過去，現在，未来においてできることはたったひとつ，失敗することだけです。たとえ成功したくても，「ダメ人間」としての自分の本質，つまりアイデンティティがそれを許さないでしょう（Dryden, 2001）。自分がダメ人間だとい

う考えの反証（つまり，自分はダメ人間ではないという証拠）を見つける気があるなら，これまでの人生を振り返ってみれば簡単です。未来のことだって，まだわかりません。

　しかし，自分に対する否定的な考え方が先入観となって，この反証が見えなくなる恐れもあります（Padesky, 1994）。つまり，「私はダメ人間だ」という考えがそれと矛盾する証拠をすべてはねつけ，「私はダメ人間だ」を裏づける証拠だけを見つけようとするのです。試しに，自分が同意できない考えを――たとえば「女性はみな運転が下手だ」という考えを――検討してみましょう。あなたはそう考えている人の言い分を聞きながら，猛烈に腹を立てるかもしれません。「運転が上手い人も下手な人もいるのは，男も女も同じじゃないか！　どうしてこの人にはそれがわからないんだろう？　実際は，女性は男性より事故が少なく，慎重なのに。この頭の固い，わからず屋！」。その人の態度は凝り固まっているので，あなたの言うことが耳に入らないでしょうし，どれだけ反証を積み上げても，少なくとも今は態度を変えないでしょう。ここで，自分がダメ人間だという考えに話を戻します。あなたがしていることは，さっきの人とまったく同じです。つまり，自分の意見に合わない証拠を一切無視しているのです。

　私のクライエントのなかには，こういった自分への先入観に「やかまし屋」とか「悪口屋」といったあだ名をつける人がいます。たとえば，「あのやかまし屋がまたしゃべっているけど，俺はあいつに耳を傾けなくなってきた」という具合です。この人が先入観に注意を払わなくなってきたのは，自分と自分の人生に関する証拠全体に目を向け，わざわざ集められた「ダメ人間」の証拠だけにとらわれなくなってきたからです。

　自分をおとしめる考えはどれも不合理です。それは，部分と全体を取り違えているからです。自己の一面が，あなた全体，またはあなたの人生全体の複雑さをとらえることは決してできません。自分を構成する側面は他にもあるのに，全体的な自己批判に走ってしまい，それを見過ご

しているのです。逆に，人生で何かがうまくいったら，自分は成功者だと言えるのでしょうか？　昨日は落伍者だったのに，今日は成功者ということがありうるでしょうか？　どちらのレッテルも，人間の複雑さをきちんと表わしてはいません。あなたはわが子にレッテルを貼って，「この子の人間としての本質をとらえた」と世界に発表できますか？　避けては通れない失敗や挫折は，人生の物語の一部であって，全体ではありません。

「なぜ幸せを見つけられないんだろう？」

　心理療法家に幸せの公式を見つけてもらいたがっているクライエントは，セラピーのとき，この悲しげな疑問をよく口にします。何を試しても幸せをつかめないので，たとえばヨガなどの新しいことを始めるたびに，「これなら私を幸せにしてくれるかしら？」と考えてしまいます。その一方で，追い求めてきた成功を手に入れた人は，得てして幻滅を味わいます。それは，夢が叶いさえすれば，人生のあらゆる苦難が消えると考えていたせいです。たとえば，ぜひ就きたいと思っていた社内のポストを獲得しても，「これであらゆる問題が解決すると思っていたのに」と嘆くのです。たとえ別の目標を設定し，それを達成しても，やはり幸せにはなれません。グレイリングはこう述べています。「幸福の追求がこの世の不幸の大きな原因のひとつであるとは，うまいことを言ったものだ」（Grayling, 2002 : 71）。

　では，幸福の追求が本当に不幸を招くとしたら，どうすれば幸せになれるのでしょうか？　アウシュヴィッツを生き延びたヴィクトール・フランクルは次のように説いています。「幸せは追求できるものではなく，結果として生じるものである。人には『幸せになる』ための理由がなければならない。しかし，いったんその理由が見つかれば，自然に幸せになる」（Frankl, 1985 : 162）。フランクルが言おうとしたのは，幸せと

は，充実した有意義な人生の副産物または結果として生じるものであって，人生の主要な目標（追求するもの）ではないということです。たとえば，私は，息子に会うこと，読書や執筆をすること，犬の散歩をすること，友人とつきあうこと，セミナーを開催すること，音楽を聴くこと，などに楽しみを感じます。そうしたことをするのは幸せになるためではなく，そこから得られる根源的な喜びのためです。それは私の人生に形と意味を与えてくれます。私にとってはこうした活動自体が楽しいので，今後も幸せが人生の最大の関心事になることはないでしょう（念のために記しておくと，私はそれなりに幸せです）。私はフランクルのメッセージをきわめて的確だと思いますし，クライエントが理解してくれそうなら，これを「公式」として教えます。ただ，もう幸せは追わず，もっと有意義で充実した人生を求めるようになったと言いながらも，残念ながら古い態度を手放さないクライエントもいます。たとえば，「前からずっと聖歌を歌いたいと思っていたので聖歌隊に入ったんですが，それでも幸せになれません！」などと訴えるのです。

「挫折に対処するとき，もがき苦しむ必要はないはずだ」

　第1章で，私は回復力を逆境から「飛び起きる」と考えるのは間違いだと書きました（ただし，これは逆境の定義の仕方によります。バスに乗り遅れ，自宅までの短い距離を歩く決心をしたことでさえ，苦難から「飛び起きる」ことだと解釈する場合は話が別です）。飛び起きるという考え方は，いわば回復力完璧主義を助長してしまいます。つまり，自分は逆境において，人が称賛するような建設的な対応を苦労もなしに取れると予想してしまうのです。しかし，不幸から立ち直るためにもがいてしまったら，この理想を満たせません。そのため，「正しい」振る舞い方ができない自分に腹を立てて責めるのです。苦労することともがくことは，自分の人格に欠陥があるという意味になるので嫌がられます

(Dweck, 2006)。「自分はどんな挫折も楽々乗り越える。どんなことにもうろたえない。まずいことが起きると，おろおろする人がいるが，なぜ気を取り直して対応できないのだろう？　見ていて，かわいそうになる」。

　かつて私のクライエントに，同僚から「ブルドーザー」と呼ばれていた管理職の男性がいました。この男性は，どのような問題や障害も「なぎ倒す」か，脇へ押しやることができると思っていました。しかし，ある日，職場でパニック発作を起こし，この問題にはブルドーザー戦術が効かないことに気づきました。それどころか，パニック発作は悪化の一途をたどり，結果として業績も集中力も低下していったのです。男性はこの事態に怒りと驚きを覚え，「なぜこんなことが私に起こるんでしょう？」と言いつづけました。自分の性格はこうだという凝り固まった考えをもっていて，その性格は従順な犬のように，命じた通りに機能すると思い込んでいました。私は人間的成長と学びの観点から，男性にこう伝えました——私にやり方を説明させてくれれば，比較的早くパニック発作に対処できるようになりますよ。しかし，その男性のお決まりの答えは，「あなたにはわからないんです。これは本当の私じゃないんですよ！」というものでした。パニック発作を起こしていたのは紛れもなくこの男性ですが，本人の考えでは，それは弱い人が起こすものだったのです。そして，自分を弱いと考えたことが一度もなかったため，それは自分のものではありえないという理屈でした。なぜこのセラピストにはそれがわからないのか？　男性は，「自分が抱えるべきではない」問題の解決策を見つけられず，逆に自分の本当の性格が明らかになるのではないかとびくびくしていました。しかし，何も理解しないまま，ほんの数回でセラピーをやめ，そもそもこんなところに来るべきではなかったと自分自身をののしりました。セラピーに来ることもまた，示してはならない「弱さ」のしるしだったのです。

　言うまでもありませんが，彼の態度はパニック発作への回復力のない対応の仕方です。悪い出来事を前にして，自分ならできると思っていた

対応（この男性の場合は凝り固まった対応）が取れないときや，その対応がもはや目的に合わなくなって，新たな方法が必要になるときが，いつかやってきます。これまで正しかったやり方でも，ずっとそれが唯一の解決策であるとは限らないのです。

「知らなければならない」

　不確実性に耐えられないことは，心配性の人に見られる中核的な問題です（Leahy, 2006）。こういう人は，事の成り行きを今すぐ知らなければならないと考えます。知らないでいると不安になり，他のことに集中できません。不確実性が絶えず気にかかり，人生を楽しめず，「もし～だったらどうしよう？」という疑問をくよくよ考えつづけます。たとえば，「彼女が浮気をしていたらどうしよう？」などと気をもむわけですが，この疑問はさらなる疑問を生み出します。「彼女が自分を捨てたらどうしよう？」「ひとりでやっていけなかったらどうしよう？」「自分ひとりで住宅ローンを払えなかったらどうしよう？」といった調子です。こうして疑問が増殖していくと，自分が実際より多くの問題を抱え，心をコントロールできなくなってきているような気になります。

　スタンリーは仕事で失敗して会社の懲罰審査の対象になりました。審査が終わるまで停職を命じられましたが，その間，いろいろなことをいつまでも考えあぐねました。失業することや，解雇に伴う恥ずかしさ，45歳で再就職先を探す難しさ，そしてもう二度と幸せになれないこと。人生で破綻する可能性のあるものが，すべて破綻しようとしているのです。スタンリーはセラピーで次のように言いつづけました。「私を雇いつづけるのかクビにするのか，今日にでも知らせてくれれば，少なくともこの苦しみからは抜け出せます。審査はまだ何カ月も続きます。これは精神的な拷問ですよ。長引かせるより，さっさと決定を下すべきです！」。

しかし、この精神的な拷問は、スタンリー自身によって加えられているのでした。審査を会社ではなく自分の都合に合わせて進めるよう求めていたからです。スタンリーは、審査の結果、自分は失業するだろうし、決定が出るまでは他のどんなことにも集中できないと考えつづけました。しかし、あるときから、彼は決定が下されるまで知りえないことを知りたがるのはやめて、家族との日課を再開するなど、自分にわかることや、できることに注意を向けるようにしました。また、スタンリーは毎日、何度も「失業するかもしれない」と考え、自分の頭を不確実性でいっぱいにしていましたが（Leahy, 2006）、そう考えても苦しくならないよう、それまで避けていたこと、つまり不安が的中した場合の対策を練る作業に集中することにしました。さらに、恥をかくとしても、それは一時的なものにすぎないと気づくこともできました。こういった作業をすることで、スタンリーは不確実性に直面しながらも、自分が落ち着きを保っていると感じられるようになりました。結局、彼は失業してしまいましたが、ショックはそれほどでもなく、3カ月で新たな職場に就職することができました。たとえ期待していた結果にならなくても、不確実性に耐えられれば、思わぬ強さを引き出せることがあるのです。

「自信がない」

あなたは、新しいことに挑戦する前にこの言葉を口にしたことが何度あるでしょうか？　一度も経験がないことに、どうして自信をもてるのですか？　私のクライエントのなかには、パフォーマンス不安を抱えている人がいます。初めてワークショップを開いたり、人前でスピーチをしたりすることに不安を感じるのです。このような人が望むのは、はきはきとしゃべり、ウィットを利かせ、洞察力を示し、冷静沈着で、人を感心させるような威厳をもって全質問に答え、そのパフォーマンスに聴衆からすばらしい評価を得ることです。つまり、完璧なパフォーマンス

をしたいわけです。しかし、彼らは、このきわめて高い基準には遠く及ばず、能力のなさを露呈させて、笑い者になることを恐れています。

　こういった人は自分の能力を評価する際、つねに間違ったスタートラインに立っています。その人はパフォーマンスの初心者であって達人ではないのですから、初心者として妥当な期待を抱くことが重要です。達人になりたいのなら、喝采してもらう場面を安易に思い描くのではなく、厳しい訓練を積まなければなりません。リスクのあることに初挑戦する前に自信をもつというのは、順序が逆です。それに、普通は自信の前に、まず勇気が必要です。結果を予測できない状況で、苦手な領域に踏み込み、しかも逃げない覚悟をしなければなりません。脚は震え、膝がガクガクしますが、自分に鞭打ってスポットライトのなかに出ていきます。この段階で自信がどうのこうのという話をするのは時期尚早ですし、好結果だけを思い描いているなら自信に対する考え方が偏っています。回復力があれば、成功も失敗も受け入れる真の自信をもち、いずれもそれほど深刻にはとらえなくなります。また、何が起きようと、そこから学ぶことが自己を育てるための真のテーマとなります。

「自分は生まれつき悲観主義者だ」

　このように言う人はたいてい、何かにつまずくと破滅的な結果を予想し、現在の幸せも未来の幸せもすべて消え去ってしまうと考えます。状況が厳しくなると「こんなことをして何になる？」と考えて努力しなくなることが多く、自分は人生で起きる出来事をまったくコントロールできないと考え、無力感を抱き自分を責めます。セリグマンによれば、悪い出来事があったとき、このような悲観的な考え方を構成する重要な要素が3つあります（Seligman, 1991）。「これは永遠に続くだろう」という**永続性**、「自分が人生で成し遂げようとしてきたことが、これで全部、水の泡だ」という**全面性**、そして「これは自分の落ち度だ」という**自己**

関連づけの3つです。クライエントが「悲観主義は自分の一部だ」と言うとき，それはたいてい，悲観主義は先天的なものなので変えられないという意味です。セラピーの最初に「先生は私を助けられないでしょう」と言いきるクライエントもいます。ただし，私はこれを，セラピーに関する正しい予想とはとらえず，議論し検証すべき仮説だと考えます。これに対して，楽観主義者は悪い出来事を，一時的で（「こんなこと，みんなすぐに忘れるさ」），局所的なもの（「これは自分の人生の一部に影響するだけだ」）と見なします。たとえば，「上司は今日，機嫌が悪かった」というふうに出来事の原因を外的なものに求めるか，「今回は報告書を出すのがかなり遅れてしまった」などと考えて，自己非難せず自分の責任を引き受けます。悲観主義者は自分の抱えている問題についてくよくよ悩むだけですが，楽観主義者は問題に対処する建設的な方法を探すことができます。

　自分自身に対して出来事をどう説明するか，そのやり方を「説明スタイル」と呼びますが，お察しの通り，楽観主義者と悲観主義者とでは説明スタイルがまったく違います。どちらのスタイルも習慣的な思考の仕方ですが，習慣は変えられます。持続的に努力すれば，もっと楽観的な思考様式を身につけられるのです。つまり，違った物の見方を選べるということです。著名な心理学者で，『オプティミストはなぜ成功するか』の著者であるセリグマンですら，自分の悲観的な考え方と格闘していると言っています（Seligman, 1991）。

　　私は最初から楽観主義者であったわけではない。逆に，根っからの悲観主義者だった。楽観主義に関する真面目で実用的な本を書けるのは悲観主義者だけだと思うし，『オプティミストはなぜ成功するか』に書いたテクニックを私は毎日使っている。自分なりの処方箋に従い，それが効果を発揮しているのである。

（Seligman, 2003 : 24）

セリグマンが悲観的な説明スタイルを変えるために使っているテクニックのひとつが，前章で取り上げた ABC モデルです。

A ＝逆境
B ＝考え
C ＝結果──感情面と行動面

たとえば，望んでいた昇進を果たせず（A），失望して人と接するのを避けている（C）としたら，「自分は定年までずっとこの職位のままだろう。自分のキャリアはもうダメだ。自分は無能だ」と考えている（B）のかもしれません。ここで，B こそがこのモデルの要であることを思い出してください。この考え方は，第 2 章で紹介した以下のような基準によって検証できます。

1. **あなたの考え方は硬直していますか，柔軟ですか？**　「硬直している。自分の能力への見方も含め，私はこの状況に関する違う考え方を一切受け入れようとしていない。硬直した考え方のせいで，今の現実に適応できていない」。
2. **あなたの考え方は現実的ですか，非現実的ですか？**　「非現実的だ。社内で昇進するチャンスはまたあるだろうし，出世こそ望むペースでは進んでいないが，私にはまだ仕事がある。キャリアに関する考え方は会社と私で違っている。もし私が本当に無能なら，たぶんクビになっているだろう」。
3. **あなたの考え方は有益ですか，無益ですか？**　「無益だ。昇進を逃したとか，すべてがひどく不当だと考え込んでしまい，仕事に影響しているし，家庭の雰囲気も険悪になっている」。
4. **あなたはその考え方を他の人に教える気がありますか？**　「ない。不合理な

考え方だからだ。もしみんなが挫折に対して私のような反応を示したら、どの職場も地獄のようになるだろう」。

このような検証から、ある程度は楽観的な別の考え方が生まれることもあります。ただし、その考え方にただちに強い確信をもてるわけではないでしょう。まだ馴染みのないものですし、その考え方に従って行動したことがないからです。

A＝逆境 望んでいた昇進を果たせなかった。
B＝考え 「一生、他に仕事が見つからず、定年までこの職位のまま勤めつづけるということは、まずありえない。この会社で昇進を目指すこともできるし、転職することもできる。ずっとこのままだというのは、事実ではなく、考え方にすぎない。私のキャリアはひとつの壁に突き当たっただけで、それ以上のことではない。そのことをくよくよ考えるのではなく、うまく対処できればいいだけだ。こうなってもなお、仕事を楽しむことはできると自分に思い出させる必要がある。私の能力は、これまでの仕事ですでに証明されている。人事考課ではたいてい、とても高い評価を受けている。今回の昇進を逃したからといって、突然、無能になるわけではない。もし本当に無能なら、とっくにクビになっている」。
C＝結果 感情面──がっかりしたが、この先チャンスはまたあるという希望も抱いている。
行動面──同僚や家族とともに有意義な活動を再開する。

楽観的な考え方は、バランスが取れ、柔軟で、現実的であるうえに、悲観的なものよりも長い文章になる場合があります。悲観的で硬直した極端な見方をしないで、状況をあらゆる面から眺めるからです。セリグマンは、弾力的な楽観主義を提唱しています（Seligman, 1991）。という

のは，悲観的な説明スタイルのほうが，楽観的な説明スタイルより適切な場面もあるでしょうし，大きな危険を冒そうとしている場合は，悲観的な説明スタイルのほうが危険を避けるのに役立つからです。たとえば，酒を飲んだら，警察につかまることを想定して，運転はせずにタクシーで帰るべきです。大学のレポートに他人の作品を盗用したくなったら，指導教員に見つかるはずだと考えましょう。履歴書に嘘を書けば，雇い主に必ず気づかれると考えましょう。

態度は変えられる

　この章では，回復力の養成を妨げる態度をいくつか検討し，回復力を高める態度に切り替える方法を提示しました。この切り替えは難しく，時間がかかる場合もあるので，ついあきらめて，慣れ親しんだ自滅的な態度と行動に戻りがちです。しかし，これまでいかに長い間，自分のやり方でやってきたのだとしても，これから大きな変化を遂げることは可能です。回復につながる考え方を育みたいなら，その第一歩は，例によって，新しい考え方と経験に心を開くことです。この回復につながる考え方を育む方法を，次の章で説明します。

第4章
回復力をさらに高める

はじめに

　回復力の養成はいつ，どのような理由で始めてもかまいません。養成とは，自分に欠けているものを見きわめるとともに，すでにある強さやスキルを強化することでもあります。問題解決などのスキルを基礎から系統的に習得するために（第5章を参照のこと）セラピーを受けても結構です。回復につながる対応を取るべきだと頭ではわかっているのに，自分には何もできないと感じるのでセラピーを受けるという理由でもよいでしょう。後者の例としては，「車を盗まれて，涙が止まらない。自分はどこかおかしいんだろうか？」などと考える場合が挙げられます。そのほか，回復力のスキルはどんな場面でも発揮できると思っていたのに，そうではないとわかって途方に暮れる人もいます。たとえば，失礼な接し方をする同僚にはっきり自分の気持ちを伝えたら，その人の不機嫌な言動は減ったものの，引っ越してきたばかりの隣人に音楽のボリュームを下げるよう頼んだら，殴るぞと脅され，無力感を覚える場合もあるのです。あるいは，変化する困難な状況で柔軟に考え，行動すること——回復力の重要な特色——の重要性は十分わかっているが，今，起きているような出来事は自分に起きてはならないのだと頑なに言い張り，現実を否認する人もいます。たとえば，会社が競合他社に買収されたとき，自分がしてきた仕事を続けるため，その職に改めて応募し直さなければならない場合があります。その人は，自分の振る舞いの不合理

さを知りつつ，応募の必要性を理由に退職をちらつかせたりします。「今どき，自分の仕事に応募し直すことなんて，ごくありふれたことだ。それはわかっている。では，なぜ自分はこの件でこんなに頭にきているのだろう？」。この場合，応募し直す必要性が，その人の中核的な価値観，つまり自分は能力に応じた正当な扱いを受けるべきだという考えに反していたのかもしれません。この場合の正当な扱いとは，応募するのは一度でよく，二度は必要ないということです。

　何らかの理由で，回復力を育むことを強いられる場合もあります。たとえば，最愛の配偶者が急死したときや，仕事の絶頂期に心臓発作を起こしたとき，過剰な飲酒をやめられなければ別れると配偶者から言い渡されたときなどです。なぜ「強いられる」という言葉を使ったかというと，本人がこうした出来事から人生の新たな意味や方向性を引き出せない場合もありますし，「脅されて」変化を遂げても自分のためになるとは思えない場合もあるからです。先に挙げた3つの例で言うなら，配偶者の死とともに自分の人生も終わったと考えて世間と没交渉になったり，心臓専門医から「次に発作が起きたら助かりませんよ」と言われながらも，発作を引き起こしそうな無理な働き方を続けたり，今の配偶者と酒のために離婚しても，新しい相手はいつでも見つかると考える場合がそうです。

　変化の可能性は，日常的な出来事や劇的な出来事から生まれることもあります。日常的な出来事というのは，たとえば渋滞で何時間も動けなかったために，自分の生活の単調さに考えが及び，大きな変化が必要だという結論に至るケースです。一方，劇的な出来事とは，たとえば自分が乗り遅れた電車が事故に遭い，数十人の死傷者を出し，自分が被害者になっていたかもしれないことにショックを受けて，「人生はこんなに唐突に終わりかねないのに，自分は精いっぱい生きているだろうか？」と考えるケースです。退屈さが行動の引き金になる場合もあれば，何らかの出来事が人生に気づきをもたらす場合もあります。

たとえば，ヒューという男性はこう言いました。ある晩，友人たちとパブにいて，一人が言った冗談で笑いはじめたとき，「突然，自分自身から抜け出したようになりました。上から自分を見下ろしている感じです。そのとき思ったのが，『どうしておまえは，全然おもしろいと思わないジョークに笑っているんだ？』ということです。その晩はもうほとんどしゃべらず，ひとりで歩いて家に帰りました。自分がいかにご機嫌取りであるかがわかって，自己嫌悪に陥りました。でも，とにかく変わろうと心に決めたんです。その時点では，方法はわかりませんでしたが」。

　たいていの場合，こういった転機──変化のプロセスがだいぶ進むか完了してから，振り返ってみて初めてわかる節目──には，すでにもっていた考えが明らかになるのであって，これまで考えたこともない見方を思いつくわけではありません。ヒューは以前から，自分が人におもねる行動を取ることに悩んでいたのですが，「グループの一員」でいたければそれは必要悪だと目をつぶっていたのです。人生に変化を起こす理由が何であれ，目標達成のために努力を続けることもまた，回復につながる重要な強さです。しかし残念ながら，変化に対する当初の熱は急速に冷めることがあります。先週あるいは先月の時点ではもう嫌だと思っていた，いつもの生活へと逆戻りしてしまうのです。

自分の強さを探す

　私は第 1 章で，大半の人が人生のどこかで回復につながる行動を示しているものだと書きました。しかし，「回復力というのは過酷な逆境から飛び起きることだが，自分にはそのような経験がない」と思っている人や，回復力について漠然とした考えしかもっていない人は，自分が回復力を示していることに気づいていないかもしれません。したがって，自分の強さを探すことが回復力を理解するための重要な第一歩になります。専門家の著書（たとえば Reivich and Shatté, 2003）のなかには，回復

力指数（RQ）テストで現在の自分のRQを測定できるものがあります。これらのテストの内容は，専門家が考える回復力の構成要素や能力に基づいているため，本によって違いがあります。私はクライエントにRQテストは受けさせませんが，現在の悩みに役立つ強さを見つけるため，過去の問題にはどうやってうまく対処したか，あるいは自分のどのような性質が気に入っているかを尋ねます。ほとんどのクライエントは，自分の弱さはすぐに挙げられますが，強さや長所は往々にしてなかなか思いつきません。

　27歳のレイチェルは，大学卒業後の進路において，同期卒の友人たちに「後れをとっている」と考えていました。そんなレイチェルの問題は，職場で批判を受けたとき，特定の行動への批判と自分自身への批判とを切り離せないことでした。「すぐ自己弁護に走ってしまうんです。打ちのめされ，傷ついて，その批判が正当かどうかにも目を向けられません。これではいけないと自覚していますし，そんな反応をしないようになりたいんですが，どうも無理みたいです」。自分の人生の優れた点を探すとき，レイチェルは最初，戸惑っていました。優れているというのは，友人のように出世し，高給取りになることだと考えていたからです。検討を進めると，次のようなことがわかりました。

* マラソンをする
* 1日も欠勤したことがない
* 学位を取得した
* 与えられた仕事を完遂する
* 問題には必ず解決策があると信じている
* 約束を守る
* 信頼し合える友人がいる
* 大学時代の奨学金を完済するため，懸命に働いた
* 概して楽観的である

レイチェル こういう部分について考えたことはありませんでした。先生が何をしようとしているのか，わかるような気はしますが，確信はありません。

筆者 マラソンをするということは，あなたについて何を物語っているでしょうかね？

レイチェル 意志が強いことや，スタミナがあること，それからマラソンが好きだということですね。きっかけは，大学でランニングクラブに入ったことです。太っていて不健康だったので，どうにかしたいと思ったんです。今は純粋に楽しんでいます。

筆者 欠勤したことが1日もないそうですね。

レイチェル そうです。

筆者 本当は体調が悪くないのに休む人もいるでしょう。なぜあなたはそうしないんですか？

レイチェル 考えたことはありますが，仮病を使うのはよくないように思えるんです。

筆者 人から批判されて気が重いときは，1日か2日，休みたくなりませんか？

レイチェル なりますが，私は逃げたくないんです。きちんと向き合いたいんです。

筆者 大学時代の奨学金も完済したんですね。

レイチェル そのことが頭から離れないのが嫌だったからです。

筆者 わかりました。リストの全項目を一緒に見ていくことはしませんが，私が何を言おうとしていると思いますか？

レイチェル 私がかなり優れた部分をいくつかもっていて，やろうと決めたことを成し遂げられるということでしょう？ ただ，今回の問題には苦労しているんです。

筆者 あなたが苦労を恐れているとは思えませんね。自分について得た

情報から考えて，この問題はどういう結果になると思いますか？
レイチェル　きっと解決策があって，私は先生の助けを借りてそれを見つけられると思います。
筆者　まだ問題を詳しく話し合ってはいませんが，あなたにはすでにいろいろな強さがあるんですから，解決策はもう半分見つかったようなものですよ。
レイチェル　強さや優れた点がこれだけあるのに，この問題にはなぜうまく対処できていないんでしょう？
筆者　新しい課題や問題というのは，自分にどんなスキルや能力が欠けているかを浮き彫りにすることがあるんですよ。欠けているスキルがわかったら，どうするかを選択します。そのスキルを身につけるか，問題が消え去るように願いながらそこから逃げるか，降参するかです。
レイチェル　私は降参するのでも逃げるのでもなく，向き合えるようになりたいです。
筆者　やはり，解決策はもう半分見つかったようなものですね。

　レイチェルは，特定の行動への批判に対処することに集中して，自分の能力全体を非難されたとは考えなくなりました。たとえば，上司からの緊急メールにすぐ返信せず，「仕事はきちんとやれ」と叱られても，「自分は無能だ」とは考えないということです。「こういった批判のなかには当たっているものもあって，そういう部分は直そうとしています。自分を哀れんでいたときは，問題の解決に注ぐべきエネルギーを無駄遣いしていました」とレイチェルは語っています。また，以前はキャリアに関して友人と自分を比較し，みんなより後れをとっている自分を落ちこぼれだと考えていましたが，もう友人の立場というレンズを通して見るのはやめ，自分なりの価値観や希望や予定に基づいてキャリアの進み具合を評価することにしました。

日常生活を検証して，回復力の証拠を探す

　強さというのは日課のなかにも見つかるものです。ただ，あなたは「やるべきことをやっているだけだ」と軽視して，それを回復力の証拠だとは思っていないのです（Padesky, 2008）。たとえばあなたは，学校への子どもの送り迎えを毎日して，ペットの面倒を見て，家を片づけて，冷蔵庫に食料を補充して，予約の時間に病院へ出かけて，期限内に請求書の支払いをして，子どもが病気のときは自分の具合が悪くても看病をしているはずです。もしかしたら，自分は用件をひとつずつ片づけながら一日を無造作にやり過ごしているだけで，惰性で動いているのだと考えているかもしれません。しかし意外かもしれませんが，その行動には献身や，忍耐力，自己制御，問題解決能力が現われているのです。仮にあなたが明日，目を覚ましたとき，子どもを時間通り学校へ連れていったり，犬の散歩をしたり，買いものに行ったり，病院の予約を守ったりするのが面倒になったら，どうなるでしょうか？　日々のスケジュールはほどなく綻び（ほころ）はじめるでしょう。そして，この怠け癖が続いたら，困るのはあなただけではないはずです。このように生活が崩壊しないのは，あなたが毎日示している日常的な回復力のおかげなのです。

過去の逆境から教訓を見つけ，現在の出来事に活かす

　強さを見つけるためには，過去の逆境を思い出し，自分の対処が上手かったか下手だったかをもう一度考えるという方法もあります。自分の対処は下手だった，なぜなら，すぐにやる気を起こして迅速かつ効果的に問題に対処しなかったからだと，あなたは言うかもしれません。たとえばビルは，19歳の息子がヘロインを使用していると知ったとき，「カッとなって」厳しくとがめたといいます。「要するに，ヘロインをやめな

ければ家から追い出すぞと言ったんです」。その一方で、「ヘロイン依存になったなんて、自分が息子を支えられなかったということだ」と罪悪感も覚え、息子がどん底まで落ちるか、もっとひどい結果になるのではないか、と不安を感じました。ビルは、怒鳴りつけたりヘロインをやめるよう命じたりすれば何とかなると思いましたが、何の効果もありませんでした。薬物の専門家のところへ連れていき、路上で売られているヘロインを買わせないようにメタドン治療を受けさせ、更生施設にも入所させましたが、たいてい息子は数日でそこを抜け出して、また薬物を始めるのでした。ビルは、薬物を完全にやめさせられない自分を父親失格だと思いました。息子を止める力をもっていて然るべきだと考えていたのです。しかし、この考え方は、自分が全能で息子を言いなりにできるということを前提としています。

今、ビルは当時を振り返って、自分はできるだけのことをしたと理解しています。ただ、それがわかるまでしばらく時間がかかりました。「自分が息子に及ぼせる影響力が、薬と比べていかに弱いかに気づいていませんでした。息子にとっては薬がすべてだったんです。薬物の専門家からは、ヘロイン依存は慢性的に再発を繰り返す病気だと言われました。長期戦を覚悟しなければなりません。息子にはさんざん嘘をつかれて、はらわたが煮えくり返る思いでしたが、そのうち、息子はもう真実と嘘を区別できなくなっているのだと気づきました。あの子は薬を買うために、私たちのお金を盗んだり、万引きをしたり、こそ泥をしたりもしました。少しの間、刑務所に入ったこともあります。『俺はどん底まで落ちた、これからは這い上がるだけだ』というのが口癖でした。最初はその言葉に大いに希望を抱いたものですが、今のどん底の下には必ず別のどん底があるということがすぐにわかりました。

専門家からのアドバイスで特に役立ったのは、まず、他の子どもたちを放っておかないということです。放っておいたら問題を起こすでしょうから。もうひとつは、自分の人生を精いっぱい生きるということです。

自分のような親たちのサポートグループに入ってみたら、より良い対処の仕方について理解を深めるのにとても役立ちました。ヘロイン依存に陥って、家族にこれだけの苦しみと悲しみを引き起こした息子を、私は許すことができました。これもまた、状況を受け入れる方法のひとつだったんです。息子が断薬に再挑戦しようとするときは、前向きに手助けできるようにもなりました。といっても、薬でつくった借金の返済を肩代わりしたのではありません。自分は息子に薬をやめさせられるという考えを捨てたんです。やめるのがいつになろうとも、それは息子が果たすべき責任でした。そのうち、息子とは音信不通になりました。だから、今どこにいるかも、元気でいるかどうかもわかりません。もちろん、今でも会いたいですよ。私があの時期から得た最大の教訓は、絶望することなく、親としての自分の限界を受け入れて、まだ影響を及ぼせる対象に目を向けるということでした。その対象とは、自分自身の人生と、他の子どもたちです。まあ、あの子たちが私の言うことを聞いてくれれば、という条件付きでしたが。十分理解できるまでしばらくかかりましたが、新しい問題に直面するたび、この教訓が役立っています。一歩引いて、自分でコントロールできるものが何なのか、じっくり見きわめようとするんです。たとえば、今度、娘が再婚するんですが、その相手は娘にちっともふさわしくないと思いますし、私はまったく気に入っていません。私はこの件について娘に言うだけのことは言いましたが、それ以上のことをしたり腹を立てたりするつもりはありません。これは娘の人生であって、生きていかなければならないのは娘なんですから」。

未来の逆境を想像して、回復につながる強さを新たに築く

　第3章の「知らなければならない」の箇所（pp.079-080）で、私は「もし〜だったらどうしよう？」とくよくよ考えても、さらに問題が増えるだけだと書きました。なぜなら、増えてゆく「どうしよう？」という疑

問に反論するための解決策を探していないからです。しかし，緊急事態への対策を練るときは，「もし〜だったらどうしよう？」という考え方がプラスに働くことがあります。

　　回復力の特色のひとつは，逆境を実際に経験しているかどうかにかかわらず，〔回復力の〕要素を育めるということである。「もし〜だったらどうしよう？」というゲームをしてもよい。ある逆境や悲劇に遭遇したと仮定して，自分がどんな対処法を取るか，そして回復力のどの要素を使うかを想像するのである。（Grotberg, 2003 : 13）

　想像のなかで未来の逆境に対処し，どこが難しかったかを挙げてみましょう。重要なのは，たとえば「恋人に振られる」のように現実的な心配ごとを取り上げることです。「ホームレスになる」というような突飛な設定は避けましょう。
　たとえば，ソフィーは経験豊富な企業セミナーの講師で，手強い聴衆が相手でも冷静に対処してきました。機転が利き，自信にあふれ，ユーモアのセンスがあり，対人スキルが高く，リスクを恐れず，努力して自分の会社を発展させました。しかし，セミナーの最中に自分が笑われることを考えると，精神的に参ってしまうのです。「どうしてこの忌々しい問題をうまく処理できないのだろう？」。頭のなかで，ソフィーはさまざまな光景を想像しようとしました。自分が笑われているのではなく，自分も一緒に笑っている光景。笑い声など聞こえないかのように，プレゼンテーションを続けている光景。笑っているグループをにらみつけて，ただちに黙らせている光景。笑われたショックを和らげるために，自虐的な冗談を言っている光景。笑うことがいかに無神経かを聴衆に説いている光景。しかし，自分が考えたどの戦術も，効果があるとは確信しきれませんでした。原因を調べるために，私はまず次の問いの答えを知ろうとしました。

筆者　あなたにとって笑われるということはどんな意味があるんですか？

ソフィー　そうですね，笑われるのは好きじゃないんです。

筆者　それはわかります。でも，この恐怖はあなたの心の奥底を揺さぶるんですから，ただ好きじゃないというだけでなく，もっと根が深いようですよ。

ソフィー　自分でもよくわかりません。とにかく恐ろしいのです。自信はたっぷり持ち合わせているので，対処できそうなものなのに。

筆者　でも，今のところ，できないようですね。聴衆が自分を笑っている場面をできるだけありありと想像してみてください。あなたは何をやらかして笑いを誘ったんでしょう？

ソフィー　つまずくとか，そんなすごく間抜けなことです。

筆者　どんな気分ですか？

ソフィー　怒っていますが，屈辱感と無力感も強烈です。

筆者　屈辱感と無力感を覚えている理由は？

ソフィー　自分のヘマのせいで，信用が丸つぶれになったからです。これまで身を削って築いてきたすべてが消えてしまって，私にはなすすべもありません。自分でもバカげた考えだとわかっていますが，そういうことなんです。

ソフィーは自分を大の楽観主義者だと思っていましたが，笑われると，あっという間に悲観的な説明スタイルに陥ってしまうことにショックを受けました。悲観的な説明スタイルには，第3章（pp.081-082）で説明した通り，**永続性**（「信用が丸つぶれになった」），**全面性**（「これまで身を削って築いてきたすべてが消えてしまって」），**自己関連づけ**（「自分のヘマ」）という3つの要素が含まれています。ソフィーは，「自信満々の状態から奈落の底へと瞬く間に気分が落ち込む」と語りました。また，笑われ

ることに関して，遠い記憶もあったのです。「学生時代，人に笑われると，やはり同じような気分になりました」。最も重要な作業は，笑われることの意味を変えることでした。笑いから「毒」を抜き，無害にして，無力感を覚えないようにするのです。ソフィーは学生時代と同じく笑いによって自分が「バカにされた」と思い，プロとしての信用がなくなると考えていました。笑った聴衆に対しては，「私を笑うなんて，このブタども！」と怒りを感じました。そこで，以下のような方法を取りました。

* その場面で自分をいかに重要な存在だと考えていても，絶対に笑われないなどということはありえない，という事実を受け入れる。自分には人が笑うのを止める力はない。
* 何か劇的なことでも起きない限り，プロとしての信用は丸つぶれにならないことを認識する。単につまずいたり，書類の束を床に落としたりするだけでは，信用は失われない。
* 真の問題は笑いそのものではなく，笑いの意味を自分がどう評価しているかだということを理解する。自分をバカにできるのは，笑いではなく自分自身だけである。
* それによって，笑われることを耐えるべきものとして評価し直す。自己非難の材料にしない。「過去にヘマやミスをしていたとしても，私がプロ中のプロであることに変わりはない」。

ソフィーは数週間，この新たな考え方をイメージのなかで練習しました。壇上で床に書類を落とすといった，不安をかきたてる出来事が起きて，聴衆に笑われる場面をはっきり鮮やかに思い描いたのです。しかし，すでに笑いから「毒」を抜いていたので，自分が落ち着きを保っているように感じましたし，屈んで書類を拾う頃にはすでに笑いはおさまっていました。このような出来事が起きるのをただ待つかわりに，ソフィーは自分をコントロールする練習をしようと，今すぐ行動を起こしたいと

思いました。そこで，近々予定されているプレゼンテーションで，この新たな対処法を試すことにしました。その日，ソフィーは企業経営者たちに話をしながら，偶然を装って水の入ったプラスチックのコップを倒しました。しかしうれしいことに，こぼれた水を拭きながら話を続けられたうえ，意外にも笑いは長くは続きませんでした。それどころか，聴衆のうち何人かが進み出て，片づけを手伝ってくれたのです。笑うのではなく手伝ってくれる人がいるとは，思いも寄りませんでした。こういった方法を通じて，ソフィーは他の危機的場面でいつも示していた，ものごとを正しく判断する感覚——楽観的な説明スタイル——を取り戻しました。つまり，その出来事は一時的(せいぜい数分間)で，特定の範囲(ワークショップのうち，コップを倒した部分)に限られていると考え，自己非難したり聴衆に腹を立てたりせずに，事態を収拾する責任をすぐ引き受けたのです。それによってソフィーは，「もうおしまいだ」という極端な考え方をせずに，実際に起きたことを現実的に評価できました。

今現在の逆境に対処する

過去の逆境から学んだり，未来の逆境への対処を前もって考えたりすることはできても，今，思いがけず逆境に陥ったらどうしますか？　グロットバーグは，「逆境を生き抜く際の大きな問題は，逆境が思わぬ方向に進んでいくことである。あなたは先手を打てず，対応が後手に回るようになっていく」と述べています（Grotberg, 2003 : 20）。逆境やそれへの自分の対応を観察し，事態の展開とともに対応法を調整することによって，状況を少しでもコントロールしようとすることが大切だとグロットバーグは言います。どう調整するかというと，たとえば，自分でできることは自分でしたり，親身になってくれる人に気持ちを打ち明けることによって，「自分は天涯孤独だ。このつらさは誰にもわからないだろう」という考えを疑ったりするのです。このようにして悪い出来事

をいくらかコントロールできれば，今の苦しみから脱しやすくなるでしょう。

　第2章に書いたように，私は1997年に腰椎椎間板ヘルニアを患いました。何週間か前から腰の調子がおかしかったのですが，ある日曜の夜，物を拾い上げようと屈んだとき，それが「来た」のです。私は床に横たわりました。呼吸は速まり，腰の左側に激痛が走って，おさまる気配がありませんでした。床に横たわりながら，私は自分を哀れむことなく，腰に重大事が起きたことをただちに受け入れました（後から格好よく脚色しているわけではありません。本当にこのように考え，行動していたのです）。それから電話まで体を引きずっていって救急車を呼び，到着を待つ間，できるだけ呼吸のペースを落とそうと努めました。私は無力な状態にあったように見えますが，可能なことはコントロールできていました。つまり，この状況で取りたい態度を自分で選んでいたのです。救急治療室のベッドの上で，私は，専門家のアドバイスが何であろうと，それが立ち上がれるようになる最短の方法なのであれば必ず守ろうと心に誓いました。痛み止めと精神安定薬，そしてかかりつけ医への情報提供書を受け取った後は，タクシーで帰宅し，ベッドに身を横たえました。

　最もつらい時期を越え，MRIなどの検査をさらにいくつか行なった後，ついにリハビリ期となりました。病気による制約はありましたが，可能な範囲で再び自分の脚で立ち，仕事に復帰するために，私はこの段階を心待ちにしていたのです。仕事には数週間で戻れました。私は，痛みや体の障害について一部のクライアントに見られる考え方には陥りたくないと思いました。その第1の例は，「痛いのだから作業を中止せざるをえない」というものです。ここには，ある程度の痛みに耐えつつ，作業を行なおうとする意欲が見受けられません。第2の例は，「この体には失望させられてばかりだ」というものです。以前とまったく同じ体を求めつづけるのなら，今後も失望が続くでしょう。第3の例は，「私は自分の人生をどうすることもできない」というものです。どうすることも

できないというのは仮説であって，事実ではありません。現在の制約の範囲内でできることを新たなやり方で試す気になれば，思っている以上の力が自分にあるとわかって驚くでしょう。

　こういった考え方では，痛みの先に明るい未来があると思えなくなりますし，心理的な苦痛も身体的な苦痛も強まります。私はその道をたどりたくなかったので，自分がたとえば水泳をするとかエアロバイクを入手するなどして，自分でできる回復促進策を取っているかどうかにつねに注意していました。また，こうなってしまっては，腰痛の管理（たとえば，腰の柔軟性を保つための1日2回の体操や，定期的なカイロプラクティック治療など）が一生必要だということや，ときどき急に痛みがぶり返し，動きが制限されるということを，不本意ながらも受け入れました。私はこうして逆境に向き合い，コントロールし，それを然るべきところに位置づけたため，人生の他の面では影響を受けませんでした。

　アンドルーという男性はある晩，駅から帰宅する途中の路地で，いきなり暴漢に襲われました。「相手は二人組でした。あっという間の出来事で，ほんの数秒ですべてが終わりました。殴る蹴るの暴行を受けて私が地面に倒れ込むと，やつらは財布と時計と携帯電話を奪っていったんです。その後，私は立ち上がって，よろよろ歩いて帰りました。そのとき考えることができたのは，とにかくクレジットカードを無効にすることだけでした。頭のなかに，あの二人組がどんどん物を買いあさり，私の銀行口座からお金が流れ出ていく光景が浮かんだからです。あのときは，それしか頭にありませんでした。家に着くと，妻が私の傷やあざや鼻血を見て驚き，私のほうが妻を落ち着かせなければならないほどでしたよ。そうして初めて，電話をかけてカードを無効にできたんです。それが終わったとき，ようやくホッとしました。妻は私をすぐ救急病院に連れていこうとしましたが，あんなところで何時間も座って診察を待つのはごめんだったので，できる限りの応急手当を自分でして，翌日，かかりつけ医に診てもらいました。私は自分に起きたことを，深い心の傷

を残す出来事だとは思いませんでした。父なんて，戦争でもっとずっとひどい目に遭ったんです。でも，妻や何人かの友人は，私がたぶん心の傷を負ったのに，それに気づいていないか否認しているだけだと言いつづけました。だから，妻をなだめるために，ここにやってきたんです」。

　結局，私がアンドルーに会ったのは一度だけでした。私は，事件に対するアンドルーの回復力を決して病的なものと見なしたくありませんでした。病的どころか，その回復力は目を見張るほどのものでした。まず事件の直後，速やかに問題解決へと頭を切り換え，クレジットカードを無効にしました。また，傷を負い，血を流しながらも，妻の気持ちを思いやったばかりか，妻のためにセラピーまで受けに来ました。私と話しているとき「なぜ私が？」という苦悩を訴えることもなく，逆に，そんな苦悩はその人自身が作り出すものだと鋭く指摘し，自分は事件で被った身体的な苦痛だけで十分だと語りました。この事件に生活を振り回されることを拒み，変えた点はただひとつ，夜間に路地を歩くのをやめたことだけです。そのうえ，「事件以来，気分はどう？　さぞつらかったでしょうね」と人から言われるのにうんざりしていました。ユーモアのセンスは失っていないという本人の言葉通り，アンドルーはこの質問にいつもこんな答えを返していました。「本当につらいのは，あの事件の質問ばかりされることですね。その代わりに，うちの自慢の庭について質問してくれたらいいのに」。

楽な環境から出て，不快感に耐える力を高める

　第1章で記した回復力の詳しい定義にもある通り，日常生活の問題に対処することは，いずれ必ず遭遇する逆境への備えになります。なぜでしょうか？　これまで避けてきたことに取り組めば，欲求不満に対処し，苦痛と不快感に耐えられる限界が──場合によっては大幅に──引き上げられるからです。この「不快の練習」をすると，自分に対する見方が

変わり，想像以上に有能で強いと思えるようになります。アーヴァインは次のように指摘しています。

　　自ら進んで不快なことをすれば［…］将来，降りかかってくるかもしれない災難に対して自分自身を鍛えられる。苦痛や不快は必ず来るものだが，もし安楽しか知らなかったら，そのとき深く傷つく恐れがある。［それに］時折，軽い不快を経験する人には，強い不快にも耐えられるという自信がつく。したがって，将来そのような不快を経験する可能性に，今から不安を抱いたりはしない。

(Irvine, 2009：112)

　たとえばロジャーという男性は，ガレージに積み上がった廃品の山を片づけるのを長らく避けていました。庭は雑草だらけで，オフィスも散らかっていました。本人によると，つまらないことや煩わしいことは何であれ，「わざわざやっていられない」のだそうです。しかし，これではいけないと気づきました。「背中にロケットを取り付けてでも，重い腰を上げなきゃ」。今こそ「わざわざやる」べき時だと判断したのです。まず，最も簡単なオフィスから手を着けました。いったんきれいにしてみると，もう散らからないようにきちんとしまおうと，自分の一挙一動に気をつけずにはいられなくなりました。まるで外国で車に乗り，イギリスとは違う右側通行をするときのように，何をするにも注意するようになったのです。次はガレージに取りかかりました。「こんなつまらない作業は大嫌いだ！」という怒りに満ちた考えや感情を乗り越えるため，1回につき最低2，3時間はガレージから出ず，ゴミ捨て場に持っていく「がらくた」を選り分けながら，さんざん悪態をついたり缶を蹴っ飛ばしたりしたといいます。その後は，やはり自分を鼓舞しながら庭の手入れに取り組みました。こういった作業に取り組んだ結果，「わざわざやる」ことによって自己効力感，つまり，自分はやりはじめたこ

とを最後までやり遂げられるという感覚が強まることに気づきました。「こういう［つまらない］作業は好きではないが，こなすことはできる」。ロジャーの妻はかなり以前から別の地域に引っ越したがっていましたが，その話をするたび，夫から「自分はこの場所で満足だ」と拒まれていました。後でロジャーに聞くと，本当は引っ越しによって生活を乱されたくないというのが理由でした。しかし，今度はロジャーも妻に同意しました。「わざわざやる」という新しい考え方のおかげで，大きなストレスのもとになりかねなかった引っ越し作業は，比較的スムーズに運びました。

　ロジャーが避けていたのは「つまらない作業」でしたが，ナンシーという女性は，可能な限り人との衝突を避けていました。「険悪な雰囲気」を味わったり，人に悪く思われたりするのが嫌だったのです。衝突を避けられなかった場合は，不安に襲われ，言葉が出なくなり，相手をなだめようと，すぐに自分の非を認めるか平謝りするのでした。ナンシーのモットーは「平穏な生活のためなら何でもする」というものでしたが，心のなかは穏やかではありませんでした。無抵抗でふがいない自分の態度に，「なぜ私は自分のために戦えないの？」という強い批判的な気持ちを抱いていたからです。ロジャーと同様，ナンシーも，進歩を遂げたいのなら，恐怖または嫌悪の対象に取り組まなければなりませんでした。不快の耐え方を学ぶために，意図的に不快を経験するのです。そこで，恐怖度が最も低い状況から最も高い状況へと段階的に挑戦していくために，さまざまな状況に順位をつけました。最初の課題は，隣に住む少年2人に，うちの庭にサッカーボールを蹴り込むのはやめてくれと言い，少年たちの母親の射るような目つきに耐えることでした。その他の状況としては，たとえばレストランで料理に関する不満を伝えることや，汚れた衣類を床に放っておくのではなく洗濯かごに入れるよう夫に粘り強く頼むこと，えらそうな口調で話すのをやめるよう同僚に要求することなどがありました。

ナンシーにとって最も怖かったのは，姉に「ノー」と言うことでした。姉は命令に従うようナンシーに求め，彼女が口答えすると怒りました。「姉は私を奴隷扱いするんです」と言うナンシーに，私は「そうじゃないでしょう。あなたが奴隷扱いを許しているんですよ。奴隷はいつ立ち上がって，平穏な生活のために自分でつないだ鎖を断ち切るんですか？」と聞きました。奴隷の反乱が始まると，姉はしばらくナンシーと口をききませんでした。ただし，やはり姉とは——これまでとはまったく違う条件下で——会いたいというナンシーの思いから，最終的に2人の関係は復活しました。ここで言っておきたいのは，ナンシーのたどった経緯が決して生やさしくはなかったということです。状況の恐怖度が上がるにつれ，ナンシーはよく不安に陥り，たびたび体調を崩しただけでなく，もうやめてしまおうかと何度も考えました。それでもやめなかったのは，「違った人間になるために挑むべき課題よりも，現状維持のほうが怖かったから」でした。

　ナンシーはセラピーの終結時に，ここまでの道のりは精神的に苦しかったけれども，自分はそれを乗り越えて以前より強くなったと語りました。しかし，それから6カ月後の面接では，夫が離婚を考えていて，結婚生活に深刻な危機が生じていると話しました。夫は「新しい」ナンシーが気に入らず，妻の変化に合わせて自分の振る舞いを変えなければならないのが嫌だったのです。ナンシーは結婚生活が終わる兆しを喜んではいませんでしたが，夫が何年も前から自分をおろそかにしてきたことや，強くなるよう励ましてくれたためしがないことにも気づいていました。「別れるのが一番良いのかもしれません。夫は昔のナンシーを求めていて，私は今の努力を支えてくれる人を求めているんですから。夫が私のもとを去ったとしても，ひとり暮らしに対処する準備は十二分にできています。いろいろな意味ですでにひとりで生きてきましたから」。

　ナンシーは，多くのクライアントが発する疑問を口にしました。「なぜ私はもっと早くこうしなかったんでしょう？　なぜ自分で気づかな

かったんでしょう？」。私はこの疑問に対して，以前は今の変化をもたらすような考え方や振る舞い方をしていなかったんですよ，と答えます。ナンシーの場合，「平穏な生活のためなら何でもする」と考え，人との衝突を避けていたことが，問題を持続させた重要な認知行動プロセスでした。過去の行動を決定したのは，そのとき考えていたことです。後から振り返って，違う考え方をすべきだったと言い張っても意味がありません。これを理解すれば，必然的に次のようなこともわかるはずです。

* たとえそのとき，すべきことに気づいていたとしても，自分はそれをしなかった。
* たとえすべきことに気づき，それに着手したとしても，最後までやりとおさなかった。
* 自分ひとりでは無理だと悟り，専門家の助けを求めることを考えても，その考えを実行に移さなかった。

したがって，そのときは問題にうまく対処できない条件がすべて揃っていたわけです。それでもクライエントのなかには，「真の」答えを探し求めたり，「気づくべきだった」という後ろ向きな自己非難で自分を苦しめつづけたりして，この確たる事実に異を唱えようとする人がいます。なぜもっと早く取り組まなかったのかと，イライラしながら考えつづけるよりも，自分が達成した変化を喜び，どうやってその変化を発展させてさらなる希望を叶えていけばよいかを考えたほうが生産的です。そんなふうに悩んでいると，せっかく大変な苦労をして達成した変化を存分に活かせないでしょう。

新たな強さをゼロから築く

自分には，良いと思える特質がいろいろあるけれど，ある特定の反応

を示してしまう点だけはどうしても直せそうにない——そんな苛立ちを感じている人もいるでしょう。たとえば，ジョナサンは批判に対して「過敏」だと語りました。相手に悪気がなくても，すぐにカッときてしまうのです。「ある会議の最中に，同僚から水差しを取ってくれと頼まれたとき，私は瞬間的に『あいつ，俺を雑用係のように扱いやがる。俺に対して敬意のかけらもない。なぜ他のやつに頼むか，自分で手を伸ばして取るかしなかったんだ？』と思いました。こんなふうに思うのは本当におかしいことなんです。だって，水差しの一番近くにいたのは私なんですから。何が言いたいか，わかりますか？　私はどうしようもない人間なんです」。そのうえ，一部の同僚が自分に意見を言うとき，いつも「あのな，ジョナサン。きみを批判しているわけじゃないんだ。ただ指摘したいだけなんだけど……」と前置きをすることも気まずく感じていました。腫れものに触るように扱われるのは嫌なのに，自分の振る舞い方が周囲の人にそういう扱い方をさせていたのです。

　なぜジョナサンは批判にこれほど敏感になったのでしょう？　実際に批判を受けたときだけでなく，言外にほのめかされたときや，批判されたと勝手に思い込んだときも，敏感に反応してしまうのです。本人によれば，ずっと前からこうだったので理由はわからないといいます。「私の心は，自分をけなす言葉につねに目を光らせているようです」。また，自分は人に劣等感を抱くことがときどきあるとジョナサンは考えました。「私の自尊心は不安定になることがあります」。ただ，自分は仕事では有能だと考えていて，他の人が自分の専門知識を頼りにしていることに誇りを感じてもいました。第2章でも述べましたが，そもそもなぜその問題が存在するのかを知ることより，その問題をどう克服するかということのほうが重要です。したがって，過去を徹底的に探って答えを求めるのではなく，ジョナサンを「たくましくすること」が焦点となりました。

　深く根づいた反応を変えるのは容易ではありません。したがって，並々ならぬ努力をする強い覚悟が必要でしたが，ジョナサンはそれを了承し

ました。その後，私たちは重要なことについて話し合いました。たとえば「そんな簡単な問題の答えもわからないなんて，おまえってバカだな」と言われた場合，自分が同意しなければ，カッとすることはありえません（ただし，顔を殴られるなど，同意しなくても危害を被ることはあります）。あなたが「門を開けて」侮辱を受け入れない限り，相手はあなたの頭のなかに侮辱を送り込めないのです。門を開けてしまうのはたいてい，あなたがその侮辱に同意するからです。侮辱には同意しなくてもカッとするというなら，それはおそらく「自分は侮辱されるべきではない」という個人的なルールが破られ，怒りが引き起こされたからでしょう。つまり，ルールを破られることによって，やはり「怒らされた」と思っているのです。侮辱はあなたに危害を及ぼすことはできません。ただあなたの怒りを引き起こすだけです。ジョナサンがこの区別を理解して認めると，次のステップは，侮辱や批判にどう対応すればよいかを考えることでした。ジョナサンが思いついた選択肢は次の通りです。

1. 批判や侮辱を絶対に受けないということはありえない。世界は私の願望や欲求を中心に回っているのではない。自分の不安定な自尊心を守ることは，他の人の仕事ではない。不安定なままにしておかず，もっと強固にする方法を学ぶことは，自分自身の責任である。
2. 現在の自分の仕事ぶりに見られる欠点を認め，それを直す行動計画を立てる。
3. 侮辱または批判のどの部分が当たっているかを判断し，自分が取るつもりの対処策を伝える。ただし，もっと柔らかい言い方，あるいは建設的な言い方もできたはずだと指摘する。
4. 相手の批判が事実無根だと思った場合，他の人には自分を誤解する権利があると認める。同時に，自分にも他の人の行動を誤解する権利があると認め，必要な場合には相手に謝る。

5. 過度に批判的な人や，ひっきりなしにあら探しをする人とは，できる限り一緒にいないようにする。
6. 仕事ぶりの改善に協力してくれる人から，建設的なフィードバックをもらう。

セラピーでは，ジョナサンが特に敏感に反応してしまう侮辱に対処する練習をしました。私がジョナサンの許可を得て「侮辱」をし，ジョナサンがそれへの応じ方を練習したのです。

筆者 きみって，会議を予定の時間に終わらせることにかけては無能だね。

ジョナサン たしかに，私が司会した会議は時間を超過することが多いですが，いつもではありません。無能という点には同意できませんね。それは，私がこの先ずっと変わらないという意味ですが，私はまったくそう思わないからです。［ロールプレイをいったんやめて］「無能」と言われたとき，こたえましたよ。

筆者 それはなぜ？

ジョナサン 「その通り，俺は無能だ」と思ったからです。

筆者 誰かがあなたに言葉の攻撃を始めたら，自分でそれを引き継いでしまうんですね。自尊心が不安定なままなのは，厳しく自己批判するからだと思いますよ。自分を非難するのをやめて，望む変化を遂げられるよう温かい気持ちで自分自身を手助けすれば，もっと強い自己が生まれてくるでしょう。

ジョナサン そうですか。今，言われたことをきちんと理解できるまで，練習を続けてみます。

ジョナサンはこの言葉を実行しました。「仕事が上手くできないときもあるが，人間としての自分の本質的な価値は変わらない」など，自分

を励ます考え方を育むという内面的な努力をすると同時に，同僚（以前からまったく反りが合わない2人）からの実際の侮辱に答えるかどうかを決めるという，対人的な努力をしたのです。それによって，ジョナサンは「神経が図太くなり」，過敏さが和らいでくるのを感じました。侮辱されたと思い込む回数は激減しました。第1章で述べたように，回復力のある振る舞い方は，目標の追求にプラスになる行動とならない行動の比率だと考えることができます。したがって，回復力の貸借対照表では，資産（プラスになる行動）が負債（プラスにならない行動）を上回っていることが重要です。ジョナサンの場合，全体の70%では批判に建設的な対応を取ることができ，30%では批判を自分の内面に向けて，「行動に注目するのではなく，自分自身を非難」していました。セラピー終結時，ジョナサンは次のような理想的目標に向かって努力していました。「最善の防御は，腹を立てるのを拒むことである。最悪の防御は，ことあるごとに腹を立てることである。エレノア・ルーズヴェルト〔Eleanor Roosevelt／社会運動家で文筆家。フランクリン・ルーズヴェルト大統領の妻〕が述べたように，『自分さえ同意しなければ，誰もあなたに劣等感を抱かせることはできない』のである」（Marinoff, 2004 : 99）。

体を鍛えても精神的に強くなるとは限らない

　運動は体の健康にも心の健康にも有益です。身体面では，減量に役立つとともに，脈拍数や血圧や肺活量を改善します（Oyebode, 2007）。精神面では，気分を高め，ストレスを軽減し，意識を覚醒させ，自己イメージを良くします。より健康で強くなったという感覚が，有能感や自信を高めるのです。しかし，ときには健康で強い体にこだわりすぎる人もいます。そういう体になれば，自ずと精神的に強くなり，何が起きても対処できるはずだと思い込んでしまうのです。
　パトリシアは強迫的にスポーツジム通いをしていて，自ら「ジムに入

り浸り」だと言うほどでした。プレッシャーの強い仕事をしていましたが、健康でスリムなおかげでそのプレッシャーに対処できているのだと思い、太っていて不健康な同僚を軽蔑していました。ジムに行って激しい運動をすれば、自信だけでなく、人生をコントロールできているという感覚も強く抱くことができました。「世界だって手に入れられるわ」。しかし、仕事の都合でジムに行けないと、その強い自信にひびが入りました。太って不健康になり、コントロール感が失われていくと思い込んで、気持ちが動揺しました。たった一日、休むだけでこうなるのです。体調を崩したときは、ジムにも行けず、トレーニングもできないため、自分が軽蔑する状態、つまり太って不健康になってしまうのではないかと不安でたまらなくなりました。そして、自分の心の強さがあっという間に崩壊してしまうことに愕然としたのです。

　この心理的なもろさが、パトリシアを変えるきっかけになりました。自分のアイデンティティとコントロール感の基盤が、いかにちっぽけなものかがわかったのです。そこで、つらいときにもっとうまく対処するための支えとして、幅広い興味や強さをもつよう努力しはじめました。また、視野を広げた結果、自分のアイデンティティが重要度の違うさまざまな部分から成り立っていることがわかりましたが、どの部分も重要視しすぎないように注意しました。以前と同じように、アイデンティティを「縛って」しまわないようにするためです。ジムに通う回数は週7回から3回に減らし、狭くなっていた生活の幅を広げるために他の人との交際の機会を増やしました。パトリシアはもう何年も恋人なしの生活を送っていたのです。私はパトリシアが軽蔑する、太っていて不健康な同僚たちに、人生をコントロールするには何が必要か尋ねてみるよう、彼女に勧めました。そこからわかったことは、彼らは仕事と私生活のバランスを取り、両方を楽しんでいるということでした。パトリシアは、人は健康でスリムでなくても幸せになれるのだと気づきました。誰もがそのような体になることを重視しているわけではないのです。振り返って

みると，自分の生活はバランスを欠いていたとパトリシアは思いました。職場にいるかジムにいるかのどちらかで，その中間に楽しみらしい楽しみはほとんどありませんでした。

回復力の強化を決意する

　ほとんどの人は，回復につながる強さをいくつかもっているものです。現在の問題に振り回され，前進する方法がわからないときは，このことを忘れがちです。この章では，以下の事柄を検討してきました。まず，そのような見過ごしていた強さに気づくこと。新たな困難にぶつかったとき，より良い行動を取れるよう，過去の逆境から学ぶこと。未来の逆境を予想して，その対処に必要な，回復につながる強さを考えること。今現在の逆境に対処し，自分に起きる出来事をある程度コントロールしようとすること。不快に対する忍耐の限界を引き上げるため，これまで避けていたことに向き合うこと。そして，問題解決法のレパートリーを増やすため，新たな強さをゼロから築くことです。これらはみな，現在および未来の問題に対する回復力の強化に役立ちます。ここまでの章では，回復力を支える強さの一部を取り上げてきました。次の章では，そのすべてを見ていきます。

第5章
回復力を支える強さ

はじめに

　何が回復力を支える強さなのかを，私はどのようにして見きわめたのでしょうか？　回復力に関する多くの文献，失敗例も含め逆境と闘うクライエントから長年にわたって得てきた貴重な学び，認知行動療法の訓練と過去 20 年にわたるその実践から学んだこと，そして自分自身による苦難との闘いからです。実体験によって，私は自分が人に教えている内容を —— 100% 同じとは言いませんが —— 実践する機会を得て，回復力とは何かをより深く理解できました。私は何も，これらの強さが回復力の本質だと言っているわけではありません。第 1 章で述べたように，その本質はやはり，結局とらえどころがないからです。しかし，これらの強さを少しでも身につけ，すでにもっている強さに付け加えれば，逆境に向き合って乗り越えるための回復力のスタミナが格段に向上するはずです。たぶん，回復力に関するどの文献にも（もっと正確に言えば私が読んだどの文献にも），回復につながる考え方の基盤となる特質，態度，性質，要素，能力，スキル，強さが —— 呼び方はどうあれ —— 著者の考えに応じて挙げてあるでしょう。したがって，これから紹介するのは回復力を支える強さの，私なりのリストであって，決定版ではありません。また，説明の長さはそれぞれかなり違いますが，紹介する順番は重要度とは関係ありません。

さまざまな強さ

欲求不満に耐える力

　欲求不満に耐える力とは，新たな挫折を経験するたび，いかにつらいかをしきりに愚痴ったり自己憐憫に陥ったりせず，苦痛や混乱に耐える能力のことです。あなたが問題に取り組む努力をすれば，問題は解決していきます。したがって，後の苦しみを軽くするためには，今の不快感を覚悟して受け入れるべきなのです。無用な苦しみが延々と続くのは，たいていの場合，苦しみを軽くするために必要な作業に腹を据えて取りかかろうとしないからです。

　たとえば，もう愛していない相手との関係を解消したいのに，「俺に振られたら彼女は打ちのめされて，裏切られた気分になるだろうし，俺だって彼女を捨てた罪悪感にさいなまれるだろう」という理由で別れに伴う苦しみを避けていたら，もう嫌で仕方ない関係をずるずると続けることになり，結局は苦しみから抜け出せません。それはある意味で欲求不満に耐える力が強いと言えますが，あいにく，その力の強さは苦しみを持続させてしまいます。「逃げ出したい関係を続けながら一日を過ごすたび，実は俺はこんな不幸に耐えられるということを自分に証明している。ただし，不幸の原因は，別れるための努力を何もしていないことだ」。

　この力は，感情的なマゾヒズム——苦痛が強ければ強いほど，耐えているという実感や達成感を強く覚え，「自分は苦痛に耐えられる！」と思うこと——とは違います。苦痛が強すぎると目標が達成できなくなったり，達成の努力から注意がそれたりするので，苦痛を弱める手助けを受けることが必要になるかもしれません。欲求不満に耐える力の認知の中核は，「目標を達成するためなら，不快や不満に耐えられる」というものです。つまり，目的のある粘り強さです。私はクライエントに対して，「これから取り組もうとしていることを大変だと感じませんか？」とは

尋ねません。そんなことを聞いても逆効果だからです。楽な環境にいつづけても、回復力は育めません。それに、楽であることを重視しつづけると、クライエントの前進を妨げるばかりか、一部のクライエントが求めるような、苦もなく変化を遂げる方法があるのだと思わせることになります。それよりも、変化のプロセスに伴うさまざまな波乱を乗り切るために、欲求不満に耐える力を身につけるメリットをクライエントと話し合うほうが、はるかに生産的だと思います。

多くの場合、目標への努力によって新たな自分を知ることのほうが、目標の達成そのものよりも重要です。思いがけない強さを発見することもあれば、自分に対して新たな見方や、ときには意外な見方をするようになることもあります。

たとえば、ある女性のクライエントは、低学歴の自分を「バカ」だと考えていました。40代後半になって高等教育を受けはじめましたが、バカであることが露呈するのを恐れていました。「だいぶ遅くなってから自分が勉強好きであることに気づいて、それを追求したくなったんです。その欲求が抗しがたいほど強まってきたので、願書を出しました」。彼女が心配したのは、クラスで最年長の学生になること（この不安は的中しました）と、若い学生から無視されたり笑われたりすること（杞憂でした）、発言や質問をしたとき、指導教員や学生からバカにされることでした（これも杞憂でした）。修了できたときの喜びは大変なものでしたが、真の満足感をもたらしたのは、「バカだと思っていた状態から、ちょっとした知識人」へ変貌する自分を目の当たりにしたことでした。「店で大勢の学生がぺちゃくちゃしゃべっているなか、ひとりでコーヒーを飲んでいたとき、とてつもない幸福感が込み上げてきました。自分はこの人たちの一員になったんだ、とうとうやったんだって。課題はすべてやり遂げました。授業中に発言もしたし、教員に反論したときもあったけれど、悪いことはまったく起きませんでした。何かに挑戦できるなら、いつだって遅すぎるということはないんですね」。女性は1年

間休んだ後，さらに進級するための勉強を始めました。

　苦しいときは幸せを見つけにくいかもしれませんが，だからといって幸せを感じる力がなくなったわけではありません。人生が再び安定したら，そのことに気づくでしょう。ただ，エリスは次のように勧めています。「自分にとって有益ながらも困難なことをするときは，苦痛や問題点だけでなく，楽しみや喜びも探せばいい。煩わしさや苦労だけでなく，やりがいにも目を向けるようにしよう」(Ellis, 2001 : 36)。

　たとえば，あなたは恋人と別れてから，ずっとひとりきりでいて，いまだに外出して人に会うのを億劫がっているかもしれません。「そんな気分にならない。特に話すこともないし」。とはいえ，家の周辺でぶらぶらしていても，別れを乗り越えるのにあまり効果がないことはわかっています。そこで，気分は沈んでいましたが，招待されていたパーティーに無理して出かけることにしました。人としゃべっていると気分が晴れてきて，ジョークに笑うことさえできました。結局は話すこともきちんとありましたし，気乗りしなくても重い腰を上げて社交の場に出ていく覚悟を決めれば，最終的には「気乗りする」ようになるものなのです。

自分を受け入れる

　自分を受け入れること（自己受容）とは，欠点も含めてありのままの自分を受け入れ，自分に対する包括的な評価を――良い評価も悪い評価も――下さないようにすることです。そのような自己評価は，自分という人間の複雑さや，変化の可能性や，独自性といったものを表わせないからです。たとえば，昇進したから自分は成功者だとか，昇進しなかったから落伍者だなどと思っている場合，「成功者」または「落伍者」という言葉は，その人自身や，その人の過去・現在・未来の人生を余すところなく正確に要約しているのでしょうか？　自分を受け入れている人は，自分の特性や，行動，実績，失敗をもとに自分を評価しようとはしません。ただし，変えたい部分や向上させたい部分は評価します。た

とえば、「私はときどき衝動的に行動して、いらぬ問題を引き起こしてしまうことがあるが、そんな自分を受け入れる。しかし、行動する前にまず考えるよう、一所懸命、自分に言い聞かせようとしている。だから、何か思いついたときは、それが本当に名案に思えるかどうか、48時間待って判断するようにしている。時間が経つとたいてい名案には思えなくなっている」という具合です。何らかの問題を抱えていることで自分を責めている人は、もうひとつよけいな問題まで背負い込んでしまっています。ひとつは、自分が対処しようとしているもともとの問題です（たとえば、無理をして一攫千金の儲け話に投資した結果、大損をしたという問題）。もうひとつは、自己非難という足かせを引きずることです。「こんなに簡単にだまされるなんて、私ってなんて情けない人間なの。どうしてこんなことをしてしまったのかしら？」などと自己非難をしていると、問題を解決する努力から注意がそれてしまうでしょう。一体、いくつ問題を抱えれば気がすむのでしょうか？

　自己受容とは自己満足のことではありません。自分を受容できたからといって、何かを得る努力が不要になるわけではないのです。好きなだけ貪欲になってかまいませんし、好きなだけ努力してかまいません。自己受容が根底にあれば、失敗したり拒絶されたりする恐れがあっても、リスク（愚かなリスクではありません）を冒すことを不安視しすぎずにすむでしょう。また、成功して天狗になることもないはずです。人間としての自分の価値が、成功と結びつけられていないからです。そもそも、成功と失敗はあまり重く考えるべきものではありません。もし「自分は自分を受け入れている」と自己満足しているなら、おそらく自己受容の概念を理解していないか、きちんと自分の考え方に取り込めていないのでしょう。しっかり理解して自分のなかに根づかせるには、批判や拒絶や嘲笑を受けそうなさまざまな状況、つまり自分の行動だけでなく、**自分自身**までもがけなされる状況に身を置く必要があります。そうすれば、自己受容という概念に自分がどれだけ深い信念を抱いているか、わかる

はずです。自分が示している信念は口先だけのものなのでしょうか，それとも本物なのでしょうか？

たとえば，私はこれまでに，認知行動療法に好意的でなかったり，反感を抱いていたりする別の心理療法の実践者に，認知行動療法に関するプレゼンテーションを行なったことが何度もあります。聴衆の態度に棘がある場合，その聴衆は認知行動療法とその実践者を蔑んでいることが多いものです。たとえば，「認知行動療法は問題の表面をなぞるだけで，言ってみれば心理的な応急処置にすぎない。あんたたちがやっていることには，大した深みも複雑さもない。ただプラス思考を教えているだけだ［認知行動療法は決してそういうものではありませんが］。あんたたちがやっているのは，それだけだろう？　プラス思考を教えること。私たちがやっているような，心理療法の本格的な訓練ではない」などと言われることがあります。私はこういった意見をぶつけられたとき，自己受容と他者受容を実践します。つまり，相手のことは受け入れても，その人の意見や行動は必ずしも受け入れないということです。そしてたいてい，活発な議論を交わします。キャリアが浅かった頃はともかく，今ではこういった意見に冷静に対処できるようになりました。

自己受容を自分のなかに根づかせれば，長期的な心の安定が得られるうえに，予期せぬ災難が起きても早めに自己修復できるようになります。それは，いったん低下した自尊心を引き上げなくてもよいからです。ホークも次のように述べています。

> 劣等感や，低い自尊心や，低い自己価値感をもちたくないのなら，取るべき方法はたったひとつである。こういった症状を治すには，これを実行してほしい——**自分のことも他者のことも決して評価しないこと**。他には何も必要ない。　　　　　　　　　　　　　　（Hauck, 1991 : 32）

しかし，自分を決して評価しないなんて不可能だと思うクライエント

もいますし，そういうクライエントと一緒にこの方法を取ろうとしても，らちが明きません。代わりに，人生の試練に立ち向かうために多面的なアイデンティティを育み，ひとつのものにすべて（自分の価値）を懸けないようにするという方法もあります。たとえば「自分には仕事しかない」と考えていると，失業などの逆境に遭遇したとき，自己非難に陥る可能性が格段に高まります。また，多面的なアイデンティティをもっていれば，重大な喪失体験を，絶対的な見方ではなく相対的な見方で眺められるはずです。自分の別の側面が，アイデンティティが持続しているという感覚を感じさせてくれるからです。一面的なアイデンティティや硬直したアイデンティティをもっていると，重大な喪失体験を絶対的な見方で眺めてしまい，アイデンティティを喪失しやすくなります。

　私はクライエントに，自己受容を伝えたいと思っていますが，自尊心を高める手助けはあまりしたいと思いません。というのも，理想体重の実現や，大勢の友人，良い仕事，愛情深い配偶者，行儀の良い子ども，定期的な休暇といった，特定の人やものごとを自己価値の条件にすると，自尊心は高まるだけでなく落ち込みもするからです（自尊心 "self-esteem" の esteem は，「評価する」という意味のラテン語 *aestimare* から来ています）。そうなると，自己がまるで株式市場のように思えてきます。自分の株，つまり価値が，人生の状況の変化に非常に敏感かつ激しく反応するのです。自尊心を高める好条件がいくつか消えてしまった場合，否定的な信念が動きだし，その信念にとらわれる恐れがあります。たとえば，「太ると，私は見苦しくなる」とか「子どもがとても行儀が悪いので，私は親として失格だ」といった考え方です。しかし，自己受容のほうは，自己価値を確認するのに好条件を必要としません。自己受容の本質を挙げるとしたら，それは自分自身を，誤りがち（不完全）で，複雑で，評価不能な人間だと認めることでしょう。そして，人生の状況がどうなろうとも，この見方は変わりません（Neenan and Dryden, 2004）。

自分を信頼する

　当然ながら，人生というものは自分の望む方向に押し進めることができます。自分の力がほとんど及ばないような，外的要因に決められていると思う必要はありません。たとえば，「うーん，体を鍛えたいけれど，いろいろ邪魔が入るし，時間はどんどん経つし，用事が用事を生んだりして，どうしても取りかかれないんだ」と言うのではなく，「体を鍛えたいと思ったら，自分は必ずそれを実行できる」と言えることが自分を信頼すること（自己信頼）です。では，どうすれば自分を信頼できるようになるのでしょう？　叶えたい目標をいくつか設定して，そのほとんどを達成できることを自分に証明すればよいのです。ただし，難しい目標もそのなかに含めるようにしてください。あまりにもあっけなく達成できてしまうと，自己信頼は強化されにくいからです。設定した目標を達成すると，そのたびに自分の能力への自信が高まります。あなたは有言不実行ではなく，やると言ったことは本当にやるのです。

　自己信頼は自己コントロールと分かちがたく結びついています。自己コントロールとは，目標から意識をそらさず，障害を克服することも含めて，目標の達成に必要な行動が取れるということです。自己コントロールなしの自己信頼は，実現することのない壮大な夢をもつようなものです。短期的な利益と長期的な利益は，どちらもおろそかにせずにうまく両立させることができます。たとえば，私は出版社の締切に間に合うよう，可能なら毎日この本の執筆に取り組みますが，目先の仕事もおろそかにはしません。つまり，私の意識は現在と未来の両方に向いているのです。また，自己信頼があれば，挫折や失敗を「自分のどこがいけないんだ？」という自己非難の材料とはせずに，「こういった経験は避けて通れないけれど，学びや自己開発の貴重な機会になる」と思えるようになります。ただし，自己信頼は一歩間違えば次のようなものにもなりかねません。

* **自己硬直**——目標はすべて達成しなければならず，失敗は許されないと考えて，目標の達成を自己価値の条件にすると，柔軟性を失ってしまいます。そのほか，自己価値に条件を付けた場合の問題も起きます（自己受容の項を参照してください）。
* **自己欺瞞**——尊敬できる友人や同僚から，たとえば，そんなに長時間労働をしていると大変なことになるよと言われても，「私だけは大丈夫」と耳を貸さない場合，それは自己欺瞞だと言えます。以前，プロの歌手になりたいという女性のクライエントがいました。この女性が相談した音楽業界の人はみな，きみには成功できるほどの歌の才能はないと言ったそうです。女性の母親は，「あの子は誰の言うことも聞かないで，自分で自分を病気に追いやっているんですよ」と，こぼしていました。女性は，過去に才能がないと見なされながら，その予想を見事に裏切った実在の歌手の名前を挙げました。「私もそういうふうになるんです」。私の知る限り，女性は今のところチャートインするという目標にはまったく近づいていません。
* **自己没入**——自分自身にしか興味のない状態です。人の意見を聞くことに時間と労力を割かなければならないと，すぐにうんざりして苛立ち，会話を自分の話題にもっていきます。これでは，人は引きつけられるよりも逃げていってしまうでしょう。
* **自己誇張**——現時点での実績に見合わないほど自分を称賛し，自分には難しいことなど何もないなどとうそぶくことが，自己誇張です。人はあなたを信用しにくくなるでしょう。
* **自己疑念の排除**（**自分を疑おうとしない**）——自分の考えに疑いを抱くと，自己信頼が損なわれ，あらゆる判断を疑うことになり，最終的には「もう自分が信じられない」という破滅状態に陥ってしまう——こんなふうに考えることが自己疑念の排除につながります。自己疑

念を排除しようとすれば，全体主義的な思考システムが生まれる恐れがあります。自分自身からであれ，他の人からであれ，異議が唱えられると，「俺が決めたことについて厳しく問いただされるなんて真っ平だ！」とばかりに握りつぶしてしまうのです。自己疑念は自己信頼の一部です。自己信頼があれば，自分の行動や決定を臆せずに検証でき，ときには，自分が間違っていたから新たな思考と行動が必要だという結論も下せます。

ユーモア

耐えがたい状況に耐えるため，暗い日々のなかに明るい瞬間を見出すには，ユーモアのセンスが役に立ちます。ヴィクトール・フランクルは，ユーモアを「自己保存の闘いにおける，精神のもうひとつの武器」と呼びました（Frankl, 1985 : 63）。フランクルは，ユーモアのおかげで，ほんの束の間ですが，他の人たちとともに収容所の過酷な状況を超越できたといいます。それは一瞬ではありましたが，貴重な瞬間でした。ベン・ルイス（Ben Lewis）は著書『ハンマーとユーモア』（*Hammer and Tickle*, 2008）のなかで，ロシアと東欧の人々が，共産主義体制下における生活の厳しさに抵抗する意味で，ジョークを用いていたことを取り上げています。一例を挙げましょう。

　　問い　ルーマニアで冷水よりも冷たいものは何でしょう？
　　答え　温水。

大量虐殺や圧政を行なった体制の話はこれくらいにして，日常生活における回復力に戻りましょう。ユーモアは，自分自身や自分の考えを重くとらえすぎないようにし，一歩引いて状況をもっと客観視できるようにしてくれます。いたずらや風刺は人をからかったりバカにしたりするのに使われますが，ユーモアなら，言うほうも聞くほうも楽しめます

(Vaillant, 1993)。また、場の緊張を和らげ、目の前の問題に対して全員に連帯感を与えるのにも役立ちます。

事実を正しく見る目を保つ

この強さの一要素は、挫折や困難にぶつかるたびに、悲観的結論や破局的結論に飛びつかないということです。出来事を冷静に落ち着いて評価すれば、対処法の選択肢が見えてきます。出来事を正しい目で見つづけていないと、得てして極端な考え方が現われます。たとえば、何か悪い結果が生じたときは、他のどんな要因もその結果に関わっていないかのように「すべて私のせいだ」と考えたりします。また、まずい事態になったときは、これよりひどいことなどありえないかのように「最悪だ」と考えたりします。さらに、「自分はこれを決して乗り越えられない」と考える人は、今後の人生を正確に予言したと思い込んでいますし、「私はこれを絶対に理解できない」と考える人は、新しいスキルを習得したり使ったりすることが自分には不可能だと決めつけています。「私はこれからずっとひとりぼっちだ」と考える人は、自分を求める人が一人も現われないと思い込んでいます。

セラピーで、私はよく認知のガイド役を務めます。極端な考え方から離れて、偏りのない考え方に近づく方法を、クライエントに案内するのです。そこに到達すれば、新しい有益な視点に気づいたり、その視点について話し合ったりできます。たとえば、「息子の結婚生活が破綻したのは、ひとえに私のせいだ」と主張するクライエントは、自分を神のように全能だと思い込んでいます。息子の人生を意のままに操る力があると信じているのです。しかし、破綻の原因を思いつく限り（息子が失業中であること、大酒飲みであること、借金があること、妻とけんかが絶えなかったこと、妻が浮気をしたこと、夫婦双方の親が干渉したことなど）挙げてみたところ、息子の人生に対しても、結婚生活に影響するあらゆる要因に対しても、自分には操る力はおろか、影響を及ぼす力さえ

ほとんどなかったことがようやくわかりました。もし本当に息子の人生を操れるなら，息子は今頃，不幸ではなく幸せになっているでしょう。クライエントは，息子の結婚生活に干渉しすぎたのは確かでも，それだけが破綻の原因ではないということを受け入れました。

感情のコントロール力

この能力があると，厳しい状況のなかでも意識がそれないように，そしてさまざまな状況下で行動が一貫するように，強烈な感情を弱めることができます。気分が目まぐるしく変わって，周囲の人を戸惑わせることはありません。ここで指摘しておきたいのは，感情のコントロールとは感情の抑制，つまり人に感情を見せないようにすることではなく，その状況に見合った反応を示すことだという点です。たとえば，自分の発言中に誰かが割り込んできても，怒鳴ったりののしったりせず，私の意見を遮らずに最後まで言わせてくださいと，丁寧に，しかしきっぱりと要求します。感情のコントロールができないと，たいていの場合，あまり友人ができません。「感情のコントロール力がない人は人間関係の確立と維持が難しい。これには多くの理由があるが，最も基本的な理由は，否定的感情は人を嫌な気分にさせるというものである。人は，怒っている人や不機嫌な人，不安の強い人とは一緒にいたがらない」(Reivich and Shatté, 2003 : 37)。感情のコントロール力を強化する一番の近道は，考えが感情を決めるということを思い出すことです。「これほど腹が立つなんて，私はこの問題について自分にどう言い聞かせているのだろう？」と振り返ってみるのです。第2章と第3章で説明したABCモデルを使えば，系統立った方法でこれを行なえます。

A＝逆境
B＝考え
C＝結果──感情面と行動面

自滅的な考え方が特定できたら，やはり第2章と第3章で説明した方法でそれを検討しましょう。その考え方が硬直しているか柔軟か，現実的か非現実的か，有益か無益か，そして，その考え方を他の人に教える気があるかどうかです。

他の人からの手助け

　この強さは，人から手助けを求めたり受け入れたりしても，それを人間的な弱さのしるしとは考えないということです。強迫的に自分で何でもやろうとする人は，たいてい手助けを弱さのしるしと見なします。しかし，家族や友人からの手助けであれ，他の人からの手助けであれ，それを受け入れれば，自分が固執していた古い問題解決法に代わる新たな方法がわかりますし，あきらめずに障害を乗り越えようという気になれます。それに，うっ積した感情のはけ口が得られたり，自分は天涯孤独ではないと安心したり，自分を信じる気持ちを再確認したりもできます。このように，人からの手助けは逆境が与える激しい衝撃の緩衝材になるのです。ただし，人が困っているときは，こちらが手助けすることを忘れてはなりません。そうでなければ，自分が苦しいときは人の精神的なエネルギーを吸い取るのに，相手が助けを求めているときは「雲隠れ」してしまう，寄生虫のような人間だと思われかねません。

　ただ，人からの手助けが手助けにならない場合もあります。こちらが必死で不幸と闘っているとき，相手の不幸の話で重い気分にさせられることもあれば，過保護にされて，悪い出来事に対処する回復力を育めないこともあります。また，相手が明るい楽観主義を崩さず，こちらが疑いや心配を口にするたび会話を打ち切られることもあれば——相手の本音は「泣きごとを言うのはやめて，自分で何とかやっていけ！」ということかもしれません——「自分はこうして逆境に向き合い，克服した」という手柄話ばかり聞かされることもあります。そういう話をする人は，

あなたに感銘を与え，元気づけたいと思っているのですが，あなたはそんな話に無理やりつきあわされてうんざりするかもしれません。私自身もこの過ちを犯してしまいます。息子に，「お父さんがおまえの年頃のときは……一所懸命，努力して……自分を律して……大変な時代だった……経済的に苦しかった」などと説教してしまい，たいてい軽蔑の目で見られたり，あくびをされたりするのです。したがって，人からの手助けは無条件にありがたいわけではありません。差し出された手助けの質を吟味したり，それが現在の苦難に対処するうえでプラスかマイナスかを判断したりしましょう。

好奇心

これは，何かを試したり発見したりすることに情熱をもち，世界に関する知識や理解を深めるために質問するのが好きだということです。つまり，世界やその驚異に対する子どものような好奇心を，大人になっても失わないということです。シーバートはこう述べています。「無意識に新たな情報を吸収しようとするサバイバーの姿勢は，彼らの回復力を端的に示している。好奇心は貴重な『クセ』なのである」（Siebert, 2005 : 95）。私はクライエントに，「望む変化を実現するために何をする必要があるか，知りたいですか？」と質問します。答えは「はい，もちろんです」から「いいえ」に至るまでさまざまです。望む変化をもたらすためには，自分自身や人生に関する自分の考えの多くが，事実ではなく仮説にすぎないと理解することが重要です。たとえば，年齢（事実）は変えられませんが，自分は絶対ひとり暮らしができないという考えは，検証すべき仮説です。考え方を検証したいなら，実験を行なうとよいでしょう。たとえば，「こんなに長いこと友人と音信不通だったら，いきなり連絡しても，向こうは私に会いたいとは思わないだろう」という考えの真偽を確かめるためには，その友人に電話してみることです。ただし，実験の結果は前もってわからないことを忘れないようにしましょう。「向

こうも私と同じように，再会を望むはずだ」などという，特定の結果にありったけの期待をかけないでください。結果を成功か失敗かでとらえるのはやめ，どんな展開にも興味をもてるように，先入観なしに実験する姿勢を育みましょう。先の例で言うなら，友人が再会を望まなかったとしても，少なくともあなたは知る努力をしたのですし，その件に関しては区切りをつけることができます。

　好奇心をもたず，安全で予測可能な世界にいたがる人は，あらゆる未知のものに恐怖を感じ，不測の出来事には回復につながらない反応を示しがちです。「そんなもの，どこかへ追い払って！　見たくもない」という具合です。また，好奇心を示すことは，精神的にも身体的にも大きな負担になるように思えるかもしれません。「好奇心をもつと疲れる。あっという間に大量の情報に圧倒されてしまう。なぜわざわざそんな目に遭わなければいけないのか？」と考える人もいるでしょう。しかし，興味をかきたてる刺激的かつ新鮮な感覚入力がないと，脳の働きが鈍くなり，衰えてしまいます。神経科学では，人間の脳は一生涯，変化をつづけることがわかっています。

　　［遺伝的要因とともに］環境もまた，神経回路に大きな影響を及ぼす。経験が脳内の構造的な変化を引き起こし，シナプス［神経細胞間の隙間で，ここで情報が伝達される］を大きく変形させる。この脳の変化可能性は何十年も前から神経学者によって証明されている［…］私たちの脳は，祖先から受け継いだ遺伝子によって構造を固定されているのではなく，一生の間，絶え間なく変化しつづける［…］私たちはDNAの囚人ではない。　　　　（Groopman, 2006 : 189-190）

　この脳の変化可能性，つまり可塑性は，新たな経験と難題が脳を刺激することによって起こります。これが脳にとって健康的なライフスタイルなのです。「こうした［脳の］変化は，いわゆる脳の蓄えを増加さ

せる。蓄えが多ければ多いほど，脳は年齢や病気による損傷に強くなる」(Michelon, 2008 : 5)。脳の可塑性や，可塑性を維持する方法を知ると，たいていは「脳を使おう。使わなければダメになる」という結論に行き着きます。チクセントミハイによれば，好奇心は次の方法で養えるといいます。

1. **毎日，何かに驚くようにする**——たとえばバス停やスーパーマーケットの列でふだん黙っている人は，並んでいる人に話しかけてみましょう。
2. **毎日，誰かを驚かせるようにする**——たとえば，あなたからほめられて「びっくり」するか喜びそうな人に，容姿をほめる言葉をかけてみましょう。あるいは，実家へ行ったとき，いつものように急いで帰ってしまうのではなく，親と食事したり会話したりしてみましょう。
3. **毎日，驚いた出来事と，自分が人を驚かせた方法を書き留める**——記録すれば，時間が経っても日々の「驚き」をしっかり保存しておけます。記憶に頼るだけでは，歳月とともに消え去ってしまうでしょう。また，後でその記録を読み返して，その経験とそこから得た教訓をもう一度，楽しむこともできます。
4. **何かに興味がわいたら，その気持ちに従う**——私が脳の可塑性を知ったのは，本書の下調べのために文献を読んでいたときでした。それまでは，生涯，脳の働きを活発に保つことについては知っていましたが，単調さや無為が脳を「退屈さで死なせる」ことは知りませんでした。私は今，理解を広げるために，さらに関連書を読み進めています。

以上の4つのアドバイスを実行すれば，「日常的経験という見慣れた表面の下に，さまざまな可能性の胎動が感じられるだろう。それは結集した創造のエネルギーであり，子どものとき以来，衰えていた好奇心の再生である」(Csikszentmihalyi, 1997 : 348)。

問題解決のスキル

　これは，変化を起こすうえでの内的，外的な障害を特定して取り除く能力のことです。内的な障害は怒りや罪悪感や不安かもしれませんし，外的な障害は，借金があることや，業績目標が達成できないこと，あるいは同僚と対立していることかもしれません。外的な，つまり行動上の問題の解決に目を向ける前に，まず内的な，つまり心理的な問題の解決に取り組むほうが良いでしょう。心理的な苦痛を感じていたら，問題解決のための実際的手段はなかなか思いつきません。ABCモデルを使って，自分を苦しめる感情の根底にどのような考えがあるかを特定し，その考えを疑い，変化させれば，心理的な問題を解決できます。ABCモデルについてはすでに何度か説明したので，ここではADAPTモデル（Nezu et al., 2007）を使った実際的な問題解決法を紹介します。

　ローズマリーという女性は，契約交渉の際にある顧客から怒って怒鳴りつけられて以来，その顧客にへつらうようになりました。「あの人があんなふうに振る舞うのは私のせいかもしれないし，契約を逃すのが怖いんです」。しかし，セラピーで心理的な問題解決法に取り組んだとき，ローズマリーは，顧客の怒りは顧客が自分なりの理由で引き起こしているもので，彼女が怒らせているわけではないことを受け入れました。そして，毅然とした態度を取るため，怒鳴られるくらいなら契約をあきらめる覚悟を決めました。

A＝態度（attitude）　「この問題に対処する心の準備は，以前よりも整った。解決策が見つかるかどうかについても楽観している」。
D＝問題を明確にして（define）現実的な目標を設定する　「問題は，私が抗議せず，相手が怒鳴るにまかせていたことだ。打ち合わせのたびに怒鳴るので，やめさせるのはおそらく難しいだろう。私の目標は，社会人らしい態度で，互いに譲り合いをしながら，怒鳴らずに打ち合わせ

をすることだ」。

A＝代替策（alternative solutions）を考える　「では，目標の達成に向けてどんな方法が取れるだろう？　次のような方法が考えられる［リストを作る］。

1. 怒りをもう容認しないことと，顧客が怒りはじめたら打ち合わせを中断して休憩を取ることを，顧客に告げる。
2. 顧客が怒り出す理由を探る。
3. 打ち合わせのとき自分が低姿勢になっていた理由を説明し，顧客が自分の新たな態度を理解してくれることを願う。
4. 次の打ち合わせの実施条件を電話かメールで顧客に伝える」。

P＝結果を予測し（predict），解決策を練る　「それぞれの代替策は，目標の達成にどんな影響を及ぼすだろう？　また，選んだ解決策は本当に実行可能だろうか？　まずは代替策すべてを評価してみよう。

1. これは名案かもしれない。私が休憩を提案したとき，顧客が恥ずかしく感じるといいのだが。
2. ○。理由を探れば，私たちが何を話し合うべきかが明らかになるかもしれない。ただ，私は顧客のセラピストではない。
3. ×。顧客の承認は求めない。そんなことをしたら，また私の立場が下になってしまう。
4. ○。顧客に連絡を取って新たなルールを伝え，こちらが反撃しはじめたことを知らせよう。

　1と2と4を組み合わせて試してみよう。実行もできると思う。この問題をぜひとも解決したい」。

T＝効果を見るため，解決策を試してみる（try）「顧客に電話して，怒った場合の対応を伝えた。顧客は少し不機嫌になり，打ち合わせのとき私の言いたいことがわかりにくいのだと言った。そこで私は，わかりにくい部分を怒らずに指摘してくれれば，こちらもできるだけ善処すると答えた。実際の打ち合わせの席で顧客が不機嫌になりかけたとき──もう本格的に怒りはしなかったが──私は自制心を取り戻してもらうために，短い休憩を提案してみた。すると，顧客は休憩を望まず，不機嫌な態度をすぐに引っ込めた。きっと私が落ち着いているのに，自分がそうでないことが気まずかったのだろう。いずれにせよ，怒りの爆発に対する謝罪は一言もなかったが，結局，契約は獲得できた。もし獲得できなくても，腹は立たなかっただろう。自分にとって喜ばしい変化を起こせたからだ。最終的に，私は3つの契約を獲得したことになる。まず，顧客の振る舞い方を自分のせいにしないよう『自分との契約書』を書き換えた。次に，打ち合わせ中の顧客の振る舞いに関する契約をうまく交渉し直すことができた。最後に，仕事の契約を勝ち取った。なかなかの成果だ」。

もし最初に試した解決策で効果が出なければ，リストにある他の解決策を試すか，他の人に相談したりして新たな解決策を考えましょう。また，心理的な苦痛が再び目標の達成を妨げた場合には，もう一度 ABC モデルを使って，自分を苦しめている考えを特定しましょう。

夢中になれるもの

「大半の人は自分以外のものにすっかり熱中しているときのほうが，幸せなものである」（Walen et al., 1992 : 6-7）。そういった興味の対象は，決まりきった日課をこなす毎日にすばらしい変化を与えてくれます。ただし，それをせずにはいられないとか，そのことしか考えられないといった状態にはならないようにしてください。生活のバランスが崩れて，お

もしろくなくても大切な用事がおろそかになってしまいます。たとえば，やると約束した大工仕事をやらず，ゴルフコースに入り浸っているようでは困ります。趣味などへの情熱は，真に生きることと漫然と生きることの決定的な違いを，喜びとともに強烈に思い出させてくれます。あるクライエントはクラシック音楽，特にモーツァルトとベートーヴェンのすばらしさがわかったとき，そう私に話してくれました。自分が何に興味を感じるか見当がつかず，どうすればよいかわからないという人もいるでしょう。ひとつの方法は，気に入ることが見つかるまで，さまざまなものに手を出してみることです。あえて見つけようとしない限り，興味の対象は見つかりません。

意味を探す

「大半の臨床家が認めているように，意味を探す力は，回復力のある人が現在の苦難からより良い充実した未来へと橋を築くための手段である。こうした橋を築くと，現在の状況は自分の手に負えないという感覚がなくなり，現在がコントロールしやすいものになる」(Coutu, 2003：10)。未来への橋は瞬時に築けるわけではなく，時間がかかります。意味というものはたいてい速やかには見つからず，逆境との闘いから徐々に浮かび上がってくるからです。ある女性のクライエントは，飲酒運転の車に息子の命を奪われ，永遠に悲しみから抜け出せないと思っていました。しかしある日，近くの野原で犬の散歩をしているとき，「『息子は私がこんな状態でいることを望まないだろう。自分の人生をまた歩みはじめろと言うだろう』という思いが，ものすごく強く湧いてきたんです。それ以前にも同じことを自分に何度も言い聞かせていたし，他の人からも言われていましたが，その言葉の正しさが，その日，突然，何とも言いようのない不思議な形でわかったんです。それが転機になりました。家に帰ると，私は友人をお茶に招いて，人とのつきあいを再開しました。そこから前進しはじめたんです」。

しかしクライエントのなかには，マイナスからプラスが生まれるはずはないと信じ，回復につながるような意味の探求をしようとせず，残念ながら，被害者としての無力感に沈んでしまう人もいます。そんな意味づけをすると，人生の不公平さを際限なく嘆きつづけるはめになりかねません。そのほか，苦しみを和らげたい一心で，心から信じてはいない偽りの意味を出来事に与える人もいるでしょう。そういう人は，「どれだけ順調な人生を送っていても，悪いことは遅かれ早かれ誰の身にも起きる」と表面的には考えながら，心の奥底では「でも，こんなことは私の身に起きるべきではなかった」と相変わらず言い張っているのです。

適応力

これは，厳しい現実への建設的な対処法を見つけるために，思考と行動を状況にどう適応させるのが最も良いのかを判断する能力です。たとえば，失業して収入が激減したとき，借金生活に陥らないように支出を調整することもそうですし，子どもが巣立ったとき，生活に張り合いがないと愚痴を言いながら無為に過ごすのではなく，自分の世界を広げるチャンスだと考えることもそうです。適応力が生死を分ける場合もあります。次の例は，第二次世界大戦中，日本の捕虜収容所に囚われた人たちに起きたことです。

> 生き抜くための鍵が適応力であるという点では，大半の人の意見が一致していた。いかに悲惨であっても，この新たな生活を現実として認めなければならないことは，どうしても理解する必要があった。わが家を恋しがったり，愛する者の写真を見つめて涙ぐんだりする人には悲しい運命が待ち受けていた。［ある捕虜によれば］ある種の淘汰作用が働いていた。泣く人は早死にした。［別の捕虜は次のように語った］私は，これこそが新たな生活であって，何とかやっていかなければならないのだと意を決した。古い生活は，あた

かも存在しなかったかのように頭のなかから消し去った。残念ながら，その生活に適応できない人があまりにも多かった。

(Hastings, 2007 : 379)

　新たな現実がどのようなものであれ——たいていは好ましくないものでしょうが——その未知の状況を切り抜けるのに，何をする必要があるかを判断しましょう。たとえば，自分をどう変化させる必要があるでしょうか？　どのような知識やスキルを身につける必要があるでしょう？　自分と同じ経験をもち，アドバイスをくれそうな人は誰でしょう？　目標から意識をそらさず，達成への進捗状況をチェックしてください。たとえば，出来事の不当さを考えるたびに怒りにとらわれて，脱線ばかりしないようにしましょう。否定的な感情を認めはしても，いちいち関わらなければよいのです。そうすれば，目標への努力を続けられます。前進する途中でつまずいたら，それを失敗と見なしてくじけるのではなく，次の行動に活かすべき学びの機会と考えましょう（前進という言葉を説明するなら，そこにはつまずきへの対処も含まれるでしょう）。パーソーは次のように述べています。「多種多様な環境や，状況，人間，苦境への適応力があればあるほど，心が健康だということである［…］。世界の変化のペースはますます速まっているため，適応力のある人間がこれまでになく緊急に求められている」(Persaud, 2001 : 115)。

　ただし，変化に適応する力は無尽蔵ではありません。たいていは，「世界を止めてくれ。もう逃げ出したいんだ」と言いたくなる時が来ます。これまで対処してきた変化，または今なお対処しつづけている変化のペースと量に，疲れ果てるか圧倒されてしまうのです(Hoopes and Kelly, 2004)。このとき，変化に対処する心身の力は枯渇しています。適応力を再生させるには，しばらく休養して内省することが必要です。それができないなら，より良い対処法を教えてもらうために，専門家の指導が必要かもしれません。適応力を強化すること，いわば不足分を補う

ことは可能です。その方法はいくつかありますが、特に挙げるとすれば、現状では変化が必要だと認めることや、たとえば失業後に再び職業訓練を受けて、自分と新たな状況を生産的に調和させる行動計画を立てること、そして変化のプロセスは簡単であるべきだとか、苦痛と無縁であるべきだなどと言い張らないことです。

　避けられない変化に対処する力が最も速く枯渇するのは、その新たな状況を受け入れようとせず、抵抗することに全精力を注いだ場合です。この一種の「否定的な意志力」は自滅的で、自己欺瞞的とも言えるかもしれません。現在の状況が目の前からゆっくりと、あるいは急速に消えようとしているのに、それを持続させようとするのです。たとえば、結婚生活が破綻しつつあることを認めようとせず、まだ夫婦円満であるような振りを続ける場合がそうです。「ねえ、僕のワイシャツにアイロンかけてくれた？　今日の夕食は何？」と夫が聞けば、妻は「本気で言っているわけ？」という軽蔑の眼差しで答え、一刻も早くこの家を出ていく決意をさらに固めるでしょう。

　適応力があるというのは、怖いものを避けることだと言う人もいるかもしれません。「私は環境に適応するために、エレベーターを使わず、いつも階段を使っています。エレベーターのなかに閉じ込められないようにするためです。階段を上ると健康にもいいので、一石二鳥です。もっと多くの人が毎日の運動のために階段を使えばいいのに」。この主張の欠陥は、重い荷物があるときも、エレベーターが使えなくなってしまうということです。自分の行動を変えてもっと柔軟な対応を可能にするのではなく、自分の抱える問題に合わせて環境を「狭めて」いるのです（Persaud, 2001）。

強さのバランスを変化させる

　以上の強さの数々は相互に依存しているので，どの強さの上に他の強さが育まれるのか，判断するのは困難です。たとえば，問題解決のスキルが身につくのは，それを学ぶための欲求不満に耐える力があるからなのでしょうか？　それとも，自分は人生をほぼコントロールできていて，望む方向に進められるという自己信頼があれば，欲求不満に耐える力を育めるのでしょうか？　この議論は，卵が先か鶏が先かという問題です。そんな問題で頭を悩ませるよりも，自分がもっている回復につながる強さや，強化すべき強さ（たとえば好奇心が少し足りないせいで，問題解決策の幅が狭められている場合），そして育むべき強さ（たとえば手助けを求めることは弱さのしるしだと考えているため，苦境にはまり込んでいても手助けを求めたがらない場合）を見きわめましょう。

　たとえ自分に数々の強さがあるように思えても，それらの間に完璧なバランスが取れていることはまずありません（Flach, 2004）。よく使われる強さとそうでない強さがあるのです。たとえば，我を忘れて夢中になれるものがあったとしても，それに没頭しているときに邪魔をされると，感情をうまくコントロールできないケースがあります。また，新しい経験をすることには強い好奇心をもっていても，批判や拒絶を受けそうな状況はたいてい避けて，自己受容に十分努めていないケースもあります。このような使用頻度の低い強さにも注意を払う必要があります。自分が誇りに思っている強さも，場合によっては発揮できないことがあります。たとえば，自己信頼という強さをもっていても，起きた出来事に予想以上に手こずった場合には，それがやや揺らぐでしょう。ときどき自分の強さと弱さを評価して，どのような調整が必要かを判断しましょう（Flach, 2004）。いかなる困難にぶつかっても，つねに高い回復力を発揮できるわけではありません。

くじけずに努力を続ける

　ここでは私の同僚である，ロンドン大学のウィンディ・ドライデン教授の実例を通じて，実際に回復力が発揮されている場面を見ていきます。この章で説明した強さのほとんどが登場します。以下の文章で「私」とあるのはウィンディのことです。

　　私が回復力のある態度を示したのは，1983年に，バーミンガムのアストン大学で希望退職に応じたときでした。次の職なんて，他の大学ですぐ見つかるだろうと高を括っていたのですが，大間違いでした。ロンドン大学に次の職を見つけるまでに2年以上もの月日が流れ，54回も不採用通知を受け取るはめになりました。この話を聞いた人は，私が落ち込んだに違いないと思うようですが，落ち込みはしませんでした。みんなたいてい，「自分がそんな目に遭ったら，たぶん落ち込んだだろう」と言います。そう言う人たちが決まって注目するのは，それだけ不採用通知を受け取ったら自尊心や自信がどんな打撃を受けるかという点です。自分には重大な問題があるに違いない，きっとダメな人間か，無能か，役立たずなのだと思ってしまうと言います。言い換えれば，こういった不採用通知を受け取ったら，必ず自らを拒絶する結果となり，それ以外はありえないというわけです。でも，私は落ち込みもしなかったし，職探しをあきらめもしませんでした。
　　それでも，ときには失望と苛立ちを感じました。いつまで経っても新しい職に就けないからです。自分の最初の読みは笑ってしまうほど甘いものでした。私は何も，これだけの拒絶に遭いながら踏ん張った自分はえらいと言いたいわけではありません。ただ，振り返ってみると——後から考えて初めてはっきりわかるのですが——私が

その期間を通じて示していたのは，回復力があると言えそうな一連の対応でした。まず，その健全な態度を支えていたのは以下の要素です。

* **自己受容**──「仕事で不採用になったからといって，私の人間としての価値が下がるわけではない。人生で何が起きようとも，人間としての私の価値は変わらない」。自己受容のおかげで，私はこの期間中，安定した心理状態でいられました。ひとつの出来事であれ，一連の出来事であれ，それが私の人間性を表わすことは決してないと自分に言い聞かせていたからです。私は評価不可能な存在なのです。
* **希望**──「がんばりつづければ，そのうち，やりがいのある仕事が見つかるさ」。希望がなくなったら，おそらく抑うつや無気力に襲われるでしょう。

以上は認知行動療法の認知（思考）の部分です。そういった考えを維持し，強めるために，私は建設的な行動も取りました。その行動を支えたものは以下の要素でした。

* **粘り強さ**──私は仕事に応募しつづけました。何度も繰り返し書類に記入し，面接を受けたのです。哲学者のアンソニー・グレイリングも，粘り強さに関する真理を，次のように明確に述べています。「努力に価値を与えるものは，それによって何を得るかではなく，自分がどんな変化を遂げるかである」（Grayling, 2002：39）。もちろん，最終的に職を得られたのはうれしいことでしたが，自分に忍耐力があるとわかったのは心強いことでした。何度ノックダウンされても，起き上がったのです。私には「これをやり抜こう」という決意がありました。

* **個人的に重要な活動**——職探しと並行して，私は本の執筆と編集を行ないました。これは個人的に重要な活動です。また，人生の一領域でがっかりしたからといって，それを他の領域にまで広げる必要はないと，私は自分に言い聞かせました。もし広げたら，執筆の仕事の楽しさまで損なわれてしまうでしょう。
* **面接での振る舞い方の改善**——その頃，自分の面接の受け方に関するフィードバックがなかなか得られなかったのですが，裏ルートとも言える手段を使って，ついに意見を聞くことができました。しかし，それによってわかったのは，自分では自信のある態度のつもりでいたものが，面接官の目には傲慢さに映っていたということでした。これにはショックを受けました。どうやら面接中の私は，自分の意見をえらそうに言い，高飛車に見えたらしく，面接官とのやりとりにも温かみを欠いていたようです。これが採用されない理由なのであれば，面接で謙虚さを示す練習をしようと私は心に決めました。たとえば，面接官の質問をよく聞き，以前のようにぶっきらぼうな断定調で答えるのではなく，もっと朗らかに受け答えをしようと思ったのです。その後，間もなく仕事が決まりました。
* **ソーシャルサポートの利用**——私は，この混迷の時期に受けた手助けをありがたく感じました。家族と友人，特に妻の励ましのおかげで，私は自分なりのやり方で前進することができました。どこが悪いかについてひっきりなしに説教されることもなければ，退職後すぐに次の職に就けた同僚と比べられることもありませんでした。家族と友人からのありがたい手助けは，私への信頼，つまり，やがては私が目標を達成するだろうという信頼を示していました。

では，思いがけず長引いた職探しの時期から，私は何を学んだの

でしょうか？　第1に，行動においても態度においても逆境に負けず，あきらめないことが大切だという点です。第2に，経験は自己のほんの一部にすぎないので，特定の時点で自分の価値を決めつけてしまえば，回復力を育みにくくなるという点です。第3に，たとえ逆境のことで頭がいっぱいでも，それ以外の活動をすることが大切だという点です。頭はそのうち行動についてきます。第4に，可能なときはいつでも人からフィードバックを受けるべきだという点です。そうでなければ，正せるはずの間違いを何度も繰り返してしまうかもしれません。最後は，逆境との闘いに他の人を迎え入れて，手助けを求めるとともに，非協力的な人からは離れるべきだという点です。私はよく，この1983年から1985年までの2年間を満足感とともに振り返り，自分が示した強さについて考えます。こういった強さは，それ以降もとても役に立っています。

強さを維持する

　これまでに紹介した強さのなかにあなたのもっている強さがあったとしても，それをただ放っておいたり，あまり使わなかったりして，衰えさせないようにしましょう。ときどき自分に新たな挑戦を与えてください。楽な環境に長居しすぎると心理的な停滞が起こりがちですが，何かに挑戦すればその状況から出ることになります。苦手な環境に踏み込み，そこを突き進んでいくことは，自分の奥深くに働きかけ，ウィンディ・ドライデンのように自分の強さを見つける助けになります。そういった行動を訓練すればするほど，些細な問題であれ大きな危機であれ，人生のさまざまな出来事に回復力のある対応を習慣的に取れるようになります。また，脳の可塑性は学習を通じて維持されますが，学習は新たな経験から得られます。リスクを嫌い，慣れ親しんだものや決まりきった日課から一歩も踏み出そうとしなければ，「脳を死なせる」生活になって

しまいます。そんな生活を送らないようにしてください。職場では，そういった決まりきった日課が目まぐるしい変化にたびたび翻弄されかねません。次の章では，それについて取り上げます。

第6章
職場における回復力

はじめに

　職場におけるストレスの蔓延，労働者のストレスが雇用主と経済全体に与える損害，ストレスが心身に及ぼす悪影響については，毎日のようにメディアで報じられています。ストレスは休職の主な理由のひとつであり，ストレス関連の休職は増加しつづけています（Chartered Institute of Personnel and Development, 2008）。従業員が特に不満をもっているのは，家庭生活を圧迫する長時間労働や，不安定な雇用，長い通勤時間，仕事の増加と人員不足，多すぎる会議，多すぎる電子メール，つきあいにくい同僚，思いやりがなく無能な管理職，無意味な目標設定，テクノロジーの急激な変化とそれによる仕事のペースの加速などです。

　それでは，ストレスとは何なのでしょう？　ストレスは，自分にかかるプレッシャーが対処能力を超えたときに起きるものだと定義できます（Palmer and Cooper, 2007）。認知行動療法の観点からストレスを考える場合は，その人の悩みをよりよく理解するために，直面している問題とそれに対処する能力を本人がどう評価するかに重点を置きます。

　たとえば，休暇中の同僚の仕事を一部肩代わりしたら，自分の仕事が多すぎるように思えるかもしれません（過剰なプレッシャー）。そのうえ，すべきことに優先順位を付けず，あれこれ手を着けては未完成のまま別の仕事に移るといった人もいるでしょう。こうして走り回っていると，一日の終わりには疲れきり，その疲れが週末までも持ち越されて，新し

い1週間に立ち向かう気力がなくなります。

　認知行動療法では，クライエント自身がストレス度を高めている部分に注目しますが，だからといって雇用主と政府には責任がないと言っているわけではありません。職場でのストレス管理には，雇用主と政府にも果たすべき役割があります。ただ，問題への考え方と行動を変えれば，職場でもっと回復力を発揮し，ストレスを大幅に減らせることを示したいのです。

　他とは少し違ったストレスの定義をデイトがしています。デイトはそれを「ストレスの法則」と呼んでいます（Dato, 2004：12）。「この法則が言いたいことは，**ストレスはあらゆる種類のプレッシャーと適応力の差**，つまり『**ストレス**』＝『**プレッシャー**』－『**適応力**』だということである。したがって，**ストレス＝適応力のなさ**とも表現できる」。

　私のクライエントに，勤め先の新経営陣が行なった部門再編に適応することをきっぱり拒んだ女性がいました。女性はストレスで休職しましたが，その心理状態をもっと具体的かつ正確に言うなら，抑うつ的だったうえに，自分の従来の仕事の仕方が「退けられた。私はこの仕事が大好きだけど，新しい経営方針はまったく気に入らない」と憤っていました。新しい経営陣は女性を引き留めようとして多額の報酬を提示しましたが，女性は仕事の進め方が元に戻されるまで会社への復帰を拒みました。しかし，これは明らかに非現実的な話でした。結局，女性はその会社に復帰せず，セラピーのほうも，「なぜすべて変わっていくのでしょう？」という絶え間ない嘆きとともに途中で頓挫してしまいました。この嘆きに対して，私はいつも「変わらないものなんてありませんよ」と答えていたのですが，組織で働きつづけたいなら，これは嫌でも認めなければならない事実かもしれません。変化する難しい状況に適応する力は，回復力を支える重要な強さのひとつとして，すでに第5章でも紹介しました。ただ，適応力にも倫理上の制限があることは指摘しておかなければなりません。私は，適応力のためと称して，雇用主による搾取や

上司のハラスメントに耐えるよう勧めているわけではありません。それは自分にとって有害な「適応力」です。

この第6章から第8章まで，クライエントの話は同じような流れをたどります。まず，どのような考え方や行動の仕方が行き詰まりを引き起こしているかに注目しながら，クライエントの問題を大まかに説明します。その後，セラピーによってクライエントの視野が広がり，問題へのもっと建設的な対処法がわかるようになります。建設的な対処法とは，逆境との闘いを無事に切り抜け，さらなる強さと知恵を得られるように，柔軟な態度と行動を採り入れることです。各クライエントの闘いから引き出せる教訓は，それぞれの項の見出しに示します。

問題の見方は必ず複数ある

年配の警察官レイモンドは，新しい上司のせいで仕事が苦痛になり，定年までの数年間を楽しく穏やかに過ごす計画が崩れつつあることに憤慨していました。レイモンドはこれまでの職業生活のなかで，厄介で，ときにはきわめて不愉快な状況に何度も対処してきたと言います。しかし，今の状況には解決策がないように思えると語りました。年金を満額受給したいので，早期退職という方法は取れません。ただ，必ず解決策を見つけようという決意はありました。

レイモンド　私はいわば最後のハードルで転びたくないんです。それにしても，なぜ彼はあんなふうに振る舞うんでしょう？　私のやることなすことに，いちいちケチを付けるんですよ。私だったらああはしませんけどね。彼はどこかおかしいんじゃないでしょうか？　私の愚痴に妻はうんざりしています。でも，私は毎日あの男と接しなければならなくて，ストレスで参っています。

筆者　彼がそんなふうに振る舞う動機を考えることもできます。でも，

彼との関わりのなかで，もっとうまく自分をコントロールする方法を考えることもできますよ。この段階では，どちらのほうが生産的でしょうね？

レイモンド　私としては，彼のことを話したいですね。

筆者　あなたが変えられる力をもっているのは，二人のうちどちらの行動ですか？　あなた自身ですか，それとも彼ですか？

レイモンド　それはもちろん私ですけど。なぜ私の行動を変えなければならないんですか？　問題は私ではなく，彼にあるのに！

筆者　あなたにもある程度は問題があるんですよ。説明しましょうか？［クライエント，うなずく］他の人の振る舞いに怒っている人はたいてい，相手がこういう人間であるべきではないと主張しますが，相手は紛れもなくそういう人間なんです。まるで，このなかに［額を叩く］レンガの壁を築いて，毎日そこに自分の頭を打ちつけているようなものですよ。「あいつはあんなふうに振る舞うべきじゃないんだ！」ってね。でも，そんなことをしたからといって，上司の行動が変化するわけではありません。となると，本来は1つの問題を，わざわざ2つに増やしているわけです。彼が厄介な振る舞いを続けていることと，あなたがそれに怒っていることです。

レイモンド　たぶん，私の頭のなかにはレンガの壁があるんでしょうね。でも，何だか先生は，彼の振る舞いに好意的ですね。

筆者　そうじゃありません。ただ，いかにあなたにとって不快であっても，**彼の**振る舞いは，あなたではなく**彼の**価値観と視点から生まれてくると指摘しているだけですよ。彼の価値観があなたと同じだったら，たぶん，こんな問題は起きなかったでしょう。

レイモンド　じゃあ，もしそれを私が認めれば……

筆者　嫌々でもいいんですよ。

レイモンド　嫌々でも，彼はそういう人間なんだと認めれば，私の怒りはたちまち解消するんですか？

筆者 たちまち解消するというわけではありませんが，怒りの頻度も，強さも，持続時間も，大幅に軽減しますよ。ただし，先に彼に振る舞い方を変えるよう求めるのではなく，怒りの感情を変えるのは自分の責任だと認めればの話ですけどね。あなたはそこで行き詰まっているんですよね。もし頭のなかのレンガの壁を壊したら，職場での生活はどう変わるか，想像できますか？

レイモンド いえ，あまり。今は怒りしか見えません。でも，想像してみたいですね。

筆者 私が先を急ぎすぎているのかもしれません。実験として，怒りと少し距離を置けるかどうか試してみてください。怒りを気に留めながらも，関わり合わないようにするんです。そして，自分自身や，彼との関係に何か変化がないかどうか観察してみてください。メモを取っても結構です。

レイモンド 何も起きなかったり，怒りと距離を取れなかったりしたらどうしますか？

筆者 まあ，とにかく結果を見てみましょう。実験なんですから，結果は前もってわからないものですよ。

レイモンド わかりました。私には怒り以外，失うものは何もありませんからね。私のなかにレンガの壁があるという話を妻にしたら，妻はきっとその通りだと言うでしょう。

筆者 奥さんは的確なお考えをおもちなのかもしれませんね，あなたが耳を貸さないだけで。もうひとつ考えてほしいことがあります。もしあなたが，「彼の行動を考えれば，自分の怒りはもっともだ」と思っているとしたら，おそらく彼も，あなたの行動を考えれば，あなたへの怒りはもっともだと思っているでしょう。

レイモンド それは考えたことがありませんでした。向こうはそう思っているに違いありません。私の仕事にしょっちゅう文句を言いますから。いや，今日ここに来るときは彼が話題の中心になると思っていた

んですが、完全に私が中心になっていますね。おもしろいですが、不安です。

他の人の行動に（コントロールするのではなく）影響を及ぼすための秘訣は、まず自分自身をコントロールすることです。

> 誰かから不当な仕打ちを受けた後、もっと不当な仕打ちを自分で自分に加えることほど不毛な行為はない。不満の原因に腹を立てても、たいていはその原因を取り除けず、必ず不快感が増すことになる。それどころか、最大の苦痛をもたらすのは、たいていの場合、人からされる行為ではなく、自分の怒りがなすことなのである。
>
> （Hauck, 1980 : 122）

「上司の振る舞い方への怒りは自分が引き起こしている」という考え方を受け入れたレイモンドは、自分の振る舞いをどう変えればよいかがわかってきました。職場のことも、この世の地獄ではなく、新たな考え方と振る舞い方を試せる実験室と見なせるようになりました。レイモンドが試した新たな対応のひとつは、エリスが提唱した方法、つまり不快だと思う振る舞いに対して、「感じ良く応える」というものです（Ellis, 1977）。

レイモンド 先生がこの方法を提案したときは、先生の頭がおかしいんじゃないかと思いましたよ。上司は、どう反応すべきか考えあぐねているようです。私の振る舞いにまごついていますが、嫌な振る舞いはぐんと減りました。まるで、私の感じの良さと冷静さを見て、気力がなえているようです。私のほうは、以前のように怒りの衝動が湧いてくる日もありますが、幸い、長くは続きません。「反撃する」というのは、外へ出ろと彼に言って、殴り合いをすることだと思っていました（笑

い)。
筆者 あなたは穏やかに，暴力を振るわず，しかし決然と反撃していますよね。ぜひ聞きたいのは，その方法が効果を上げているかどうかです。
レイモンド ええ，上げています。ただ，最初に怒りという目隠しを払いのけなければ，この問題に役立ちそうな選択肢が見えませんでした。その選択肢は，思っていたよりも多かったですね。今でも彼のことは好きではありませんし，あまりにもひどい上司なので哀れに思うことさえありますが，今では定年までの数年間を，彼ではなく私の思い通りにしようと考えています。たとえ彼が私の上司であってもね。これはとてもうれしい変化ですよ。

部下の仕事への管理を緩め，自己管理に努める

　管理職になったばかりのフランシーンは，自分のチームの有能さを示して上司に好印象を与えたいと考えました。しかし，フランシーンが考えるチーム管理の方法とは，部下に任せた仕事を隅々まで細かくチェックすることだったため，部下から反感を買いました。部下にしてみれば，絶えず監視されなくても仕事を完遂できることを信用してもらえないうえに，自発性を抑えつけられたからです。フランシーンは，部下のやる気をそいでいることに気づきはじめ，こうした管理をやめたいと思いましたが，自分が後ろへ下がって部下に仕事を任せることに不安を感じました。しかし，その不安の核心を特定できなかったため，下向き矢印法 (Burns, 1999) を使ってみました。この方法は，考えがひとつ明らかになるたびに，「もし本当にそうだとしたら……どうなるんですか？」というような質問をして，その論理的含意をたどる方法です。このように尋ねられることで，クライエントは自分の考えを掘り下げていき，不安に関連した根元的な考えを特定できます。私がフランシーンにまず尋ねたのは，チームの仕事を細かくチェックするのをやめた場合，心のなか

で何が不安を引き起こすのかということです。不安の源として，外の世界ではなく内面に目を向けてほしかったのです。

「部下はミスを犯すかもしれません」
　　　↓　「部下がミスを犯したら，どうなるんですか？」
「そうしたら，私がそれを解決しなければなりません」
　　　↓　「あなたが解決しなければならないとしたら？」
「私の仕事量が増えてしまいます。本来の私の重要な仕事が遅れます」
　　　↓　「本来のあなたの仕事が遅れたら，どうなるんですか？」
「そうしたら，上司は私がうまくやっていけないこと，自分の部署を取り仕切れないことに気づいてしまうでしょう」
　　　↓　「上司がそう考えたとして，それはあなたにとってどういう意味をもつんですか？」
「それはつまり，私が無能で，管理がきちんとできず，昇進すべきではなかったということです」

　皮肉にも，部下を細かく管理していたせいでフランシーン自身の仕事はすでに遅れており，それを挽回するために夜遅くまで残業をしていました。管理を緩めようと緩めまいと結局は自分の無能さが露呈するのではないかと，フランシーンは危惧していました。追い詰められたように「感じ」ましたが，実際にはこれは感情ではなく考えだったので（考えと感情の違いについては第2章のpp.051-054を参照のこと），変更不可能な事実ではなく検証すべき仮説として取り扱うことができました。

　ただし，感情の問題は行動計画を妨げる場合があります。これは第5章の問題解決のスキルの項（pp.128-130）で説明した通りです。フランシーンの場合，それは自分の無能さが露呈することへの不安でした。不安の原因は，「私＝私の能力」というふうに，能力を自己価値に結びつけていたことです。

最初のステップは，自己を仕事の能力から切り離すことでした。私という自己は，たったひとつの全体的評価を下すには複雑すぎます。しかし，私の仕事に関する能力は，向上させるために評価することができます。「私という自己を評価することはできないが，細かい管理方法や自分自身の仕事の遅れについて評価するなら，今の私の能力は低いと言える」。フランシーンはこのように区別することの意義を理解しました。上司から無能と見なされる不安がストレス度を高め，そのせいで，この問題の解決法を動揺せずにはっきり考えることができなかったのです。自己から仕事の能力に焦点を切り替えたフランシーンは，細かい管理をやめることにし，この方針転換を実験と見なすことによって，結果の不確実性に耐えられるようになろうと決めました。具体的に取った行動は，次の通りです。

* 管理方法を変更するとチームに伝えました。部下はホッと胸をなで下ろしました。つねに至近距離で監視していたら，部下のスキルや強さを正しく評価できないからです。ただし，任せた仕事の進捗状況を把握するため，定期的にチェックをすることにしました。
* 部下が仕事をどのように遂行したかについての説明責任は，依然として自分にあるということをフランシーンは自分に言い聞かせました。仕事を任せて，後は関知しないというわけにはいきません。
* 部下が仕事でトラブルに陥っても，その仕事をなるべく自分が肩代わりしないよう我慢しました。第1章の「回復力と行動」の項（pp.026-028）で，行為傾向と，明らかな行為または完了した行為の違いを説明しました。前者は，ある特定の状況で示しそうな，または示さなそうな振る舞いであり，後者はその状況で実際にしたことです。フランシーンは行為傾向の強い「引力」によって，「私が代わりにやる」と言いたくなりましたが，自分を抑えて，相手の問題解決能力を引き出すような質問を投げかけました。自分の

長期的な目標は，部下一人ひとりとチーム全体の能力を向上させることだと肝に銘じていたからです。「私は部下がトラブルに陥ると，仕事をその人から取り上げたくなったので，この部分は本当に難しかったです。私の頭のなかには，部下がひどいミスをして，私が窮地に追い込まれるという恐ろしいイメージがあったんです。でも，どうにか我慢して，あくまでも仕事を部下に任せることができてよかったです」。チームの責任者として成長する方法は，細かい管理ではなくコーチングをすることだと，フランシーンは自分に言い聞かせつづけました。

* 仕事を任せることによって，自分が休暇中や病気になった際に誰が代理を務められるかが見えてきただけでなく，部下全員の能力も，もっと正確に評価できるようになりました。

　こうした行動を取ったことで，自分自身の重要な仕事に取り組み，そのほとんどを期限内に仕上げて，まともな時間に退社することができました。また，部下たちも不満を抱かなくなり，能力を以前より向上させました。フランシーンは過去を振り返り，追い詰められていたというのは事実ではなく，自分の心の状態にすぎなかったと言っています。これまでとは違った視点から問題を眺めたこと，つまり自分自身ではなく能力に注目し，新たな仕事の仕方を見つけるためにリスクを負ったことで，以前は同僚に言われても陳腐な決まり文句にしか聞こえなかった言葉が，重い意味をもつようになりました。それは，ぶつかる障害すべてが，学びと自己を育むチャンスになるという言葉です。最後にフランシーンは，「次に何かの問題で悩んだときは，できるだけこの教訓を忘れないようにします」と言いました。

完璧主義の危険性

　小学校の副校長であるルイーズは，あらゆる人を喜ばせようと骨を折っていたため，週末には疲れきって，学校が休暇に入るたびに体調を崩していました。「体の不調を溜め込んで，休みになるとばったり倒れるという感じです」。ルイーズは仕事に全精力を注ぎ込んでいると言いました。なぜ彼女はそこまでするのでしょうか？　自分は完璧主義者なのだと，本人は説明しています。お粗末な仕事ぶりによって批判されたり嫌われたり拒絶されたりしないよう，つねにきわめて高い基準を目指していたのです。「今，抱えている仕事がまだ終わらないうちから，次の仕事で失敗しやしないかと気をもみはじめます」。失敗しなければ人から好かれるだろうと考え，自分の言動が誰かを怒らせていないかどうかをいつも気にしていました。ルイーズは同僚の心のなかに「住んで」，心配することがよくありました。つまり，自分は相手の期待に応えているだろうかと気を回すのです。自分に対して期待を抱きつづけてもらえるように，校長を含め，他の教師の仕事まで引き受けたため，余裕がなくなって休憩時間をつぶしたり，昼休みを大幅に短縮したり，自分自身の仕事が遅れたりすることも少なくありませんでした。

　このような不安からくる努力の中核には，「『自分は能力不足だ』という考えが潜んでいました。ずっと前からそう考えていました」。この考えの「証拠」として，ルイーズは次のような事実を挙げました。まず，両親からとても期待されていたけれども，自分はそれに応えられなかったと思うこと。ただし，両親から実際にひどくなじられた記憶はありませんでした。次に，学校の成績があまり良くなかったこと。最優等の成績がほしかったのに，悪い成績しか取れなかったと言います。また，自分が副校長になれたのも，能力ではなく運のおかげだと言いました。こういった理由のために，ルイーズは自分を見かけ倒しだと思っていまし

た。自分が設定した非常に高い基準を達成できたときは,一時的に自己批判から逃れられましたが,翌日にはまたすべてが振り出しに戻るのでした。基準を達成できないと,自分が本当に見かけ倒しで,何とか本質を隠しおおせている(同僚にはまだ見破られていない)ことが心のなかで裏づけられました。こんな調子では,ルイーズが抑うつ状態で,やる気をなくし,疲れきっていたのも無理はありません。クナウスは完璧主義者の信条を次のように述べています。「私は,私がこうあるべきだと思える人間でなければならない。そうでなければ,私は無価値だ」(Knaus, 2002 : 52)。これは自分に対する硬直した極端な考え方です。「〜でなければならない」というのは,他の選択肢がないということですし,「私は無価値だ」というのは,自分をゴミ扱いしているということです。

　これだけ問題を多く抱え,とりわけそれが長く続いてきたことを考えると,ルイーズに必要なのは,回復につながる考え方を身につけて問題解決を図ることではなく,長期のセラピーを受けることなのではないかと思う人もいるでしょう。しかし,マッディとコシャバはこう指摘しています。

　　人生経験を心理的,社会的な成長のために活かせる限り,大人になっても回復力を身につけることはできる。「大人になってしまったら,何をしても変えようがない」などとは思わないでほしい。打たれ強さ［マッディとコシャバによる回復力の呼び方］の研究と実践では,若者でも中高年でも回復力を身につけられることが示されている。
　　　　　　　　　　　　　　　（Maddi and Khoshaba, 2005 : 43）

　ルイーズは,自分の問題点を私が理解していることに気づくと,変化をもたらす計画をすぐに立てたがりました。そこで私たちは,計画に活かせそうなルイーズの強さを探し出しました。努力家であること,困難にめげずに粘り強くがんばること,学ぶのが好きなこと,そして「ここ

に来て，嘆いたり愚痴ったりするだけだったら時間とお金の無駄遣いです。そんなのはごめんです」と言えることが，役に立ちそうでした。この最後の言葉には希望がもてました。アルバート・アインシュタインも，「どんな問題であれ，それを生み出したのと同じ意識でいては解決できない」と述べています（Auerbach, 2006：113）。言い換えると，セラピーでは，問題を持続させる古い考え方を長々と検討するのではなく，問題解決につながる新たな考え方の養成に大半の時間を割くべきなのです。

　変化をもたらすための主な戦略は，自己価値と切り離された新たな能力の基準を設けることでした。つまり，能力自体を評価するのであって，能力をもとに自分を評価するのではないのです。ルイーズの新たな基準は，高いけれども高すぎることはなく（低いか中程度にしか見えない基準をルイーズは断固拒否しました），今度はただ達成したいと望むだけにしました。そうすれば，達成しなければならないという精神的な束縛を解くことができます。「自分への思いやり」はひどく欠けている状態でしたが，ルイーズは徐々に，自分が誤りがちな（不完全な）人間で，基準を達成できなかったり人に嫌われたりしても，自己非難せずに理解と寛容さをもてばよいという考えを受け入れはじめました。また，仕事の重要度に応じて，必要な時間と労力を柔軟に考える練習も始めました。「以前はすべてが同じくらい重要で，同じくらいの完成度で仕上げなければならないと考えていました」。ルイーズの進化途上の新たな考え方を要約すると，「目標は高くもつが，柔軟性と自分への思いやりももつこと」になりました。

　ルイーズは呑み込みが早く，新たな考え方を試す実験にもやる気を見せました。ただ，どの実験も最悪の結果を予測して，恐る恐る取り組みました（強い不快感があっても，目標達成の努力をやめる必要はありません）。たとえば報告書を作成したときは，後で批判を受けないよう，以前はあらゆるミスをなくそうと強迫的に見直しをしていましたが，実験ではほどほどにチェックをした後，予定の期限内に提出しました。批

判はまったく受けませんでした。もし受けたとしても，ルイーズは自分自身ではなくミスのみに意識を向けるよう，自分に言い聞かせるつもりでした。また，ある会議の議長を務めたときは，話の長い同僚の発言を礼儀正しく遮って，議題から脱線しないよう指摘してみましたが，「世界が終わることはありませんでした」。同僚はただうなずいて，ルイーズの言う通りにしただけでした。おそらく最も気疲れした実験は，同僚や校長から仕事を押しつけられそうになったとき「ノー」と言うことと，自ら人の仕事を引き受けるのをやめることだったはずです。他の人の仕事をしてあげようとあげまいと，嫌われるときは嫌われますし，拒絶されるときは拒絶されます。ただルイーズは，これまでの人生で自分を嫌ったり拒絶したりした人を一人も思いつきませんでした。そもそもルイーズは，人に強烈な反感を抱かせるような人間ではなかったのです。

　仕事を強引に返しはじめても，一人の教師から棘のある言葉を1つ2つ言われたくらいで，激しい抗議は一切ありませんでした。自分の時間を徐々に取り戻した結果，休憩時間や昼休みがきちんと取れるようになり，家に持ち帰る仕事も格段に減ったため，娯楽をする機会が増えました。実験結果を話し合うとき，ルイーズはしきりに，「何も起きません。誰も私の新しい振る舞い方に意見を言ったり，怒りを示したりしないんです。これではむしろ拍子抜けですね。不可解です」と驚いていました。その「不可解さ」への答えとして，私は他の教師にもそれぞれ考えることがあり，ルイーズの振る舞い方ばかりを気にしていられないのだろうと伝えました。ルイーズは同僚の心のなかに住みすぎたかもしれませんが，同僚のほうはルイーズの心のなかに住みたがっていたわけではありません。あるいは，同僚は軋轢を起こしたくなかったのかもしれません。理由が何であれ，重要な点は「仕事を強引に返す」戦略が功を奏しているということでした。

　セラピーは3カ月にわたって8回，行なわれました。セラピー終結時のルイーズは，「以前より回復力のある心」を育めたと感じていましたが，

基準を達成できなかったり人に嫌われたりすることを，ときどき心配しすぎる傾向がまだ残っていました。セラピーで得た効果を維持し，強化したいなら，ルイーズが一生にわたって自分のセラピストまたはコーチになる必要があります。本書でもすでに何例か紹介しましたが，ルイーズも多くのクライエントと同じく，なぜもっと早く変化しようとしなかったのかと首をひねりました。それには単純ながらも深い理由があります。それは，こういった変化を遂げるための意識やノウハウを，以前はもっていなかった，ということです。

不快感を変化のプロセスの一部として受け入れる

　柔軟な働き方が可能になっている今の時代，週1日か2日ほど自宅で仕事をすることは良いことのように思えます。長時間の通勤によって始業前にぐったりしてしまうことはありませんし，通勤時間の節約もできます。また，集中してクリエイティブにものを考えられる快適な空間をつくれるので，気の散るものや，雑音や，オフィスに付きもののさまざまな邪魔から解放されます。しかし，理屈通りにいくとは限りません。やるべきことを先延ばしにして，予定の仕事に取りかからなかったり，最後まで仕上げなかったりするケースもあるのです。

　先延ばしとは，良識では今やるべきだと思う作業を，後に（多くの場合，無期限に）延期して，好ましくない結果をもたらすことだと言えます。なぜ延期するかというと，その作業に伴う不快感や不安や難しさを経験するより，今はもっとおもしろいことをしたいと思うからです。

　単なる先延ばしと計画的な延期は，区別しなければなりません。後者の延期には，たとえば重大な決定を下すために情報をもっと集めたいといった，正当な理由があるからです。ただし，決定を誤ることに不安を抱いている場合は，計画的な延期が単なる先延ばしに変わる恐れもあります。さらに，先延ばしをただの怠惰と見なすのも間違いです。なぜなら，

怠惰の根底には努力を嫌う気持ちがありますが，先延ばしの場合，今やらなければならない重要な作業を避けるために，他の用事で忙しくしているケースも多いからです。

　私は，先延ばしを克服したいクライエントを手助けするとき，先延ばしを持続させている現在の要因を見つけることと，それを解決する行動計画をつくることに早く取りかかるよう勧めます。先延ばしの原因と結果を長々と話し合っていては，かえってその癖をセラピーで引き延ばすことになりかねません。

　出版社を経営するロブは，若い社員たちを発奮させるのが好きでした。そうすることで，自分も元気でいられましたし，新しいアイディアも引き出せたからです。「職場に行くのは楽しいです。職場に行くと本当にわくわくするんです」。しかし，自分が取り組んでいる重要なプロジェクトに「もっと集中する」ため，週1回，午後は自宅で仕事をしたいと考えました。ところが，ひとりで自宅にいると，「孤独に押しつぶされて，エネルギーを奪われるように感じます。何も手につかなくて，仕事なんか少しもできませんでした」。できたことと言えば，頻繁にコーヒーをいれ，家のなかを歩き回り，やたらと煙草を吸い，しょっちゅう窓の外を眺め，インターネットを見て，着信を期待しながら携帯電話を見つめ，パソコンで何度もメールをチェックすることくらいでした。その午後の気の滅入りように，ロブは驚くと同時に不安になりました。妻が帰宅するまで，気分は晴れなかったのです。翌週以降も何度か自宅で仕事をしようとしましたが，毎回，失敗に終わりました。

　何が問題だったのでしょう？　ロブはぜひそれを知って解決したいと望んでいました。外向型のロブは，人と一緒にいることや，注目の的になることが明らかに好きでしたし，そういった交流から生じる温もりや笑いを歓迎していました。楽しさと興奮を求め，「忙しく動き回っていたい」「つねに周囲で何かが起きていてほしい」と望んでいました。いつもの刺激のもとから引き離されてひとりでいると，ロブは仕事に取り

かかる内的な動機づけがまったくなくなり，着手するのがただただ嫌になっていました。それで先延ばしが起きたのです。ロブをさらに不安にさせたのは，ある事実に思い当たったことでした。自分は職場でも自室にじっとしておらず，しょっちゅう建物内をうろついて様子を見て回っていたうえに，集中しようとしても，心のなかでは邪魔が入って再び「動き回れる」ようになることを，ときには期待していたのです。そのせいで目の前の仕事から注意がそれがちでした。

　私はロブに，次のように指摘しました。多くの特長をもっていればいるほど，多様な状況に適応できるものです。その状況の必要性に応じて，違った特長を前面に出せるからです。そして，特長を増やせるかどうかは，新しい特長を育む意欲の強さにかかっています。たとえば私は，研修の講師をするときは外向型ですが，この本を執筆するときはひとりになろうとします。いつでも人と一緒にいたいと思うと本は書けませんし，人前でもじもじしてばかりいれば講師は務まらないでしょう。状況に応じて社交的になったり，ひとりになりたがったりすることは，シーバートの言う「バランスの取れた特長」です。「〔バランスの取れた〕特長の対〔たとえば，寡黙と多弁，大胆と慎重，親しみやすさと孤高さ，反抗性と素直さ〕があればあるほど，回復力に不可欠な精神的，感情的な柔軟性は豊かになってくる」(Siebert, 2005 : 130)。つねに片方だけの特長を示す必要はない，と私は締めくくりました。

　ロブは私の短い講義に熱心に聞き入り，その意味を理解して，必要なときは自分の考えに集中しようとする（内向型になろうとする）ことに「ぜひ挑戦したい」と言いました。もうひとつ，ロブにとって重要なことは，内向型の人のほうが外向型の人よりも仕事熱心だということです(Persaud, 2005)。したがって，「内向型の側面」を育めば，静かな自宅で重要な仕事に着手し，完了できる公算は十分ありました。

　この変化のプロセスの第一歩として，ロブは毎日，少しずつ不快感を経験することに同意しました。一定の時間だけ妻に外出してもらい，自

宅でひとりで過ごして、そばに人がいないことから生じる身体的、心理的な動揺をわざと経験するのです。この時間は読書をしても、絵を描いても、音楽を聴いても、ただ座って考えごとをしていてもかまいません。そして、どれだけの時間で不快感が高レベルから低レベルに下がるかを観察しました。やがて、ひとりでいることに慣れ、孤独の不快さに耐えられるようになると、不快感は短時間で下がるようになったばかりか、以前ほど高いレベルに上がらなくなりました。「びっくりしましたよ。実際にやってみたら、予想ほど悪いものではありませんでした」。

ロブは私と話し合ったことを思い出しながら、自分は今、目標を達成するための生産的な不快感に浸っているのであって、先延ばしに伴う非生産的な不快感——仕事に着手せず、時間を無駄にしているという嫌な気分——を味わっているのではないと自分に言い聞かせました。そして2、3週間の「ウォーミングアップ」を経て、ついに仕事に取りかかりました。まだ不快感は少し残っていましたが、それでも途中で投げ出すことはありませんでした。週1回、午後をその仕事にあてた結果、1ヵ月で終えることができ、ロブは目標を達成したことに大きな喜びを感じました。

ロブは何を学んだのでしょうか？ 耐えられないように思えたことが、やがては耐えられるようになり、そのうち楽しめるようになったと本人は語っています。ひとりでいることの良さがわかりはじめ、「ひとりでいても、リラックスして、笑うことができます。孤独は解放感を与えてもくれるのですね。必ずしも重苦しいわけではありません」と言うようになりました。状況に応じて、外向型の面と内向型の面を柔軟に使い分けられることも便利でした。職場では、相変わらず社員に話しかけながら建物内を歩き回りましたが、仕事のために自室にこもらなければならないときは本当にこもり、緊急時以外、邪魔をしないよう社員に申し渡しました。彼のように、あなたが回復力を育みたいなら、不快感を避けてはいけません。

欲求不満に耐える力が強い人は，感じるストレスがより少ないうえに，より多くのことを成し遂げて，より強い自信を覚えるだろう。不満の原因を直視して，それに耐える力を培い，こういった感情に関連する問題の解決に動くことこそ，望む方向に人生を進めるための一番の方法である。　　　　　　　　　　　　　　　（Knaus, 2002 : 46）

やる気が出なくても，つまらない仕事はこなせる

　「追い詰められないと，やる気が出ない」というのもやはり，不快感に耐えられないための先延ばしです。これはいわば「ぎりぎりまでの先延ばし」で，土壇場にならなければエンジンがかからないということです。退屈さに対する忍耐度が低く，つまらない仕事は早めに始めることができません。こういう人は，ぎりぎりを見込んでおいて何とか期限に間に合わせるという，無茶な行為の緊張感と興奮に魅せられています。また，こうすることで英雄視され，非凡な人間になれるとも思っています。平凡な仕事を予定通りにこなそうとする周囲の人より，一段上だというのです。しかし，サパディンとマガイヤーは次のように指摘しています。

　　［ものごとを先延ばしにして危機を生み出す］人たちは，土壇場の危機を**切り抜ける**責任だけでなく，そうした危機を**生み出した**責任も負っている。そう考えると，自ら招いた混乱からの脱出を，どれだけ心から自慢できるだろう？　どれだけ真の満足感を覚えられるだろう？　　　　　　　　　　　　　（Sapadin and Maguire, 1996）

　その人の行動を称賛したり，うらやましがったりする友人や同僚もいるかもしれません。「どうしてあんなことができるんだろう？　あいつ

はいつもピンチを切り抜ける。あんなに遅くまで放置しておいてから取りかかるなんて、俺だったら気が気じゃないよ」。しかもその人がした仕事は、自ら生み出した緊迫感——同僚や家族もこの雰囲気を押しつけられているかもしれません——にもかかわらず、質が高い場合が多いのです（質が低かったときは見て見ぬ振りをしているのですが）。もしその仕事の質が批判されても、「いや、それは期限ぎりぎりにやったんですよ。時間に余裕があれば、もっとうまくできたでしょう」という都合の良い言い訳ができますし、そう言い訳すれば、自己批判をしたとしても精神的ダメージはそれほど受けません。仕事を終えた後は、猛スピードで働いた疲労感に襲われるでしょう。ぎりぎりになってようやく仕事をする人は、それが実は先延ばしだと言われて驚くかもしれません。「きちんと仕事をしているのに、なぜ？　先延ばしにする人は仕事に取りかからないけど、俺はちゃんと取りかかっているじゃないか」。

　ジムは、自分が最低限の時間で期限までに仕事を仕上げられることを説明する際、「辛うじて間に合う」とか「滑り込みセーフ」などといった表現を好んで使いました。しかし、そんな仕事の仕方のおかげで、同僚が自分の仕事まで片づかないという不満をもっていることは、都合良く忘れていました。自宅で仕事をするときは、日中は何もしないか遊んでばかりいて、夜遅くなってからようやく取りかかり、たびたび徹夜をして、ときに家族の安眠を妨げることもありました。翌日は、疲れながらも「またやったぞ」という勝ち誇った気持ちで出勤しますが、必ずしもこれで良いわけではないとジムは気づいていました。

　ジム　仕事がもうすぐ終わるときの高揚感は好きなんですが、私のやり方には、激しい緊張と疲れが付きものなんです。ジェットコースターのような働き方なんですよ。
　筆者　あなたはお子さんに、そういうふうに仕事をしろと教えますか？
　ジム　いいえ。子どもたちには何にでもコツコツ丁寧に取り組んでもら

いたいです。宿題は早めに始めさせたいですね。寝る直前とか，学校に行く直前まで放っておくなんて，もってのほかです。

筆者 では，あなたが早めに仕事に取りかかれない原因は何ですか？

ジム 試してみたことはあるんですが，つまらなくてたまらなくなるんですよ。気分が乗らないんです。つまり，やる気が出てこないんです。やる気がなかったら，どうやって取り組めというんですか？

筆者 やる気が出なくても，作業に取りかかって続けるには支障がないという可能性を考えたことはありませんか？ やる気は後から出てくるかもしれないけれど，それは始めてみなければわからないということです。

ジム しばらくやっていても，やる気が出てこなかったらどうするんですか？

筆者 お子さんがつまらない宿題を出されていて，やりたくないと文句を言っていたら，あなたはどう言いますか？

ジム ［ばつが悪そうに］とにかくやらなければなりませんね。何がおっしゃりたいか，わかりましたよ。

筆者 ［額を軽く叩きながら］退屈さを我慢できない，つまり，やる気のない状態で早く取りかかることができないのは，あなたのどんな考え方のせいなのか，わかりますか？

ジム 言いましたよね，私はつまらなくなってしまうんだと。

筆者 つまらなくても，仕事を続けることはできますよ。

ジム ［考え込む］やりたくもないことを，なぜやらなければならないんだ？ やりたくないからやらないぞ！ 俺はもっとおもしろいことをやりたいんだよ（笑い）。これじゃ駄々っ子ですね。わかりました。心の底ではこの状態をどうにかしたいと思っているんです。だから先生に会いにきたんじゃありませんか。

筆者 その調子です。つまらないことを嫌がる気持ちだけでなく，ジェットコースターのような働き方も，仕事の進め方の選択肢を大いに狭め

ているんですよ。

ジム　どういうことですか？

筆者　たとえば，特に重要な仕事にはもっと早く取りかかるようにすれば，コツコツ丁寧に取り組めるんですよ。あなたはお子さんに，何にでもそんなふうに取り組んでもらいたいと言いましたよね。早めに取りかかれば，もっと時間をかけて見直しをして，質を高めたり，間違いを見つけたりできます。今は見直しをしたくても，時間はほとんどかけられないでしょう。それから，つまらなかったり不愉快だったりしても作業ができるように，欲求不満に耐える力を高めるチャンスを自分に与えていませんね。代わりに，つまらなさから逃げてしまっています。お尻に火がつかないと仕事ができないと考えているようですが，そんな考えをもっていると，早めに取りかかり，早めに終わらせて，慌てずにのんびりと期限を迎えるという選択肢がなくなってしまいます。あなたが選択肢を狭めているというのは，そういう意味なんです。

ジム　なるほど，わかりました。でも，早めに取りかかるなんて気が進みません。

筆者　気が進まなくてもいいんです。長い目で見ると，そうすることがあなたのためでしょう？

ジム　たしかに。乗りかかった船ですね。じゃあ，やってみましょう。

のんびりと期限を迎えるといえば，代表的な認知行動療法家である，故アルバート・エリスの話を思い出します。エリスは大学在学中，レポートの課題を出されるとすぐに取りかかったと言います。そうすれば，レポートを書くのに必要な本が図書館で手に入ると気づいたからです。書き終えてしまえば，その学期が終わるまで比較的気楽でいられました。他の大半の学生はすぐ取りかかるよりも遊びにかまけていたため，期限が迫るまで手を着けず，始める頃には本の激しい争奪戦に巻き込まれました。戦いに敗れた学生は歯ぎしりし，レポートの評価が低くなるので

はないかと不安に駆られました。

　ジムは自分に鞭打って，これまでよりはるかに早くつまらない仕事に着手し，コツコツ取り組みました。これはジムにとってきわめて不自然な状態で，「こんなの私じゃありません」と不満げに訴えました。このように，自分らしさを失ったように感じると，変化のプロセスがうまく進まなくなったり，中断したりする恐れがあります。問題を解決できる生産的な考え方を身につけようとしているとき，慣れ親しんだ自滅的な考えや感情や行動と手を切ると，「違和感」や「不自然さ」を覚えることがあります。新たなやり方と古いやり方の衝突が違和感を生むのです。こうなると，人は「自然な状態」に戻ろうとして，変化の努力をあきらめてしまう場合があります（Neenan and Dryden, 2002b）。それでも何とか耐えつづければ，現われはじめた変化のほうに馴染みを覚え，古い行動にかすかな違和感を覚えるようになるでしょう。その結果，以前ほどは古い行動に支配されなくなります。

　ジムは，つまらない仕事を「時間に追われない」不慣れなやり方でしていたために，自分がつまらない人間になってきていると思いました。しかし，それは本当につまらないことなのでしょうか？　どれだけ本人が強く信じていようとも，つまらない仕事をしたからといって，つまらない人間になるわけではありません。第5章の自己受容の項(pp.115-118)に記したように，人は多面的なもので，ある側面がいかに大きく見えても，一面だけでその人の複雑さをとらえることは決してできません。ジムは，自分を「つまらない」と一面的にとらえるのはやめるように努め，違和感に耐えつづけると宣言しました。

　つまらない仕事にも創造性を吹き込むことはできます。気分を明るくするため，遊び心を加えるのです。ジムはこの案に興味をもちました。ジムの場合，仮装パーティーに行くのが好きだったため，自宅で仕事に取り組むときは，エイブラハム・リンカーンやコメディアンのグルーチョ・マルクスといった有名人に変装することにしました。そのおかげ

で、やる気が刺激されました。やがて、自分で自分にエンジンをかけられるようになると、徐々に変装はしなくなりましたが、仕事が「あまりにも退屈に」思えたときのために、この遊び心を完全には捨てないでおきました。また、瞑想も習いはじめました。自ら生み出した緊張感を弱めるため、リラックスの方法を学ぶ必要があったからです。

しかし、つい興奮を求めてしまうという問題は未解決でした。仕事で興奮を求めると、最終的には自分が困ることになります。そこで、「無茶な行為」に付きものだった危機をもたらすことなく興奮できる、パラグライダーやスキーといったスポーツをすることにしました（Sapadin and Maguire, 1996）。ジムの仕事の質は全体的に上がり、自宅は落ち着いた雰囲気に包まれ、職場でのジムは以前より協調性を示すようになりました。

仕事の成果を高めるために生き方のルールを書き換える

ソーニャは、製品やサービスの宣伝方法を企業に助言する、小さなマーケティング会社を経営していました。企業にプレゼンテーションを行なっても契約が取れなかったとき、ソーニャは、「取れる契約もあれば、取れない契約もある。次に進むのみよ。失敗を経験すること自体は失敗じゃないわ。一流の企業だって失敗の経験はあるもの」と考え、忘れようとしました。しかし、この呪文は役に立ちませんでした。その根底にある価値観を信じていなかったからです。件数としては、取れない契約より取れる契約のほうが多かったものの、取れなかった契約のことを頭から振り払うことができませんでした。なぜなら、「相手は*私*を必要としなかったからです！」とソーニャは力説しました。この本に何度も登場しますが、これもまた仕事の能力と自己価値を結びつけている例です。ソーニャはそれを自覚していましたが、やめる方法がわかりませんでした。プレゼンテーションをするたびに自己価値が危険にさらされるわけ

で，本人によれば，まるでずらりと並んだ審査員と向き合って，全員から合格点をもらわねばならない感じだと言います。ソーニャの心のなかでは，「承認されるか拒絶されるか」によって，職場や自宅へ機嫌よく帰れるかどうかが決まりました。機嫌が悪い場合は，寝るまで夫に結果が不当だと訴えつづけ，熟睡もできませんでした。

　企業に営業の電話をかける場面を想像すると，背筋が寒くなりました。相手が興味をもたなければ，それは「危険な」問題，つまり感情を刺激する問題になるからです。「それに，いずれにしろ営業電話をかけるのは従業員のサンドラの仕事ですから。私にはもっと重要な仕事があるんです」。また，ある契約を逃した後で「打ちのめされた」気分について語ったとき，ソーニャは自分がいかにプレゼンテーションに力を注いだかを強調し，まるでひたすらがんばれば契約を取る資格があるとでも言わんばかりでした。「一所懸命努力したら，報われるべきでしょう？」。ソーニャは自分がさまざまな問題で全か無かの考え方をし，それが激しい気分の変動を引き起こしていることを認め，もっとバランスの取れた考え方と，偏りのない視点をもちたいと思いました。「それが安定を得る方法でしょう。でも，どうすればそんな視点をもてるんですか？」。

　ソーニャは，子ども時代はつらかったと語りました。自分と姉のどちらが母親の眼鏡にかなうか，母親はいつも二人を張り合わせていたと言います。また，最初の結婚を「地獄だった」と言いました。「夫に何をしてあげても，不満をもたれました」。30代前半になるまで苦労が尽きませんでしたが，再婚して初めて幸せをつかめたそうです。そのおかげで自信がつき，数社のマーケティング会社に勤めた後，自分の会社を立ち上げられたのです。会社を立ち上げたという事実は，自分には意欲と決断力があるという証拠になりました。ソーニャの目標は2つありました。ひとつは仕事の目標で，大企業との契約を取り，会社を大きくすること。もうひとつは，セラピーで「この，自分を哀れむ感傷的な癖を直すことです。先日，『ドラゴンの巣』〔BBCテレビの番組〕を見ていたら，

ある女性が事業のアイディアをドラゴンたち〔大物起業家〕に却下されて、泣き出してしまいました。そのとき、もし私が同じ立場だったらやはり泣いたかもしれないと思いました。ただ、女性に同情はしませんでしたね。夫に、『この人、落ち着くべきよ。自分自身が却下されたと思わなきゃいいのよ』と言ったんです」。私たちはソーニャがもっと心理的に強くなれるように、「自分を哀れむ感傷的な癖」に関連する事柄をいくつか検討しました。

1 ─ 契約が取れるかどうかを自己価値の条件にする

ソーニャは契約の獲得を、これまでずっと求めてきた「自分への承認」と結びつけていました。つまり、2つの契約を得ようとしていたのです。ひとつは会社を大きくするための目に見える契約で、もうひとつは、承認を得て自己価値を確認するための目に見えない契約です。私は、自分自身には決して評価を下さず、仕事の能力だけを評価することの重要性を説明しました。たとえば、恋人との関係が破綻しても、だからといってダメな人間というわけではありません。また、自分の衝動性を嫌い、それを抑えようと努めている場合、衝動性だけを理由に自分自身を非難してはなりません。ソーニャは、他の多くのクライエントと同じく、この説明をわかりにくいと感じ、視覚的に理解したいと望みました。そこで、私はピーナッツの入った袋を取り出しました（この方法は、Wessler and Wessler（1980）を改変したものです）。

筆者 この袋には、すばらしい味のピーナッツと、ひどい味のピーナッツと、まあまあの味のピーナッツが入っています。では、中身から判断して、この袋はすばらしいですか、ひどいですか、まあまあですか？

ソーニャ それはただの袋ですから判断できません。

筆者 そうですね。では、中のピーナッツの味がどれもひどいとしましょう。そうしたら、この袋はひどいということになりますか？

ソーニャ　やっぱり，それはただの袋です。

筆者　ピーナッツの味がどれもすばらしかったら，袋もすばらしくなりますか？

ソーニャ　ただの袋です。まるでオウム返しみたいですね。

筆者　では，もし私がピーナッツを取り出して，代わりにダイヤモンドと小石とチョコレートを入れたら，どうでしょう？

ソーニャ　最高ですね。その袋，ください！

筆者　「最高」というのは袋のことですか，中身のことですか？

ソーニャ　中身です。それもダイヤモンドだけ。でも，聞かれる前に言っておきますが，それは最高の袋ではなくて，ただの袋ですよ。

　肝心なのは，袋（自己）ではなく，中身（自己の各側面）に注目することです。言い換えれば，自己に評価を下すのはやめ，自己のある側面だけを評価すべきなのです。それに，ピーナッツがダイヤモンドや小石やチョコレートと入れ替えられるように，時とともに変わる側面もあります。したがって，「ダメ人間」といったひとつの包括的なラベルが，複雑で変わりやすい一人の人間をずっと定義しつづけられると考えるのは無意味です。ソーニャはこう考えることの意義を理解して，出来事を評価するときに自己全体と自己の側面の区別を思い出せるよう，職場のデスクにピーナッツの袋を置いておくことにしました。ソーニャの言葉を借りるなら，「今，問題になっているのは**私自身**ではない」ということです。自己価値が無条件であることを自分の考え方に取り込むのは非常に難しいかもしれませんが，努力する価値はあります。取り込めば，問題が起きても自己非難へと脱線しにくくなり，問題の解決に努めることや，変えられないものを受け入れることにエネルギーを集中できます。

2－「資格がある」という意識

　ソーニャは，プレゼンテーションの準備と実演に力を注いだのだから，

契約が取れて然るべきだと思っていましたが、大変な人生を送ってきた代価としても契約を取る資格があると考えていました。しかし、プレゼンテーションを見た企業の幹部はそう考えるでしょうか？「もちろん、違います。これはバカげた言い分だとわかっています」。相手が興味をもつのは、ソーニャが自社のために何をしてくれるのかという点だけで、ソーニャの苦労話を聞くことに時間を割きたくはないでしょう。ソーニャは、自分が嫌いなはずの悲劇のヒロインを演じていることに気づきました。それが「バカげた言い分」であることを頭だけでなく心でも納得するためには、戦略的に考える必要がありました。「今すぐとは言わないまでも、これから3カ月後か6カ月後に、自分はどんな態度で仕事をしたいのか？」。悲劇のヒロインのように振る舞い、過去に抗議することに没頭しつづけるのとは対照的に、「先を見越して動く戦略的な人間から見ると、世界は公平でも不公平でもない——世界はただ**こういうものなのである**」（Leahy, 2001：163）。ソーニャにとって戦略的な考え方とは、契約交渉やプレゼンテーションからよけいな意味（悲劇のヒロインのような考え方）をそぎ落とし、自社が選ばれるような最高の売り込みをするためには何をすればよいかだけを考え、選ばれなかったときは絶望せずに結果を受け入れるということでした。

| 3− 激しい気分の変動

気分が変動するのは、条件付きの自己受容と関係していました。こういう結果になるべきだとか、なるべきではないなどという決めつけが、気分の起伏を左右する場合があるのです（Fennell, 1999）。この決めつけは、「もし〜なら…だ」という形でよく語られます。ソーニャの場合、それは「もし契約を取れたなら、私は価値のある人間だということだ」（気分は高揚しますが、次の挫折までの一時的なものです）と、「もし契約が取れなかったなら、私は無価値だということだ」（気分は落ち込み、自分に対する否定的な考えが裏づけられます）というものでした。

これらの決めつけは,「自分はいつもこうだ」という極端な表現で語られました。しかし,1と2に記した方法でバランスの取れた考え方——ソーニャが求めていた偏りのない視点——を育むことで,気分の安定がずっと長続きするようになりました。

4 － 失敗から学ぶ

ソーニャは,失敗から教訓が得られるということを心から信じたがっていました。しかし,「失敗したらダメ人間だ」とばかりに失敗を人間と一体視するのをやめるまで,教訓は見えてきませんでした。コトラーは,失敗には次のようなメリットがあると言います（Kottler, 2001）。

(a) 自分が今していることと,それをもっと上手にする方法をじっくり考えられるようになる。
(b) 新たな問題解決法を見つけることによって,変化がもたらされる。
(c) 何が悪かったかについてのヒントが得られる。
(d) 現在の方法以外を考えるために,柔軟性が引き出される。
(e) 期待と異なる結果に対処するための,欲求不満に耐える力が高まる。
(f) 自分の知識と能力の限界について謙虚になり,傲慢なうぬぼれが吹き飛ぶ。

ソーニャは自分の会社をステップアップさせたい,つまり大企業との契約を取りたいと思っていましたが,やがて大企業にプレゼンテーションをする初めての機会がめぐってきました。結局,契約は取れませんでしたが,プレゼンテーション自体の評価は上々でした。大企業との仕事の経験がないことが決定的な敗因だったのです。この出来事に,ソーニャは落胆すると同時に喜びもしました。「もちろん,契約は取りたかったですが,失敗しては悲劇のヒロインを気取るという,いつものバカげた癖には陥りませんでした。今回のことは,本当にあくまでも仕事上の

出来事と考えられたんです。自分の反応にとても満足しています。夫は，私が以前と違って寝るまで愚痴を言いつづけないので，とても驚いていました。私はこれからもステップアップの努力を続けるつもりです」。

大げさな言葉遣いによって状況をさらに悪化させない

　緊張して言葉が出なくなったり，支離滅裂なことをべらべらしゃべったり，的外れな質問をしたり，体がすくんだり，面接室から駆け出してしまったり，震えが止まらなくなったりするなど，さまざまな「恐怖」を経験したら——要するに，大失態を演じたら——面接というものは，睡眠不足や胃痛や神経衰弱をもたらす大事件になるかもしれません。なぜ「恐怖」にカギカッコを付けたかというと，この言葉は目の前の状況を客観的に示した表現ではなく，自ら作り出したイメージだからです。面接で支離滅裂なことをしゃべるという「恐怖」と，わが子が拷問を受ける姿を目撃するという本物の恐怖を，同格に語ることができるでしょうか？

　マイラは面接で体がすくんでしまうことに不安を抱いていて，そのことを話すとき，この世の終わりのような言葉遣いをしました。「ああ神様……もう最悪です……これ以上ひどいことはありません……耐えられません」。マイラは，体をすくませるのは面接そのものであって，自分の対応のせいだとは思っていませんでした。過去に体がすくんだ経験が何度かありましたが，面接官に「大丈夫ですか？」と尋ねられると，たいていは直りました。強い不安を和らげ，体をすくませないようにする対策も取っていて，リラクセーション訓練を行なったり，呼吸を整えるための腹式呼吸を学んだり，模擬面接で面接のテクニックを練習したりしていました。テクニックとは，背筋を伸ばして座るとか，面接官と目を合わせるとか，質問にあいまいな答えを返さないとか，わからないことがあれば聞き返すといった作法です。しかし，破局的な考え方とイ

メージに疑問をもち，それを変えることには取り組んでいませんでした。そんな考え方をしていたからこそ，不愉快ながらも危険ではない経験が，悪夢であるかのように思えていたのです。

「面接が体をすくませる」というマイラの考えは，第2章で説明したA→C思考です。つまり，その反応を起こさせるのは状況そのものだという考え方です。私はこれを，B→C思考と対比させました。状況への反応は，主に自分の考え方によって決まるというものです。私はマイラをB→C思考に導くため，本人の同意を得て，「大げさマイラ」というあだ名を提案しました。「面接でこんな気分を味わうことには耐えられません」といった言葉遣いのせいで，本来は不愉快なだけの経験に自分で不安を付け加えてしまっていることを理解させるとともに，大げさな言葉の使用をやめさせようとしたのです。マイラは，渋滞にはまったときや，店で長い列に並ばなければならないときなどにも，こういった言葉を使いがちでした。言い換えるなら，ものごとを正しく判断する感覚が必要だったのです。

私はマイラに，数週間にわたって1日2回，イメージ訓練を行なうよう勧めました。面接中に体がすくみはじめる場面を想像してから——想像するだけでマイラは非常に緊張しました——自分を落ち着かせるように，穏やかに自分に話しかけるのです。面接官に対しても，気持ちを落ち着けるために少し時間をくださいと言います。こうすることで，その状況から「恐怖」が取り除かれ，すくんでいた体が元に戻って，面接を続けられるようになります。体のすくむ場面のないイメージ訓練を行なっても，取り組むべき不安を避けることにしかなりません。マイラは最初のうちこそ怖がっていましたが，この状況に再三さらされた結果，面接中に自分をうまくコントロールできるとわかりました。クライエントのなかには，定期的な練習により，自ら作り出した「恐怖」に飽き飽きしてそれと決別できる人もいます。マイラは次に面接を受けたとき，「緊張と不安を感じ」ながらも，それなりにうまく切り抜けること

ができました。「ときどき、体がすくみはじめるのを感じましたが、イメージ訓練のおかげで、もうおしまいだと思い詰めないですみました」。仕事のほうは不採用でしたが、「とにかく、私は結果に満足しました」。

職場における回復力

　職場でぶつかる問題が何であれ、大切なのは、それに打ちのめされたりストレスで参ったりしない精神的安定を得ることです。私が国民健康促進サービス（NHS）で働いていたときは、つねに組織に何らかの変更がありました。しかし、私は局内に流れる噂やゴシップにいちいち振り回されないほうが賢明だと思い、変更が正式に発表されるのを待ってから、その変更を日々の仕事にどう取り入れるかを決めました。噂についてあれこれ考えても、有益な情報や明確な情報を自分の仕事に活かせるわけではなかったからです。

　注意を外にばかり向けていると、ストレスの原因を他の人や出来事に求め、自分にも一因があることを忘れてしまいがちです。しかし、内面を見つめれば、変化する状況に適応できないのがどのような態度のせいなのか、わかってきます。自分を取り巻く環境は嫌でも変化するでしょうし、仕事で問題に遭遇することは避けられません。それでも、そういった出来事への対応法は自分で選べるのです。次の章では、回復につながる考え方を人間関係にどう活かせるかを検討します。

| 第7章
人間関係における回復力

はじめに

　人間関係は，大きな満足感を与えてくれる可能性を秘めている。孤独から守ってくれるし，心身の健康も増進させる。両親の揃った家庭は，子どもを最も養育しやすい環境でもある。

(Crowe, 2005 : 3)

　言うまでもありませんが，人間関係は苦労の種にもなります。だからこそ，相手を見つけ，関係を築き，持続させ，修復し，終止符を打つのには回復力が必要なのです。かつては互いに夢中だったのに，今では顔も見たくないのはなぜなのかと，戸惑いや怒りや悲しみを覚えるカップルもいます。私のところに来たあるカップルは，同居こそしていましたが，初回のセラピーに別々の車で来て，一緒に入室したくないから時間を1分ずらすと言い張り（入室の方法は携帯電話で話し合っていました），できる限り離れて座ったうえに，セラピーが始まるなり侮辱の言葉をぶつけあいました。私が二人に，意見を言うときは相手への侮辱も脅しも禁止であるというカップルカウンセリングの基本原則を伝えると，一人が「こんなことをしたって，どうせ無駄なんだ！」と断言して出ていってしまいました。もう一人のほうは「先生にも私の苦労がおわかりになったでしょう？」と言い，やはり出ていきました。こうしてセラピーは15分も経たないうちに終わってしまいました。二人の関係はとうの

昔に修復不可能になっていて、二人が私に何を期待したのか、見当もつきません。もしかしたら、二人を別れの瀬戸際から救う「効果抜群」のテクニックを教えてもらえると思ったのかもしれません。しかし、二人は同じ屋根の下に住んではいても、いろいろな意味で、もうかなり以前から別れていました。

人間関係の問題は、私の仕事のかなりの割合を占めています。カップルの問題について言うなら、不満を抱えた多くの人が、ひとりで私のもとを訪れます。もう一方は何らかの理由で来たがらないのです。私はできれば二人同時にカウンセリングをしたいのですが、どちらか一方だけの場合、その人の利益や願望をいくつか叶えて、その人に都合の良いように関係改善を図ることが中心となります。このように一方だけがセラピーに来た場合、次のような結果──ひとつとは限りません──に至ることになります。その人の望む変化が実現すること。パートナーがセラピーに来て言い分を述べる気になり、結果としてカップルカウンセリングを開始できること（ただし、もう一方を応援してきた私が、今後は中立の立場を取れると信じてもらえた場合）。あらゆる問題で譲歩を拒むパートナーを見て関係改善をあきらめ、以前と同様、怒りながらも耐え忍ぶようになること。パートナーとの関係以外に、満足できるものを探すこと。パートナーが妥協しようとしないため、別れを決意すること。

友人関係もまた、仲違いや和解や破綻という、恋愛関係と同じ道をたどることがあります。ただ、友人同士が関係の問題を解決するためにセラピーに来るケースは、私はまだ経験したことがありません。人間関係というと、親、子ども、親戚、同僚、隣人など、さまざまな相手が含まれますが、この章ではカップルと友人だけを取り上げます。

人から拒絶されたからといって、自分で自分を拒絶しない

恋人を探すときに大事なのは、振られることを予想して図太い神経を

もち，全体的にあまり深刻にならず，友人に聞かせる笑い話をいくつか見つけ，「自分にまだ魅力があるかどうか，審判が下される」などと考えて神経をすり減らさず，好奇心をもって臨むことです。

　エマという女性は50代前半で，2度の結婚経験があり，3番目の夫を探しているところでした。インターネットで出会いを探したエマは，パブやレストランやバーで男性と会う約束をしました。しかし，男性は途中でトイレに行ってくると言ったきり戻ってこないか，中座こそしなくても，後で電話すると言いながら結局はかけてこないかのどちらかでした。決定的な屈辱は，バーで会う約束をした男性が，店に入ってくるなりエマを上から下まで眺め，にっこり微笑んだ後，出ていったケースでした。「私が自己紹介もしないうちに出て行っちゃったんですよ。最悪です」。私と会ったとき，エマは自分のどこが悪いかを知るための手助けを求めていました。真っ暗な心を解明し，自分に関する恐ろしい事実を見つけてほしいというのです。私はそんなことはしませんでした。

筆者　なぜあなたに悪いところがなければならないんですか？
エマ　だって，男性が二度と連絡をくれないし，最後の人なんか……
筆者　あなたを気に入らなかったのなら，連絡をよこさなくてもいいんじゃありませんか？
エマ　でも，それは私に魅力がないか，容姿が衰えたか，もっとひどい事情があるということでしょう？　私はまた連絡をもらいたいんです。
筆者　これまでに会った男性にとっては，あなたは魅力がないのかもしれませんが，だからといって**あなた**が魅力のない女性だというわけではありませんよ。連絡が来たらあなたに魅力があって，来なかったら魅力がないなんて，あなたの容姿はそんなに素早く変わるんですか？
エマ　自分がバカなことを言っているのはわかっています。でも，じゃあ，なぜ男性は連絡をくれないんでしょう？
筆者　さあ，わかりません。一人ひとりにアンケートでも送ってみます

か？　もし答えが返ってきたら，あなたはそれをどうしますか？

エマ　たぶん読まないでしょう。真実を聞きたくありませんから。

筆者　でも，それってどんな真実のことなんです？　これまでに6人の男性に気に入られなかったからって，あなたは自分について早々とひどい結論を下していますよね。あなたは6人全員を気に入ったんですか？

エマ　いいえ。良さそうに見えたのは1人だけです。

筆者　ということは，あなたが気に入らなかった5人も，あなたに魅力があることを証明するために，興味を示さなければならないわけですね？

エマ　そうなりますね。私，この件では情けないほど弱いですね。

筆者　これからもネットで出会いを求めつづけるとしたら，どうすればもっと打たれ強くなれるでしょうね？

エマ　何人かの友人が私と同じことをしていますが，どの友人も，そういう出会いを笑いの種くらいに思っています。すべてを気楽に考えているんです。

筆者　たぶんお友達は，あなたのように自分に欠点があると思い込んで，無駄に自分をいじめたりしないでしょうね。

エマ　その通りです。一人の男性に興味をもたれなかったら，次の人に行くだけです。

筆者　あなたもお友達を見習って，夫探しという作業をもう少し軽いものにしてはいかがですか？　深刻にとらえたり欠点探しをしたりして，重くするのではなく。

エマ　理想の人はそのうち見つかると自分に言い聞かせます。

筆者　理想の人を見つける前に，振られることにはどう対処したいですか？

エマ　わかりません。壁に突き当たっている状態です。

筆者　どんな壁ですか？

エマ　例の悩みですよ。気に入られなければ，自分に問題があるに違いないっていう。

筆者　その関連を断ち切る方法を，何か思いつきますか？

エマ　文字通り，断ち切ってみてはどうでしょう？

筆者　というと？

エマ　ええ，まずカードに「気に入られなければ，自分に問題があるに違いない」と書いた後，関連を断ち切るよう自分に言い聞かせるため，それを半分に破いてからデートに出かけるんです。「自分に問題があるに違いない」という部分は捨てます。

筆者　では，「気に入られなければ」の部分は取っておくんですね。すると，何か別の答えが必要ですね。

エマ　「それがどうした！」と書きます。これは友人がよく使う言葉で，友人には効くようです。私にも効くと思いますか？

筆者　今の段階ではわかりませんね。それこそが実験の目的でしょう。どうなるか，試すんです。「それがどうした！」という言葉はどんな態度で言うんですか？

エマ　出会いを死活問題のように深刻にとらえすぎないようにします。ちょっとした楽しみのように考えます。

筆者　いいですね。幸運を祈ります。

エマ　本当に，幸運が必要です。

エマは悪戦苦闘しながら，その後の出会いと拒絶を乗り切っていきましたが，自分に興味をもった男性を振ることもありました。これは本人が認めるように，エマがまだ男性に対して「魅力」があるということでした。ただ，すてきだと思う男性とデートをしても，その関係は大して発展せずに終わってしまいました。「一人はとても支配欲が強くて，私が何をしていて，誰と一緒かを知るために，ひっきりなしにメールを送ってきました。気味が悪くなったので，この人とは別れざるをえませ

んでした。それから，もう一人は自分の話ばかりしつづけるんです。まるで私がそこにいないみたいに！　この人とも別れざるをえませんでした。二人とも，初対面の印象とは別人なんですよ」。

　セラピーで語られた話をすべて考え合わせると，エマは明らかに，すっかり鍛えられて「出会いゲーム」のベテランになっていました。男性から振られても，もう自分で自分を拒絶することはなく，たまに一時的に自信を喪失する程度でした。「『それがどうした！』という言葉のおかげで，自分を非難しちゃいけないということを忘れずにいられるんです」。また，自分から相手を振ることもありました。「ある男性と初めてお酒を飲みに行ったとき，30分も経たないうちに悲鳴を上げて逃げ出してしまいました。すごくつまらない人だったんです。以前なら，礼儀だと思って最後までその場にいたでしょうが，『おもしろくない』とはっきり伝えて帰ってしまいました。ここに初めて来たとき，私がこんなことをするなんて想像できました？」。セラピー終結時にもまだ理想の人とは出会えていませんでしたが，その努力は続けていました。エマから手紙が届いたのは，その1年半後です。3番目の夫の写真が同封されていました。出会いを求めるのに疲れて「休憩しよう」と決めたところ，その「休憩」中に，地元の教会のイベントで彼に出会ったということです。

思いやりのあるコミュニケーションを取り戻す

　カップルカウンセリングを行なうセラピストは，曲芸師並みのバランス感覚を要求されます。二人の意見の主張に同じだけの時間を割り振るようにし，一方の味方をしていると誤解されないように心がけ，それと同時に，従うべき枠組みを提供して，セラピーが無意味な口げんか（自宅での行動の再現）に堕することがないよう努めるのです。もしもあるカップルが今後も一緒にいようと思ったら，壊れかけた関係を修復するために，一体どのような建設的な行動を取るでしょうか？　ベックによ

れば，悩んでいるカップルに必要なものは，「二人の誤解を解き，コミュニケーションを歪めている原因を取り除いて，互いのシグナルを正しく見聞きする能力を回復させる」ための手助けだといいます（Beck, 1988：5）。二人とも，いつもの位置から相手を攻撃するのではなく，武器を下に置き，話し合いの精神で，明確なコミュニケーションを用いながら問題を解決していこうと決意しなければなりません。

対立しているカップルのコミュニケーションはたいてい，互いの言動への邪推に満ちあふれています。たとえば，ジョイとバリーは専門職に就いている仕事熱心な若いカップルですが，会話をすると二人とも必ず，「何が言いたいんだ？」という苛立ちを感じずにはいられませんでした。

ジョイ　どうかした？　あなた，しばらく口をきかないけど。
　［「私が何か怒らせるようなことをしたのかしら？」］
バリー　別に何でもないよ。考えごとをしているだけだ。
　［「ジョイはいつも俺のことを詮索する」］
ジョイ　機嫌が悪いみたいね。私，何かしたかしら？
　［「なぜ私と話そうとしないの？　新しい相手を見つけたの？」］
バリー　きみとは全然関係ないよ。
　［「なぜ俺に起きることすべてが，ジョイと関係していなきゃならないんだ？」］
ジョイ　だったら，私に言わないでよね！［怒って歩き去る］
　［「どうしようもない男だわ。わがままな子どもみたいにすねちゃって」］
バリー　言うつもりなんかなかったよ！［部屋の反対側に本を投げつける］
　［「なんでいつもああなんだろう？　本当に腹の立つ女だ」］

このようなカップルはたいてい，相手から与えられた不当な仕打ちや，不満，心の傷の多くの実例を，セラピーでいつでも披露できるように準

備しています。それをすべて聞いていてはセラピーが際限のないののしりあいと化し、関係修復に悪影響を及ぼすので、私は普通、二人の関係の問題を如実に示す重要な例を1つか2つだけ選んでほしいと、それぞれに頼みます。これは、反論するためではなく、理解するために相手の話を傾聴する練習です。理解するために話を聞いている人は、純粋に相手の視点から状況を見たいと思っていますが、反論するために聞いている場合は、相手の話を一刻も早く終わらせたがります。とにかく自分の言い分を述べて、相手の行動に対する自分の行動を正当化したいのです。これではそもそも傾聴とは言えません。

ジョイは、バリーが二人で過ごすのを避けているように思えると主張しました。たとえば1週間前の週末の午後、バリーは、一緒に家にいたいというジョイの希望を知りつつ、ひとりで出かけてしまったと言います。これに対してバリーは、やるべきこと（今は仕事）が山積しているときは、ゆっくり考えごとができるようにひとりにしておいてほしい、ジョイの不安に煩わされたくないと主張しました。

この時点で、ジョイもバリーも相手の非難に反論したくてうずうずしていましたが、私はそれを手で制止しました。今後も一緒にいることを目指しているカップルは——ジョイとバリーもそうでした——破局を防ぐために、どんな方法で相手の不満に応じようとするでしょうか？　それは、不毛な非難の応酬をいつまでも続けることではありません。回復力のある対応を取って、前へ進むための建設的な方法を見つけることです。そこで二人はセラピー中に、明確かつ共感的な言葉遣いで話し合う練習をしました。その間、私は「よけいな一言」が飛び出さないかどうかに耳をすませます。「俺だってきみと一緒に過ごしたいよ。**その時間が取れればね**」とか、「ひとりの時間がほしいと言うなら、別にいいわよ。**陰気な人ね**」などといった言葉が付け加えられれば、話し合いに悪影響を与え、再び口論が始まりかねません。

こういった反射的な「当てこすり」を言うのをやめ、問題解決と関

係改善につながるコミュニケーションを取るためには，相当な自制心と練習が必要です。これはつまり，関係思考を重視するということです（Epstein, 2004）。非難の応酬や報復は関係を悪化させるので，この悪循環を断ち切り，相手の行動をもっと温かく眺めて，双方にプラスになりそうな肯定的な行動を取るのです。そうすれば好循環が始まり，関係は改善します。おそらく，カップルは心のなかでは，肯定的なやりとりを増やし，否定的なやりとりを減らして，今は中止しているか，ほとんどなくなった共通の楽しみを再開したいと望んでいるはずです（Epstein, 2004）。一緒に住んではいても，関係——親密な絆——が失われているなら，それを再び見つけなければなりません。

　ジョイとバリーは，問題の解決策を探すうえで，理解するための傾聴と反論するための傾聴の違いを忘れないよう最大限の努力をしました。ただ，二人の姿は往々にして，契約書の作成中に細かい項目について言い争う弁護士のようにも見えました。たとえば，ジョイはバリーと一緒にプールに行くことに同意しましたが，バリーはこれまで通り，運動メニューの一環としてプールを30往復泳ぎたがり，ジョイは一緒に「水遊び」をしたがりました。「一緒に何かをすることが目的なのに，彼ったら，またひとりになりたがっているんですよ」。そこで二人は一緒に遊ぶ時間を増やし，バリーはその後，30往復より短い距離を泳ぐことにしました。もうひとつ例を挙げましょう。バリーはジョイの趣味の一部には興味をもてても，全部は無理だと主張しました。「ジョイは陶磁器集めが好きなんですが，僕にとっては退屈です。興味がないのに，なぜある振りをしなければならないんですか？」。ジョイの考えでは，バリーが自分の興味の対象すべてに興味をもたないなら，それは自分に対して関心がないという意味でした。ジョイはこの考えが非現実的であることを認めましたが，「私の趣味の一部にある程度の興味を示すこと」という条件を付けました。こういった個々の話し合いには，長期にわたりもっと広い範囲で続いてきた二人の対立と，その対立のもつ意味が表

われていました。ジョイのほうは、できる限り一緒にいることが親密で愛のある関係だと思っていましたが、バリーのほうは、もっと親密な関係を築き直したいと思う反面、ひとりでいる時間をつくり、ある程度の自立性を保ちたがっていたのです。

　二人はこうした問題をめぐってときどき口論し、以前と同じさまざまな不平を口走ることもありましたが、私は、目標をつねに忘れず、達成に向けてどのくらい前進しているかをチェックしつづけることが不可欠だと指摘しました。そして、「私たちは一緒に幸せでいつづけたい」と大書したパネルをオフィスに用意し、二人が口論を始めたら、それを指差すようにしました。すると二人は口論をやめ、互いに謝り、目の前の壁を乗り越えるために話し合いを再開するのでした。

　関係を破綻させたくなければ、妥協が欠かせません。つまり、二人の関係を勢力争いの場と見なすのではなく、対等な関係を目指して双方が努力するのです。一方の力が強くなるのは、相手に弱みがあるからか、相手の弱みにつけ込んでいるからです。弱いほうが反乱を起こすと、この力関係は得てして逆転します。

　意見の相違を解決したジョイとバリーは、二人の関係は「比較的円満な状態」になったものの「今後もいろいろな問題が起きるでしょう」と語りました。セラピーを通じて、二人は以前よりずっと互いの個性を認め合うようになりましたが、これこそが愛を長続きさせる重要な要素なのです（Hauck, 1981a）。やがて、二人はセラピー中によく手を握りあうようになりました。これは、セラピーの初期段階ではあまり見られない光景です。私たちはセラピーで得られた効果を維持するために、生涯にわたってどのような努力が必要かを検討し（基本的には、身につけたスキルを実践しつづけること）、努力しなくても効果を維持できるとは思わないように念を押しました。その後の経過を見るため、追加面接の約束もしました。

　カップルカウンセリングは複雑な場合が多く、ここでは表面をなぞる

ことしかできませんでしたが，基本的には，関係の破綻を防ぐ強い覚悟が二人になければ，私にも防ぐことはできません。そういう場合，焦点は円満な別離へと移るわけですが，これにもやはり回復力のある対応が必要です。恨みではなく悲しみをもって関係の終焉を受け入れ，争いに終止符を打ち，共有財産の分割や，生活費の支払い，子どもとの面会権について，公平に——できるだけ公平に——話し合うのです。

人生を良い方向に変えるため，自己主張する

　人から「触らぬ神に祟りなし」というアドバイスを受けても，それに従う気がないのなら，あなたは祟りに遭う覚悟があるでしょうか？　ジルはこの問いについて，深く考えていました。夫との関係に疑問が生じていたのです。「夫が私にいろいろ無神経なことをするんです。すべて考えあわせると，今でも私と一緒にいたいと思っているのかどうか，わからなくなります」。夫が無神経な行動を取ったとき，なぜジルははっきり自分の気持ちを伝えないのでしょうか？　ジルは，よくわからないけれど，伝えたら不安になりそうだと言います。そこで私たちは，夫がテレビのリモコンを奪い取ることを例に取り，第6章（pp.147-148）で説明した下向き矢印法（Burns, 1999）を使って，根元的な考えまで「掘り下げて」いくことにしました。下向き矢印法では，ひとつひとつ考えを明らかにしながら，その個人的な意味をたどっていくのですが，このケースではジルの不安の核心を探っていきます。私はまず，リモコンにまつわる夫の行動をとがめた場合，心のなかで何が不安をかきたてるのか尋ねました。

　　「夫は私に腹を立てるかもしれません」
　　　　↓　　「腹を立てたら，どうなるんですか？」
　　「私と口をきかなくなるかもしれません」

↓　「口をきかなかったら，どうなるんですか？」
「私に愛想を尽かして，新しいパートナーを見つけるかもしれません」
　　　↓　「仮に，新しい人を見つけたとしましょう」
「そうしたら，私はひとりきりになってしまいます」
　　　↓　「それはあなたにとって何を意味するのですか？」
「そんなの耐えられません」
　　　↓　「なぜ耐えられないんですか？」
「ひとりではやっていけません。精神的にぼろぼろになってしまいます」
　　　↓　「それが最大の不安ですか？」
「そうです。私はひとりではやっていけません」

　これによってジルは，自分の気持ちを伝えない理由をはっきり認識できました。黙ってさえいれば，この恐ろしい結果を避けられるのです。ただ，夫から無神経なことをされるのにはうんざりしていて，何も言えない自分に腹を立てていました。「はっきり自分の気持ちを伝えれば，ひとりぼっちになってぼろぼろになるし，かといって黙っていれば，そんな自分が嫌になります。袋小路です」。対処の仕方について，ジルはこのように暗く極端な結論を２つ下し，他の考え方の可能性を考えていませんでした。たとえば，ぼろぼろにならなくてもひとり暮らしができるようになることや，黙っていても自己嫌悪に陥らないこと，夫に愛想を尽かされずに自分の気持ちを伝えること，夫の行動が改善しなければ夫を見限って他の相手を見つけることなどには，思いが及んでいなかったのです。
　ジルは「神に触る」ことにしましたが，その前に，ひとり暮らしをする可能性について多少の準備作業を行ないました。ひとり暮らしから「恐怖」（不安）を取り除くためです。そこで，過去のひとり暮らしの経験を探ってみると，ジルはそれを楽しんではいませんでしたが，「ぼろぼろになって」もいませんでした。ただ，楽しくないことと，ぼろぼろに

なることを同一視していただけだったのです。ジルは毎日，自分がひとり暮らしにどう適応してうまく対処していくかを想像し，一日の過ごし方を——仕事をパートタイムからフルタイムに変えることを含めて——書き留め，ひとり暮らしを実際に楽しんでいる友人と話をしました。

　ひとりでも暮らしていけると思った時点で，ジルはついに自分の気持ちを夫にはっきり伝えました。ある人が変わりはじめると，周囲の人はその変化への対応を考えざるをえなくなります。夫はジルの言葉に驚きましたが，行動を変えはしませんでした。夫はこういった考えをジルに吹き込んだ私を非難し，セラピーに行くのをやめればすべて元通りになると言ったそうです。しかし，ジルは夫の行動に不平を唱えつづけました。夫は態度を硬化させ，「がみがみ言われるのにはもう耐えられない」ので，家を出ていくと宣言しました。こう言えば，ジルが折れて問題に片をつけられると考えたのです。すでに私たちは，このような脅しが使われる可能性と，夫にその脅しを実行させるかどうかを話し合っていました。結局，ジルは1日か2日，悩んだ末，同じように強気に出て，夫の荷物をバッグに詰めて玄関に置いておきました。「自分のしていることにとても不安を感じましたが，それと同時に，自分が強くなってきている実感もありました。必要なら，行き着くところまで行く覚悟ができていたんです」。夫は出ていきましたが，数日後に戻ってきたときは，ジルと話し合い，行動を改めようとしていました。戻ってきた夫は，とてもうれしそうにしていたと言います。ジルはこれからも二人で一緒にいられるとわかって安心しましたが，二人の力関係は逆転していました。「今では夫のほうが**私に捨てられ**ないために，私の嫌がることをしないように気をつけています。それどころか，私が夫を必要とする以上に，夫は私を必要としているようなんです。だからといって，えらそうに夫を尻に敷く気はありませんが，私がこれまでのような扱いに我慢ができないことを夫はもう理解しました。そこが重要なんです。今，考えると，神に触ってみて良かったです」。

挑発されても冷静でいる

　ポールが多額の費用を払って妻と離婚したとき，二人は険悪な状態で，弁護士を通してしか話さないことさえありました。ポールは，主に週末に二人の子どもと面会する権利をもち，子どもの幸せに関わる意思決定にはできるだけ関わりたいと考えていました。元妻とはこの先，何年も顔を合わせることになるので，いわば離婚後の「平和条約」を結びたいと思っていましたが，「子どもを迎えに行ったり，電話で彼女と話したり，彼女が『週末は子どもに別の予定を入れた』と言って土壇場で私の訪問を断ってきたりすると，頭に血が上ってしまいます。私は理性的でいたいんです。彼女が私について痛烈な嫌味を言うたび，私は冷静さを失わずに目の前のことに集中しつづけようと努めるんですが，どうもうまくいきません。最後はけんかになってしまいます」。
　冷静さを保てない原因は何だったのでしょう？　逆境や問題に直面して冷静でいようとするのは，実はこの段階では間違った目標です。冷静さは後からついてくるものだからです。真の問題は，そもそも冷静でいられないのはなぜなのかということで，それがセラピーの焦点になります。私はポールに，冷静さを保てなかった最近の例を教えてほしいと頼みました。ポールによれば，元妻の家へ子どもを迎えに行ったところ，彼女は，新しいパートナーが来ているから，子どもを連れてくるまで車のなかで待っていてくれと言った後，「ついに私は本物の男を見つけたわ」と付け加えたそうです。この一言で，二人の間に辛辣なやりとりが始まりました。以前，険悪だった二人の仲がますます悪化しつつあったとき，彼女はポールの性的能力をけなすような言葉を口にしたと言います。ポールは自己弁護しなければと思いましたが，心の奥では元妻の言う通りなのではないかと考えました。自分は，もしかしたら男性として失格かもしれないと思ったのです。

若い頃，ポールの男友達の多くは「大酒を飲んで女遊びをしていました。私はそのどちらにもあまり興味がもてず，友達ほど遊ばなかったので，よくからかわれました。友達と違って，私はあまりそういうことには興味がなかったので，どこかおかしいんじゃないかと心配したものです」。自分が男らしいかどうかに関する疑念は結婚前からあったので，元妻の言葉は，その疑念を生んだのではなく強めただけでした。私は，性欲が弱くても，自分で思い込まない限り，男性失格などではないと指摘しました。しかし，ポールはそう思い込んでいました。話してくれた例はどれもみな，男らしさに関連していました。「彼女は，息子が私のような意気地なしにならないことを願うと言っていましたが，彼女の言ったことは正しいのでしょうか？」。ポールは元妻の目を通して自分を判断していたうえに，昔から抱いていた疑念も手伝って，いつも同じ「判定」に至りました。自分には何かが足りないという判定です。

　元妻としゃべるときに冷静さを保ち，目の前のこと，つまり子どもに集中できるようになりたいと本気で思うなら，ポールは自分自身と自分の人生について，独自の意見をもたなければなりませんでした。妻の目を通して見た自分こそが真実であるかのように，妻の見方で考えることをやめるのです。しかし，これは簡単ではありませんでした。ポールはよく「そうですね，彼女の考えでは……」と言って話しはじめたため，私が途中で遮って，お聞きしたいのはあなたがどう考え，自分自身をどう見なしたいかということですよと，思い出させなければなりませんでした。また，私たちは元妻の嫌味への対処法も練習し，まずは私が，腹を立てずに答える手本を示しました。たとえば，「たしかに，昔はきみに合わせられない自分はどこかおかしいんじゃないのかと思っていたよ。でも今では，きみと僕とでは欲求がまったく違うんだとわかった。それが僕たちの別れの一因だよ」などと返すのです。次に，ポールの許可を得て私が何か不愉快なことを言い，ポールがどれだけ上手に答えられるかを試しました。返答に詰まったときは原因を調べましたが，それはた

いてい、以前のように自分を蔑みの目で見ていたせいでした。「彼女はいつも、『けんかするときはもっと私に向かってきなさいよ。黙れと言いなさいよ』と言っていました……つまり、もっと男らしくなれということです」。

ポールは男らしさについて、人の考え方を採り入れるのではなく、自分の見方で定義し直そうと懸命に努力しました。たとえば、細やかな配慮ができて、穏やかで、誠実で、性欲がほどほどで、良き父親であることを男らしさと考えるのです。新たな考え方を得たポールは、ついに私の暴言をかわし、落ち着いて応答できるようになりました。「そんな言葉には、答える気にもならないね」。ポールは、元妻が自分を侮辱したときは沈黙を通し、子どもの問題に対してだけ答えたいと語りました。

しかし、それは容易ではないことにポールは気づきました。ただ、第1章で指摘したように、回復力のある振る舞い方というのは、目標の追求にプラスになる行動と、ならない行動の比率だと考えることができます。たとえば、ある状況下でプラスになる行動を取る割合が75%、プラスにならない行動を取る割合が25%という具合です。したがって、場合によっては、回復力には「回復力のない行動」を取ることも含まれるわけです。ただし、回復力の貸借対照表で、資産（プラスになる行動）が負債（プラスにならない行動）を上回るようにすることが重要です。ポールは侮辱されたと思ったとき、たまに元妻に言い返してしまいましたが、やがてそういった反応は激減し、貸借対照表では資産が負債をはるかに上回るようになりました。「私が反応しなければ、彼女も失礼なことをあまり言わないんです」。辛辣なやりとりは減りつづけ、「ある種の平和条約がようやく成果をもたらしました」とポールは語りました。

欠点があっても、親友にはなれる

恋愛関係や夫婦関係と同じく、友人関係にもやはり悩みは生じます。

ドミニクは友人のジェマについて，次のように話しました。「すごくいい子なんですが，時間にルーズなのが玉にきずで，とても腹が立つんです。ジェマは私を親友だと言っているので，絶対その遅刻癖を直すべきです。そうしたら私たちは最高の関係になれるのに」。他の友人たちに意見を聞いてみたところ，遅刻癖にそれほど腹が立ち，ジェマに行動を改める気がないのなら，もう会うのをやめるべきだという声が圧倒的でした。ジェマ本人ともこの問題について話したことがありますが，「『自分でもどうしようもないの。でも，もっと努力するね』と言うだけ」でした。ドミニクはジェマの遅刻癖に腹が立つあまり，「もう，いっそ怒りを爆発させて友情に終止符を打とうかと思うこともあります。でも，いつも考え直すんです。だって，やっぱり親友なので，これからも会いつづけたいですから」。ドミニクが言うには，この問題には他にも対処法があるはずだけれど，思いつかないのだそうです。すでに書きましたが，人の行動に影響を及ぼそうとする前に，まずは自分の行動をコントロールすることです。自分で変えられるのは，自分の行動だからです。

　ドミニクはジェマに時間を守るように求めて，自分で自分を怒らせていました。しかし，これは無いものねだりでした。第6章の初めのほうで紹介したレイモンドと同じように，ドミニクもやはり自分のなかに築いたレンガの壁に頭を打ちつけていました。その壁とは，ドミニクの思い描く「最高の」関係になるために，ジェマが示すべき振る舞い方です。しかし，何らかの理由で，ジェマには時間を守ろうとする気がありませんでした。一方，ドミニクは絶交するのも最後通牒を突きつけるのも嫌なのですから，怒りを和らげたければ，ジェマの遅刻癖を心のなかでののしるのではなく，受け入れなければなりません。また，遅刻癖にこだわりすぎず，関係全体を見渡す必要もありました。遅刻癖というレンズを通して眺めたせいで，二人の関係は実際よりもずっと満足度が低く見えることがありました。当事者の振る舞いに欠点があっても，関係を「最高」のものにすることはできます。ドミニクが求めているのは完

壁なジェマ（幻想）なのでしょうか？　それとも，いい子だけれど欠点のあるジェマ（現実）なのでしょうか？　ドミニクは，実のところ自分は完璧なジェマを求めていると答えたため，私はそれこそが怒りから抜け出せない理由だと指摘しました。この指摘はドミニクの心に深く響いたらしく，後日，「私はジェマの小さな欠点ばかり見て，自分の大きな欠点に気づきませんでした」と語りました。こうして怒りが弱まったところで，実際的な問題解決に移れるようになりました。私たちが用いたのは，第5章（pp.128-130）で説明したADAPTという問題解決モデル（Nezu et al., 2007）です。

A＝態度（前向き）「自分の欠点に目を向けるようになったので，この問題は解決できる」

D＝問題を明確にして現実的な目標を設定する「これまでの私の問題点は，ジェマが取るべき態度について硬直した考え方をもっていたことだった。そのせいでジェマは，いつも私の理想に及ばなかった。私の目標は，ジェマの遅刻癖を，二人が築いている最高の関係の一部として受け入れることだ」

A＝代替策を考える「では，目標を達成するのに，どのような方法が取れるだろう？　次のような方法が考えられる（書き留める）。

1. 何に悩んでいるかをジェマに話す［ドミニクは，自分が実はどれだけ怒っているかをまだ打ち明けていませんでした］。
2. 遅刻癖を受け入れたとしても，ジェマにもっと時間を守ってくれと頼んではいけないわけではない。
3. ジェマの遅刻を見込んで予定を立てる。たとえば，レストランの予約時間が9時でも，ジェマには8時30分と伝える。

4. 真相を理解するため，ジェマの遅刻癖の根本原因を探ろうとする。
  5. 遅刻癖のことはすっかり水に流す。
  6. 遅刻癖を受け入れるからといって，それを快く思っているわけではないことを自分に思い出させる。ただ，自分で自分を怒らせるつもりもない。今のところ，思いつくのはこんなところだ」

P＝結果を予測し，解決策を練る　「それぞれの代替策を講じたら，目標の達成にどのような影響を及ぼすだろう？

  1. これは実行するが，自分の怒りをジェマのせいにしないようにしよう。話すことで，自分の気持ちについて正直になれる。
  2. 時間を守ることは今後も頼みつづけよう。いずれは元に戻ってしまうが，時折，少し改善が見られるからだ。
  3. 「ジェマ時間」に適応できるように，これは必ず実行する。
  4. これは実行しない。これでは，相も変わらず「完璧な」ジェマを実現させようとしているみたいだ。ジェマの行動を理解したい振りをしながら，その実，私の満足のためにジェマに変化を強いることになる。
  5. 実行しない。ジェマの遅刻癖が気にならないかのように装うつもりはない。それでは，嘘をつくことになる。
  6. 実行する。ジェマの遅刻癖に対してバランスの取れた見方を保てるよう，このことは自分に思い出させつづけたい。要するに，私の解決策は1と2と3と6の組み合わせになる」

T＝効果を見るため，解決策を試してみる　「決めた方法をすべて試してみた。私の怒りの強さを伝えたら，ジェマは驚いて申し訳なさそうにしていたが，遅刻癖にまったく改善は見られない。以前，頭に来ていたときは，遅刻癖は変わることのない固定したもので，絶交するきっか

けになりかねないと思っていたが、今ではそれは私が対処すべき問題になっている。肝心なのは、言うまでもないが、私が焦点を変えたことだ。たとえ遅刻しても、ジェマに会えたらどれだけ楽しいかに注目するようになったのだ。おかげで、遅刻癖に頭を占拠されることなく、それを全体像のなかでとらえられるようになった」

　読者のなかには、私が最も肝心な点を見落としていると思う人がいるかもしれません。それは、ドミニクがなぜ時間を守るよう求めるだけでなく、ジェマの遅刻癖そのものにここまで怒っていたのかという点です。「自分がバカにされている」とか、「生い立ちや別の友人との関係に欠けていたものを、ジェマとの関係で補わなければならない」とか、「完璧な友人を得るという夢がもう少しで叶いそうなのに、ジェマの遅刻癖がそれを邪魔している」などと思っていたのでしょうか？　私とドミニクはこれ以外にもさまざまな仮説をじっくり考えてみましたが、ドミニクはたいてい肩をすくめて「本当にわかりません」と言うだけで、それ以上、追究しても無駄でした。仮説を裏づけるために、ドミニクに特定の答えを言わせるようなことは決してしたくありませんでした。ドミニクは解決策を探していたのであって、自分の怒りの根本原因を探究していたのではありません。問題が生じた理由はわからなくても、解決するのは比較的簡単だという場合も、ときにはあるのです。

「悪い行ない＝悪い人間」ではない

　「私の償いはいつになったら終わるんでしょう？」。ドノヴァンは、浮気をしたことに罪悪感を覚えつづけていました。かつて妻との関係がぎくしゃくし、「もうダメだと思った」とき、一時的に浮気をしてしまったのです。ドノヴァンによれば、数年前に起きた浮気の件を妻は自分に忘れさせようとせず、「ことあるごとにそれを蒸し返して私を黙らせ、

いかに傷つけられたかを言い立てます。そう言われると，自分のしたことがとても申し訳なく思えてきます。妻はいつになったら私を許せるかわからない，許せる日が来るかどうかもわからないと言うので，弱り果てているんです」。ドノヴァンは妻の信頼と愛を裏切ったのだから，罪悪感を抱きつづけて当然だと思う読者もいるかもしれません。しかし，私がドノヴァンに言ったのは，自分を許す方法を学んで，心理的な隷属状態（妻に支配されている状態）から自分を解放することは可能だということでした。妻が許す気になるのを待つ必要はありません。後でその言葉が撤回される可能性だってあるのです。そもそも，浮気したことを打ち明けられたとき，妻はドノヴァンと別れることもできたのに，一緒にいるほうを選んだわけです。なのに，「裏切られてもあなたを捨てなかったのだから，感謝しなさい」と言いつづけているのです。

ドノヴァンは，妻が脅迫という方法で自分を罰しつづけていると考えていました。ただ，妻のほうはセラピーに来て自分の言い分を述べようとしなかったので，私はドノヴァンからの情報のみでセラピーを進めなければなりませんでした。フォワードとフレイジャーは，「あらゆる脅迫の中核には，ひとつの基本的な脅しがある。それはさまざまに表現されるが，要は**こちらの望み通りにしないのなら，痛い目を見るぞ**ということである」と述べています（Forward and Frazier, 1997：6）。ドノヴァンは，妻と言い争いをしたときは，たとえ自分が正しいとわかっていても譲ってやらなければ「罪悪感のボタン」を押されると話しました。「あの『私をいくら傷つければ気がすむの』という目つきを見ると，つい引き下がってしまいます」。

では，ドノヴァンは浮気をした自分を許すプロセスをどのように開始したのでしょう？　脅迫が成り立つかどうかは，自分の気持ち次第です。相手はこちらの弱みにつけ込んでくるので，一見したところ，相手がこちらの行動に罪悪感を覚えさせているように思えます。しかし，感情は誰かから魔法のように植えつけられるものではありません。自分の感情

は自分のものであって、主にその行動に対する自分の考え方によって決まるのです（B→C思考）。もし浮気をしたことが罪悪感を覚えさせるのなら（A→C思考）、浮気をした人はみな、たとえ望まなくても罪悪感しか抱けないでしょう。つまり、出来事が感情を「押しつける」わけです。しかし、浮気をしても罪悪感を覚えない人もいます。そういう人は、たとえば、パートナーから満足が得られないなら、浮気をするのも仕方ないと考えています。表2-1（p.052）で、私は個々の感情に見出されるテーマを紹介しました。罪悪感のテーマは、道徳的な過ちと、人を傷つけることです。ドノヴァンの考えもこのテーマを表わしていました。「してはならない浮気をしたのだから、私は悪いことをした。妻を裏切って、とても深く傷つけた。つまり、私は悪い人間なのだ」。ドノヴァン自身が自分を悪い人間と見なしたので、妻がその「事実」を思い出させるのはたやすいことでした。妻の望み通りにしなければ、ドノヴァンは自分がさらに悪い行為を重ねてしまうと考えました。「それは悪い人間がすることです」。

　私はドノヴァンに、罪悪感よりも心の健康に良い感情、つまり後悔について説明しました。後悔している人は、自分が悪いことをしたと認めながらも——ここが肝心ですが——そのために自分を悪い人間と責めることはせず、相手に許しを求めます。ただし、許しを請うわけではなく、相手から許されようと許されまいと、自分で自分を許すことができます。自分は誤りがちな（不完全な）人間で、正しい生き方を貫こうと努力しながらも、つねにうまくいくわけではないという、温かい自己受容の精神で許すのです。浮気は道徳的な過ちだったかもしれませんが、それがドノヴァンの全人生を表わしているわけではありません。良いことをした証拠もたくさんあるのです。言い換えれば、人生を過ちという狭い視野でとらえるのではなく、ありとあらゆる面から考えるべきだということです。といっても、これは責任逃れではありません。いまだに後悔の念を抱き、自分のしたことを忘れずにいるからです。良心はまだ痛むも

のの，それほどひどい痛みではないというだけです。

　ドノヴァンは罪悪感と後悔の違いを理解し，それを受け入れることができましたが，妻のことはひどく傷つけてしまったので，「それを忘れることは難しい」と言いつづけました。たしかに，ドノヴァンは浮気をすることで妻を苦しませましたが，苦しみの頻度と強度と持続期間を決めていたのは，結局は妻自身です。妻がドノヴァンと別れないほうを選んだとき，それは二人で仲良くやっていきたかったからなのでしょうか？　それとも，夫を思い通りに操る快感を味わいながら，罰を与えるためだったのでしょうか？　どうも妻は和解したいのではなく，ドノヴァンを支配したがっているようでした。ドノヴァンは，どの考えと感情と行動が自分のもので，どれが妻のものなのかを区別した結果，罪悪感のボタンにつながっていた認知のコードを「チョキンと切る」ことができました。つまり，妻はもうそのボタンを押してもドノヴァンを操れないのです。解放されたドノヴァンは，妻との関係についてさまざまな選択肢をはっきり考えられるようになりました。

他の人の行動に対する自分の責任をとらえ直す

　「別れるなら自殺する」。これは究極の脅迫です。その人が死んだら自分の責任だという主張を認めてしまったら，この脅迫に対処することはとても難しくなるでしょう。心のなかには，こんな図式が思い浮かぶかもしれません。「私が彼を振る→彼は死ぬ→私のせい→私は終わりのない苦しみにさいなまれる」。

　ジャニーンは交際していた男性と何度か別れようとしましたが，そのたびに薬を大量に飲んでやると脅され，渋々別れを思いとどまっていました。ジャニーンは「彼は私を解放してくれません」と，うなだれました。しかし，もっと正確に言えば，ジャニーンの罪悪感が別れを阻んでいたのです。

筆者 彼が死んだら，なぜあなたの責任になるんですか？

ジャニーン だって，別れたら自分は死ぬと，彼ははっきり言ったんですよ。つまり，彼を生かすも殺すも私次第なんです。

筆者 生きるか死ぬかの責任は，本当は彼のものなのに，残念ながら彼はそれをあなたに押しつけ，あなたはそれを受け取ってしまったんですね？

ジャニーン おっしゃる通りだと頭ではわかるんですが，心の底ではそうは思えないんです。

筆者 心の底ではどう思っているんですか？

ジャニーン 別れたら，私が彼を殺したことになると。

筆者 別れても，彼が命を絶たないような状況はありえないでしょうか？

ジャニーン そうですね，私の後釜になる女性がいるなら，たぶん彼は死なないでしょう。

筆者 他に死なない理由はありますか？

ジャニーン 母親と仲が良ければ，母親に面倒を見てもらえるでしょう。彼はひとりきりでいるのが大嫌いなんです。

筆者 つまり，別の彼女か母親が登場すれば，彼は違う行動を取ろうと思うかもしれないんですね？

ジャニーン 可能性はあります。

筆者 では，あなたが彼に対してもっているという力についてはどうなんでしょう？　その力が効かない状況を思いつくのなら，その力はあなたが思っているほど強くないんじゃありませんか？

ジャニーン 自分にそんな力がないことはわかっています。ただ，別の女性がいたら，どんなにいいかと思いますね。そうしたら，罪悪感を覚えずに別れられますから。

筆者 後釜になる女性がいなくたって，別れられますよ。彼が死んだら

自分の責任だと，自分に思い込ませるのをやめればいいんです。本当にあなたの責任だと言えるのは，どんな場合でしょうか？

ジャニーン 私が彼に無理やり薬を飲ませた場合です。文字通り，のどに押し込んだ場合ですね。もちろん，そんなことはしません。いつも彼の言いなりになってしまう自分に腹が立ちます。どうして彼は私を脅すのをやめられないんでしょうか？

筆者 なぜやめる必要があるんです？　ほしいものがちゃんと手に入っているのに。それをあげているのはあなたですよ。別れることと彼が死ぬことを，原因と結果だと考えるのはやめましょう。あなたと別れても，対応の仕方はたくさんあるんです。自殺という方法を選んだとしても，それはあなたが選ばせたわけではなく，さまざまな理由で——かなり支離滅裂な理由で——彼自身が選んだんです。それは彼自身の理由であって，あなたが原因をつくったわけではありません。

ジャニーン 彼にはずっと，専門家に診てもらうように言っているんですが，精神科医なんかいらない，ただ私さえいればいいと言うんです。私と別れて彼が死んでも，それは私の責任ではないと信じられればいんですが。

筆者 信じるためには，毎日，頭のなかで何度もこの考えを思い返して強く根づかせ，もう彼に洗脳されないようにすることです。

ジャニーン わかりました。ただ，もし私と別れた後，彼が本当に自殺したら，どうしたらいいんでしょう？　そんなことになったら最悪です。なんといっても，私たちには楽しいときもあったんですから。

筆者 そうなったら悲しいし，つらいですね。悲嘆にくれて当然でしょう。ただ，悲嘆のプロセスを複雑にしかねないのは……

ジャニーン 彼の死について，自分を責めることでしょう？　私が彼を殺したんだ，別れなかったら彼はまだ生きていただろうと。

筆者 でも，責任はあなたではなく彼にあると頭のなかではっきり理解できれば，自分を責める可能性は低くなります。

ジャニーン　それがとても難しいんです。

　こういったケースでは，死の責任が究極的には誰にあるかをどうしても客観的に分析しなければなりませんが，そんな分析は冷たいように見えるかもしれません。しかしホークが強調しているように，自殺をちらつかせて相手を操ろうとし，相手が思いきって別れようとすると引き留めるために自殺を図ってさらにプレッシャーをかけ，「こうさせたのはきみだ」という明白なメッセージを発しつつ，その後「きみを愛しているからこそ，こんなことをしたんだ」と主張する人は，もっと思いやりに欠けています（Hauck, 1981b）。

　セラピー終結時，ジャニーンはまだ「ルビコン川を渡る」ための心の準備をしているところでした。「いったん渡ってしまったら，もう何があっても戻ってこないでしょう」。しかし，ジャニーンと言葉を交わしたのはそれが最後ではありませんでした。約1年後に連絡してきて，彼が次の恋人に振られた後，本当に自殺したと言うのです。しかし，会話の内容から判断すると，ジャニーンは「うまく闘っている」ようでした（O'Connell Higgins, 1994）。ジャニーンは明らかに，勇気を奮い起こして彼と別れていて，その死に悲しみを感じながらも，まったく自分を責めてはいませんでした。そして，罪悪感のため数年にわたって中断されていた人生に，新たな可能性をもたらそうとしていました。

自分を利用させる手助けをしない

　20代前半のリックは，ロンドンの金融街でトレーダーとして働き，すでにマイホームを購入していました。彼女に不自由することはなく，快適な生活を楽しみ，今後のキャリア設計についてわくわくするような計画をあれこれ立てていました。ただ（クライエントが人生の明るい部分から話し出すときは，たいてい途中で「ただ」という言葉が入り，

そこから話が暗転します），自分が仲間にどう思われているかを心配し，自分への接し方についてはっきり意見を言えずにいました。リックが他の領域で示していた決断力を考えると，それは驚くほど消極的な姿勢に見えました。たとえば，リックは親友を「仲間料金」，つまり比較的安い家賃で自宅に住まわせていましたが，親友はその恩を忘れ，一日中照明をつけっぱなしにしたり，後片づけをしなかったり，リックに無断で友人を招いて泊まらせたりしました。「仕事から疲れきって帰ってくるのに，自分の家でくつろげないんですよ。自分の家じゃないみたいです」。そのほかにも，一緒にパブに行くと，友人たちは酒をおごってもらうのに自分がおごることは渋ったり，タクシー料金もリックが払うものと当て込んでいたり，「レストランでも，いつも僕が勘定をもつことになります」。

　一見すると，問題は，友人たちが高給取りのリックを利用していることであるように思えるかもしれません。ただし，仲間はみな職に就いているうえに，リックと同程度の給料をもらっている友人もいると言います。実は，肝心なのはそこではなく，リックがなぜはっきり自己主張せず，今度はおまえが払う番だと言わないのかという点なのです。本人は，そんなことをするのは不安だと言います。私たちは不安の核心を突き止めるため，ABCモデルを使ってみました。

A＝逆境または状況　今度は他の誰かが酒をおごる番だと，仲間に告げる場面を想像する。
B＝考え　「そんなことをしたら，わがままなやつだと思われて嫌われ，仲間を失い，ひとりぼっちになってしまう」
C＝結果　感情面――不安。

　リックは，見捨てられないように友人をつねに喜ばせなければならないと思う反面，陰口を叩かれているのではないかと危惧してもいました。

そのため、自宅に仲間が遊びに来たときは、キッチンでコーヒーやサンドイッチの用意をする振りをしながら、忍び足で一同のいる部屋の前まで行き、聞き耳を立てて「自分がこきおろされていないかどうかを確かめる」とのことでした。リックは、自分を利用させる手助けを自分がしていることに当初、気づいていませんでした。友人をつなぎとめ、孤独になる「恐怖」を避けるために、自ら進んで媚びへつらっていたのです。「僕の仲間」について語るときのリックは、まるで永遠の神秘的な絆にでも縛られているかのようでした。それに逆らえば、人生に悲惨な結果がもたらされるのです。「僕たちは一緒に大きくなって、一緒に学校へ行って、一緒に酔っ払ったり、煙草を吸ったり、女の子を追いかけたり、サッカーをしたり、バカ笑いをしたりした仲なんです。仲間のいない男なんて意味ないですよ」。リックは仲間というきわめて重要な概念にとらわれていたため、一人ひとりの友人を見て、関係を維持すべきか、絶つべきか、修正すべきかを判断していなかったうえに、（現在のグループと縁を切った場合）仲間のいない人生に対処する自分を想像できませんでした。しかし、そんな状況は間もなく一変しました。

　仲間と一緒にどんなことをしているかを思い起こしたとき、リックは次のように語りました。「いつも同じ、くだらないことですよ。座ってサッカーの話をしたり、しょっちゅう夜遊びをしたり。ピザはいつも取りますね。あと、酔っ払います。それのどこがすばらしいんでしょうね？」。こんなふうに媚びへつらっている自分に腹が立つ、とリックは語り——「僕は運命をコントロールしていると考えたいのに、この通り、運命を人に預けているじゃありませんか」——行動を起こす気になりました。ただし、仕返しをしようというわけではありません。部屋を貸している親友には、やるべきことをきちんとやり、無断で友人を呼ばないように言い渡しました。他の友人たちも、これからは夜遊びの費用を相応に払わなければなりません。また、パブの閉店後に友人が飲み足りないと言ってリックの家に押しかけてきても、リックが夜遅く飲む気分に

ならないときは追い返します。こんな対応を取るなんて，ほんの数カ月前には想像もできなかったでしょう。

前の章に登場した副校長のルイーズと同様，リックも自己主張を始めたときの仲間の反応に驚きました。「最悪の事態を予想していたんですが，基本的には『わかったよ，どうして今までそう言わなかったんだ？』という感じでした。もうへつらうのはやめたし，忍び足で廊下を歩いて盗み聞きしたりもしません。というより，みんな言いたいことを言えばいいんですよ。僕は気にしません」。

私たちの話し合いから明らかになったのは，リックが仕事以外では自分自身にあまり期待を抱いていないことでした。そこで，この点を改善するため，興味のあることをもっといろいろ試すとともに（黒帯の取得を目指して空手を習いはじめたり，ブラジルへ一人旅をしたりしました），自分の価値観の変化を反映した新たな友人や経験を得ようとしました。

「わがままなやつ」だと思われないよう，友人を喜ばせなければならないという考え方について，リックは初めて私と会ったとき，それが「自分の脳に組み込まれている［生まれつき備わっている］」と思っていました。しかし，詳しく検証してみると，これは後から身についた考え方であって——本人は身につけた経緯を覚えていませんが——それに対して疑問を抱き，変えることは可能でした。ただし，そのためにはある程度の自己分析を行ない，仲間の一部または全員からの拒絶を覚悟して毅然とした態度を取り，仲間の意味を問い直そうという気になることが必要でした。

人間関係に取り組む

大半の人は，恋人や友人を求めるものです。たしかに，そういった存在がなければ，人生は完全とは言えません。しかし，注意も必要です。

人間関係は多くの悩みも生むからです。だからこそ，手間暇をかけて人間関係を良い状態に保つことが重要なのです。以下に，その方法を挙げてみます。身勝手にならず，思いやりをもつこと。勢力争いをするのではなく，妥協できるようになること。口論になったときは自分の不満を明確かつ具体的に伝え，つらく当たったり傷つけようとしたりせずに，不満の解決法を提案すること。相手の欠点が目にあまるようになり，建設的で温かみのある指摘（たとえば，「ねえ，空想にふけってばかりいないで。あと 30 分で出かける時間よ」）が必要にならない限り，欠点を受け入れること。やりとりのなかで，ほめ言葉を増やし，批判を今よりはるかに減らすこと。そして，二人の関係がマンネリズムに陥って活気を失わないよう，共通の楽しみで頻繁に活性化を図ることです。

　もしその関係に終わりが来たら，次の関係で同じ間違いを繰り返さないよう，そこから教訓を引き出しましょう。その関係から脱しただけで十分な前進のように思えるかもしれませんが，それでは足りない場合もあります。人が間違いを繰り返す一因は，自分を十分理解できていないことだからです（Persaud, 2005 : 60）。こういう人は次の関係でも，前に逃げ出したくなったのと同じ状況に再び陥りかねません。たとえば，自分を虐待する人と何度もつきあってしまう場合がそうです。回復力とは，経験したことを通じて精神的に強くなり，自分をよりよく理解することです。したがって，何を学んだかを時間をかけてよく考え，その教訓をメモし，それが本当に吸収できたことを自らに証明するために，持続的に行動を変化させましょう。たとえば，恋人の気になる行動にハッとしたら，その警告サインを無視するのではなく，従ってください。そうすれば，後になって「なぜ**またしても**こんな事態を招いてしまったんだろう？」といった問いで苦しまずにすみます。

　普通，恋人や友人はあなたを笑顔にしてくれます。しかし，その笑顔をかき消してしまう相手もいます。次の章では，自分を苦しめていると思う相手に対処するとき，必要になる回復力について考えます。

第8章
厄介な人に対処するための回復力

はじめに

　ジャン＝ポール・サルトルの『出口なし』(1944/1989) という戯曲のなかには,「地獄とは他人のことだ」というセリフがあります。あなたは自分を苦しめてきた悪党どもの顔を思い浮かべながらこの言葉にうなずくかもしれませんが，自分が誰かの地獄の一部になっているかもしれないとは夢にも思わないでしょう。前の章で指摘したように，悩んでいるカップルはたいてい，相手が自分を不幸にしていると非難しあいます。したがって，この章で厄介な人についてお話しするとき，その人の振る舞いの「厄介さ」は，本人ではなくあなたから見たものだということを忘れないでください。ただし，その人が，あなたが苦しむのを見るのが楽しくて，わざと厄介な態度を取っているなら，話は別です。

　厄介な人と出会ったら，たとえ故意でなくても，自分の振る舞いのどこが相手に敵対的な態度を取らせているかをよく考える必要があるでしょう。シーバートが指摘しているように，あなたは自分を度量の広い肯定的な態度の持ち主だと考えて，否定的な態度の持ち主（たとえば，いつも人のあら探しをしたり愚痴を言ったりしている人）を軽蔑しているかもしれません。そこには矛盾がありますが，どうやらあなたは気づいていないようです。つまり，あなたは肯定的な態度の持ち主のはずなのに，否定的な態度の持ち主に否定的な態度を取っているということです (Siebert, 1999)。そんな態度では，相手との関わりあいが難しく

なります。「相手の考え方を切り捨てるのではなく，話し合う気になれば，事態はいくらか改善するのではないか」という前向きな態度でいたほうが，スムーズにいくはずなのです。

　ホークによれば，人間関係における怒りや不安や抑うつといった感情は，自分自身に少なくとも51%の直接的責任があると言います（Hauck, 1998）。つまり，他の人がもたらした問題や不満にどう反応するかが重要だと言うのです。他の人は――身体的攻撃を加えた場合は100%の責任を負っていますが――あなたの感情を直接，引き起こすわけではないので，49%の間接的責任しか負っていません。仮に恋人が浮気ばかりして（49%の責任），自分は「魅力的ではなく，求められていないと感じて，嫌な気分になる。なぜ彼はこんな振る舞いを続けるんだろう？」と思っているとしたら，他にもっと考えるべきことがあります。それは，自分が別れるという最後通牒を何回も突きつけながら別れず，自分の魅力を相手の忠実度と結びつけて考え，相手の行動を我慢しているのは一体なぜなのかということです（51%の責任）。

　この51%対49%という責任の比率に異議を唱える人もいるかもしれません。自分の責任は20%か30%でしかないと主張する人もいるでしょうし，0%だと言う人もいるかもしれません。0%だと言う人は，自分は最高に思慮分別のある，きわめて忍耐強い人間の模範で，怒らせているのは相手のほう（たとえば大音量で音楽をかける隣人のほう）だと考えるでしょう。しかし，別の場面では称賛される思慮分別や忍耐強さが，まったく音量を下げさせる役には立っていません。それに，隣人に要望をはっきり伝え，もしそれが聞き入れられなければどのような措置を取るか（たとえばアパートの大家さんや警察に知らせること）を説明することにも躊躇してしまいます。そんな振る舞いは自分らしくないと思うからです。したがって隣人は音量を下げず，こちらのほうも別の方法を講じないままです。

　人に影響を及ぼすことと人を変えることは，区別しなければなりませ

ん。人の行動に良い影響を及ぼそうとすることはできますが，結局はその人自身が，現在の状況判断に基づいて，実際に変化を起こすのです。他人がその人を変化させるのは無理な相談です。たとえば，私の息子は子どもの頃，宿題をするときは嫌そうに大急ぎで無計画に取り組んでいました。そこで私は，真面目に取り組むことの大切さを理解させようと，ときには怒りながら説得しましたが，うまくいきませんでした。しかし，大学生になった今，息子は良い成績を取りたいと宣言し，宿題にはコツコツと計画的かつ堅実に取り組もうと努力しています。長い年月を経て，ようやくそうすることの大切さを理解したのです。息子の理解を早めることは，私にはできませんでした。

　厄介だと思う人に対処するときは，まず相手の行動に対する自分の反応と態度に目を向けて，自分をどう変えることができるかを考えましょう。相手に目を向けるのはその後です。また，相手に注目するときは，行為と人物とを切り離して考えましょう。つまり，行動について意見を言うのであって，行動を理由にその人自身を非難してはならないということです。本書の別の箇所にも書きましたが，人間というものは，その人が行なうどんな行為よりもはるかに大きくて複雑です。「あんなふうに振る舞うなんて，おまえは思いやりのないやつだ」などと特定の時点でその人の価値を決めつければ，自分の心のなかで相手をおとしめることになりますし，相手の心のなかでも自分は価値が低いのだという思いが強まるかもしれません。そればかりか，相手もこちらと同じようにやり返そうと考え，言い争いにもなるでしょう。

　回復力のある対処法を取っても，相手にうまく影響を与えて変化をもたらせるとは限りません。仕事の同僚のように離れられない相手なら，場合によっては相手の厄介な行動に耐えられるようになる必要があるでしょう。あるいは，これ以上の時間と労力をかけて相手の変化を促すのは無駄だと思ったら，その関係を絶つべき時もあります。

争いを続けるより，解決を試みる

「受動攻撃性」という言葉を聞いたことがあるでしょうか？ 口をきかなかったり，当てこすりを言ったり，不機嫌な態度を取ったり，愛情表現をしなかったり，最初はやると言った約束ごとを最後までやり遂げなかったりすることによって，怒りを間接的に表現することです。こうして相手を傷つけ，苛立たせ，罰することで，相手から受けたと思っている仕打ちに仕返しをしようとするのです。そういう人はたいてい，自分の行動を問いただされると，別に怒っていないとか，わざとじゃないなどと言います。ネイは次のように言っています。「受動攻撃性ほど，扱いにくい怒りはないかもしれない。相手はこちらの求めるものをよこさなかったり，手に入れる邪魔をしたりしながら，怒っていることを否定するからである。相手が存在を認めようとしない問題を，どうして解決できるだろう？」(Nay, 2004 : 35)。

レオノーラは，部下であるルーシーを受動攻撃性の持ち主だと決め込み，面と向かってそう言ったことさえありました。「ルーシーはまさにそれです。インターネットで，この言葉を見つけました。読んでみたら，ルーシーそのものじゃありませんか。表面的には愛想がいいんですが，何かをしておくと言いながら，いざとなるとまだできていなかったり，うまくできていなかったりして，必ずその言い訳をするんです。ルーシーのせいで私の仕事が遅れます。ときどき絞め殺してやりたくなります」。レオノーラが本当に受動攻撃性を勉強したのであれば，ルーシーにそんなレッテルを貼っても，しっぺ返しを食らうだけだとわかったはずです。「ルーシーは私にこそ問題があると言いました。私が偏執狂で，医者に診てもらう必要があるって。失礼な女です。頭に来ました」。相手を受動攻撃性の持ち主だと非難しても，相手がそれを認めて悪事の数々を白状することはまずないでしょう。

この章の冒頭に書いたように，厄介な人に対処するための第一歩は，自分が相手にどんな態度を取っていて，それがどのように自分の感情の乱れを招いているかに目を向けることです。レオノーラの場合，「ルーシーはあんな振る舞いをすべきではない」とか，「ルーシーは自分の仕事をすべてこなすべきだ」とか，「私はあんな人間と一緒に働かされるべきではない」という具合に，「べき」という要求の言葉を連発していました。また，ルーシーを狡猾な敵と見なして，次なる「ずるい」策略を見破るために監視していなければならないと考えていました。しかし，ルーシーの行動をこのように考えたり人に話したりすると，最後には必ず腹が立ちました。怒りしか示せない状態が嫌だったレオノーラは，2つのことに取り組む必要がありました。それは，他の人はレオノーラではなくその人自身の考え方と価値観に従って行動するという事実を受け入れることと，その人がそのとき示している振る舞いについて，そんなふうに振る舞うべきではないと要求するのをやめることです。
　受け入れるということは，消極的になることでも，無力になることでもありません。相手と建設的に関わりあうための第一歩です。レオノーラは，受け入れることは弱さと降伏のしるしだと考え，抵抗していました。では，怒りにしがみつくことがこの問題の解決策なのでしょうか？厄介な人への対処についてワークショップを開くとしたら，彼女はこの方法を他の人に教える気なのでしょうか？　レオノーラは，ルーシーへの対処法は怒りつづけることではないとわかっていたので，次のステップに進みました。それは，この問題を解決するための作業を，ほとんどレオノーラが引き受けなければならないと認めることです。そこで，レオノーラはルーシーとの話し合いを設定しました。

- ルーシーに，受動攻撃性の持ち主だと言ったことを謝りました（これはレオノーラにとって難しい課題でした）。
- けんか腰にならずに，自分が問題だと思っていることを率直に話

しました。割り当てた仕事をルーシーが仕上げられないか，仕上げても完成度が低いということです。その後，この件だけでなく，自分と働くうえで対人的な問題を感じているなら，それについても話してほしいとルーシーに求めました。
* レオノーラは，ルーシーが自分に無理からぬ不満を抱いているかもしれないと予測していました。実際，ルーシーはレオノーラに対して，仕事量が多すぎ，ほめ言葉が一切なく，仕事の期限が厳しすぎると不満を述べました。これに対してレオノーラは，確かにそういう部分はあると答え，善処すると伝えました。
* ルーシーの思いを自分がきちんと聞いていることを納得させるため，たびたびルーシーの意見を要約して繰り返しました。
* 自分が今後ルーシーに求める行動の変化——十分な完成度で期限内に仕事を仕上げること——と，それが実現しなかった場合の対応について予告しました（Nay, 2004）。変化がなかった場合は，まず時間管理と仕事管理についてある程度のコーチングを行なうけれども，改善が見られなければ懲戒処分を行なうつもりでした。

　互いの誤解が解けた結果，多少の緊張は残ったとはいえ，これまでより生産的で社会人らしい関係が二人の間に生まれました。懲戒処分は不要でした。レオノーラはルーシーの振る舞いが反抗的に見えていた頃を振り返って，怒りを自分の強さの証拠だと考え，怒りを手放せばルーシーに負けると考えていたことを不思議に思いました。「怒りを手放したら，ルーシーのお粗末な仕事ぶりを不問に付すことになると思ったんです。でも，私が精神的な強さだと思っていたものは，実は精神的な停滞でした。状況を変える方法をひとつも思いつかなかったんですから。変わるのはルーシーのほうだと思っていて，自分自身が状況をまったく違う方向へ変えていくことは考えていませんでした」。

自分の反応を分析し，批判に耐えられるようになる

　ケヴィンは父親が大好きで，まめに電話をし，週末はできるだけ会いに行きました。70 代前半の父親は，数年前に妻に先立たれ，ひとり暮らしをしていました。ケヴィンはいつも上機嫌で父親に会いに行くのに，最終的には気分を害して帰宅する結果になると語りました。「一種の儀式のようなものですね。今回は違う成り行きになるように願いながら行くんですが，結局は父にまた文句を言われはじめて，私は『何のために来たんだろう？』と考えつづけるんです。むっつりして自宅に戻ると，妻が首を振りながら，『あなた，お父さんの家に通っても嫌な気持ちになるだけじゃない。いつになったらわかるの？』と言います」。では，ケヴィンが父親の家へ行ったとき，何が起きているのでしょう？

　ケヴィン　父は世間一般のことについて，あれこれ愚痴を言います。それはかまわないんですが，私個人について文句を言いはじめると腹が立ってくるんです。
　筆者　どんな文句を言うのか，例を挙げてもらえますか？
　ケヴィン　ええ。私は父のような「本当の医師」ではなく獣医になったことで，自分で自分の顔に泥を塗ったんだそうです。この文句は父の十八番ですよ。私は理由を何度も説明したんですが，父は受け付けないんです。
　筆者　「本当の医師」ではなく獣医になった理由を，なぜあなたはお父さんに釈明しつづけずにいられないのか，自分でおわかりですか？
　ケヴィン　さあ。父は弟や妹にも，人生の選択を間違ったと文句を言うんですが，二人とも軽く受け流しています。いつも，「あれがお父さんのやり方なんだよ。もう今さら，お父さんは変わらないよ」と言っています。私とは違って，二人は腹が立たないんです。私もそうなれ

たらいいんですが。

筆者 想像してみてほしいんですが、次に会いに行ったとき、またお父さんが文句を言いはじめたとしましょう。それでもあなたが何も答えず、自分がしたことを釈明しなかったら、どうなるでしょうか？

ケヴィン そうできればいいんですが、たぶん私は居ても立ってもいられないでしょう。

筆者 なぜですか？

ケヴィン それは……［信じられないというふうに首を振って］私はいまだに、自分が下した人生の重大な決断を父に認めてほしいからです。私はいつもその努力をしては失敗しているんです。

筆者 では、お父さんがその決断を認めなかったら？

ケヴィン 自分を疑いはじめます。もしかしたら、父のように総合診療医の道に進むべきだったのかもしれません。他に父から言われるのは、子どもたちを公立校ではなく私立校に行かせるべきだったとか、全員が大学に行くようにもっとうるさく言うべきだったなどということです。こういう話を持ち出されると、私のなかで疑念が湧いて、帰り道で自分自身との議論が始まるんです。父の言う通りなんでしょうか？

筆者 つまり、お父さんが批判したり、あなたの決断を認めなかったりすると、以前から抱いている疑念が刺激されるんですね。そして、あなたはそういった疑念を胸に抱いて、お父さんに会いに行くわけですね。これで、あなたのお話を正しくまとめられているでしょうか？

ケヴィン はい、その通りです。そんなふうに考えたことはありませんでした。私の機嫌を悪くさせるのは父だと思っていました。

筆者 あなたが加担しない限り、お父さんはそんなことはできませんよ。では、お父さんの批判を弟さんや妹さんのように軽く受け流したいなら、あなたは何をすればいいんでしょうね？

ケヴィン 大人になることです！ いい歳なんですから、身の振り方を認めてもらいたがるのをやめ、自分の人生はこれで良かったんだと信

じて行動したいです。

　その後,「大人になれ」と自分に命じる必要はないことがわかりました。人生の重大な決断を本当に認めてもらいたいなら父親が望む道を選んでいたはずなのに,自分はそうはしなかったということが,状況を検討すればするほどわかってきたからです。たとえば,父親は息子の結婚相手を「好ましくないタイプの女性」だと思いましたが,ケヴィンはかまわず結婚しました。なのに,そういった決断を疑いつづけている自分をケヴィンは腹立たしく思っていたので,私たちは最終的にその怒りに焦点を合わせました。疑念は頭を離れなくなり,父親に会いに行くたびに強まりました。「たぶん私は,この疑念には直視したくない真実が含まれていると思っているんでしょう」。疑念と関わりあうたびに——特に,父親に釈明しようとするたびに——それは強くなり,さらに真実味を帯びてしまうのでした。

　あるイメージ訓練をすることにケヴィンは同意しました。疑念が頭をもたげても,それと関わりあわず,ただその存在を認め,心を素通りさせるのです。考えと関わりあわないこのテクニックは,「マインドフルネス*」と呼ばれています。これを繰り返し練習することで,ケヴィンの疑念は弱まっていきました。父親に会って批判されても,もう釈明する必要は感じません。ときには座ったまま黙って聞き流しますが,父親の言葉を遮り,散歩に行こうとか,庭を眺めようなどと提案して,話を変えることもあるそうです。ケヴィンの妻は,夫がもう気分を害さず,上機嫌で帰ってくることに気づきました。それにしても,父親はなぜケヴィ

---

* (訳注) **マインドフルネスとは?**——シーガルたちは,第一人者であるカバット＝ジンの言葉を引用してマインドフルネスを次のように紹介しています。「意図的に,今この瞬間に,価値判断することなく注意を向けること。あなたのさまざまな思考は単なる思考にすぎず,それらは"あなた"や"現実"ではないと理解できると,いかに自由な感じがするか(後略)」。このマインドフルネスを基盤にした認知療法やストレス低減療法が近年では盛んになっています。[参考文献] ジンデル・V・シーガル,ジョン・D・ティーズデール,マーク・ウィリアムズ [越川房子＝監訳] (2007)『マインドフルネス認知療法——うつを予防する新しいアプローチ』北大路書房

ンに文句を言いつづけるのでしょうか？「父は子煩悩なんですが，昔からずっと批判的だったんです。伴侶に先立たれてからはそれがひどくなりましたね。今も私は父に会うのを楽しみにしていますが，一緒にいるとき，自分を怒らせないようにする方法を学びました」。

いじめる上司に立ち向かう

部下をいじめる上司は，「ほめるときは人前で，批判するときは二人きりで」という管理職の鉄則に目もくれません。こういう上司は，あなたがどこにいようとおかまいなしに，気が向いたらいつでも叱りとばすでしょう。あなたは人前で恥をかかされ，復讐を夢想するようになります。上司の振る舞いについて人に愚痴を言えば，「あの人は誰にでもああなんだよ」と同情してもらえるでしょう。しかし，不満をこぼすだけで，自分を守るための（復讐計画ではなく）建設的な行動計画を立てなければ，上司の爆発には対処しようがないという気持ちがいっそう強まり，次の爆発がさらに怖くなってしまいます。では，いじめる上司にはどう対処すればよいのでしょうか？　まずは上司のことを，自分で自分に課したプロジェクトと見なすようにしましょう。つまり，トラックにひかれてほしいとしょっちゅう願う，我慢のならない相手に対して，共感しようとするのです。それは相手の視点から世界を理解するということであって，その視点に同意する必要はありません。覚えておいてほしいのは，目的は上司を哀れむことではなく，いじめの効果を殺ぐことだという点です。したがって，これから行なう調査作業はそのためのものです。

さまざまな家電製品には，その製品をなるべく有意義に使うための取扱説明書が付いてきます。上司にも取扱説明書があると考えましょう。あなたの仕事は，上司との接触をなるべく有意義にするために，上司の行動の動機を理解することです。「あんな性質の悪い振る舞いをすべき

ではない」と言い張っていても、その振る舞いは変わらないでしょう。上司は上司の取扱説明書に従って動いているのです。あなたの頭のなかにある取扱説明書、たとえば「管理職は公正かつ平等に、敬意をもって部下に接するべきだ」とか、「経営者は従業員の心身の健康に注意する義務を負う」などという説明書に従っているわけではありません。

　こういった上司の行動を引き起こしているものは、たいていの場合、なんとしても仕事をやり遂げようという強い一念です（Brinkman and Kirschner, 2002 ; Persaud, 2005）。部下は、上司の目標の達成を助けているか、妨げているかのどちらかで判断されます。おそらくあなたは自分を、上司の頻繁な叱責に耐えなければならない、なんの罪もない犠牲者と見なしているのでしょうが、もしかしたら上司は自分こそが真の犠牲者だと思っているかもしれません。あなたのヘマや能率の悪さのせいで、自分が思わしい業績を上げられず、自分自身や他の人から低い評価を受けることになるからです。いじめは、上司自身の不安から行なわれる場合が多いのです。また、あなたは言葉の暴力に腹を立てるでしょうが、上司の考えでは、それは個人攻撃ではまったくなく、ただ自分の求める結果を得るために発破をかけているだけだと思っていることが少なくありません（Brinkman and Kirschner, 2002）。したがって、上司の取扱説明書を「拾い読み」し、上司と同じくらい仕事重視の姿勢を取って、上司の目標に自分を合わせる必要があります（Persaud, 2005）。上司にとって大事なことは、あなたにとっても大事なのです。しかし、言葉の攻撃を受けているときは、次のような態度を取ってもよいでしょう。

1. 落ち着きを保ちながらも、自分の意見を毅然と伝えましょう。ののしりあいに陥ったり、平身低頭したり、哀れっぽく言い訳を並べ立てたりしてはいけません。相手の言葉を遮るのはおそらく難しいでしょうから、相手が疲れるのを待つ必要があるかもしれません。長い説教を終えた途端、本人が荒々しく立ち去ってしまわ

なければ,「お話がおすみでしたら……」というような言葉で切り出しましょう。たとえ反論するチャンスがなくても,攻撃を受けつつ冷静なあなたの姿は,かんしゃくを起こしている上司とはきわめて対照的です。上司はあなたのそんな反応に不慣れなはずです。私の経験から言うと,上司はあなたの冷静さを見て,自分の振る舞いを恥ずかしく思うようになるでしょう。

2. 説教が終わる気配がなければ,上司の名前を呼びながら,耳を貸してもらえるまで話を遮りつづけましょう (Dryden and Gordon, 1994)。「ジョンソンさん,ちょっとよろしいですか？ ジョンソンさん……」という具合です。発言するときは要点だけを簡潔に伝えるようにし,なるべく仕事重視の姿勢を声ににじませながら,「私がした仕事の問題点は**具体的には**どこなんでしょう？」と尋ねましょう。再び叱責が始まったら,言葉を遮って,上司が仕事に関する情報をまったく提供しておらず,これでは間違った箇所はおろか,それを正して上司の目標の達成を手助けする方法もわからないということに気づかせます。つまり,説教で時間を浪費していることを認識させるのです。ただし,あなたがしようとしているのは,上司を攻撃することではなく,丁重かつ強力に上司の意識を問題の解決に向けさせることだという点を忘れないでください。もし自分はミスなど犯していないと思うなら,上司の言い分を裏づける証拠を示してほしいと頼みましょう。あなたは侮辱されたいわけではありません。

3. 上司から敬意を得られるよう努力しましょう。ホークは,敬意とは軽い恐怖のことだと述べています。「人から敬意を得たいなら,自分を少しばかり怖がらせなければならない」(Hauck, 1998 : 39)。たとえ相手が上司で,人事権をもっているとしても,あなたはそんなことも怒りの爆発も怖くはないと,はっきり意思表示することが重要です。攻撃中も冷静さを保ちながら,軽蔑ではなく敬意

をもって扱ってほしいという希望や，もうこんな口のきき方に耐えるつもりはなく，言葉の攻撃が始まったらすぐに会話を打ち切るという決意を強く示しつづければよいのです。「私にそんな口のきき方をしても問題の解決にはまったく役に立ちませんし，もちろん，あなたのためにもっと懸命に働こうという気にもなりません」。この毅然とした姿勢を取るときは，ぶれがないようにしなければなりません。決然としているかと思えば怖がったり，冷静かと思えばびくびくしたりしていたら，意志を貫く勇気がないと見られ，もう何回か雷を落とせば身のほどをわきまえて反抗をやめるはずだと思われてしまうでしょう。

あなたが決然として冷静さを保っていれば，上司はあなたを見直すでしょう。虫の居所が悪いとき，いじめられる部下としてではなく，いわば初めてあなたを一人の人間として見るのです。嫌々ではあっても，上司は一貫した態度を取るあなたに敬意を払うでしょう。それによって，攻撃の頻度や激しさや持続時間が大幅に減少するはずです。ただし，攻撃がまったくなくなるとは思わないでください。ブリンクマンとカーシュナーは次のように述べています。「攻撃的な人は，実は自分を守るためにはっきり自己主張する相手を好む。ただし，その自己主張を自分への攻撃と見なさなければの話である」（Brinkman and Kirschner, 2002：72）。上司と議論をしたときは，相手を上司として認めているしるしに，最後の一言を言わせてあげましょう。その一言が当てこすりだったとしても，聞き流すことです。これであなたは上司のあしらい方を心得て，数カ月前よりも職場の居心地をはるかに良くしたことになります。「敬意をもって接すること」はあなたの取扱説明書の重要事項となり，上司はその一文を自分の説明書に渋々書き込んだはずです。

もっと自由に行動するために罪悪感を捨てる

「あの人，愚痴を言うのをやめられないのかしら？」。そんな愚痴を，あなたは頻繁に口にしているかもしれません。愚痴ばかりこぼす人には他に対処のしようがないとばかりに，結局は自分もしきりに愚痴を言ってしまうのです。しかも，その人の愚痴を聞くと腹が立つと言いながら，怒りを胸にしまって話を聞きつづけてしまいます。「なぜ愚痴をこぼすのをやめて，たまには楽しい話ができないんだろう？」。あなたは気づいていないようですが，他にしたいことがあるのに，たびたび相手が望むだけつきあってやれば，相手の行動を持続させることになるのです。愚痴ばかりこぼす人は，聞き手のエネルギーを消耗させ，脱力感や疲労感や苛立ちを引き起こすように見えるかもしれません。というのも，聞き手は2つの闘いに身を投じることになるからです。まず対外的には，実際にはない興味をいかにもあるように見せかけて，同情的な表情をつくりつつ，何とか会話を終わらせて逃げようと，むなしい努力をします。そして内面では，相手が自分をうんざりさせ，拘束し，不満をぶちまけていることに怒りを燃やしつつ，自分で自分をいつもこんな立場に追いやってしまうことにも憤るのです。しかし，なぜあなたはこのような状況を防げないのでしょう？　よく聞かれる答えは，罪悪感です。

スーの友人のジョーは次から次へと危機に陥るらしく，その展開をいちいちスーに話したがりました。スーはジョーの際限のないトラブルを聞かされるのにうんざりしていましたが，まだ限界には達していないようでした。

スー　先日，夜にジョーから電話が来ました。私は仕事でくたくただったので早く寝たかったんですが，彼女は取り乱して泣いていて，興奮していました。また旦那さんと大げんかをしたそうで，私は「今晩は

やめて。もう、いい加減にしてよ。こっちは疲れきっているのに」と思いました。

筆者 彼女にそう言いましたか？

スー 言いたかったんですが、言いませんでした。

筆者 なぜ言うのをためらったのか、自分でおわかりですか？

スー そんなことを言ったら、ジョーは傷つきます。たぶん、もっと取り乱すでしょうし、私が彼女のことを気にかけていないと思うでしょう。そうしたら、私は悪いと思ってしまいます。

筆者 「悪い」というのは、どの感情を指しているか、おわかりですか？

スー わかりません。

筆者 「自分は早く寝たいから、話は明日にしよう」とジョーに言ったとしましょう。あなたは、彼女がまだ取り乱して泣いていることを知りながら寝るわけです。

スー そんな言い方をされると、罪悪感を覚えます。

筆者 **あなたのしたいことをしたら、あなたは**どう感じるでしょうね？　つまり、早く寝るということですが。

スー 罪悪感を覚えるでしょう。

筆者 では、今度は私は手伝いませんよ［クライエント、うなずく］。あなたのどういう考え方が自分に罪悪感を覚えさせてしまうのか、おわかりになりますか？

スー そうですね、私はジョーの友達なのに、助けを求められているとき、その期待を裏切っている。これでは良い友達とは言えない。彼女を傷つけてしまった。ただでさえ苦しんでいるのに、もっと苦しめてしまった。まるで彼女を見捨てたみたいだ。ベッドに入っても、自分がしたことに動揺して眠れないでしょう。どっちにしろ、針のむしろです。そのまま話を聞いていれば腹が立ちますし、聞かないでベッドに入れば罪悪感が襲ってきます。

筆者 ジョーがトラブルについて話してきたとき、あなたはどんなふう

に応じたいですか？

スー　ときどきは話を聞いてあげるけど、いつまでも聞いていたくはありません。ジョーの話が終わるのを待つのではなく、こちらから終わらせる方法を学びたいです。でも、場合によっては、用事があるから聞く気分ではないと言いたいですね。

筆者　では、ジョーがあなたの新しい態度に怒ったら……？

スー　彼女が怒ったのは私のせいではないと思いたいです。罪悪感を覚えずに。これ以上、具体的には考えられません。

筆者　いいでしょう。では、罪悪感から取りかかりましょう。

　表 2-1（p.052）を見ると、罪悪感に関連するテーマは、道徳的な過ちと、人を傷つけることとなっています。罪悪感を覚えている人の考えには、こういったテーマが反映されているはずです。罪悪感の認知の力学では、人は「しなかった行為をすべきだった」（不作為の罪）または「すべきではなかった行為をした」（作為の罪）ため、「自分の道徳律に違反した」と考えます。そのような悪い行動は、自分が悪い人間だということを意味しており、「悪いと思う」というスーの言葉はまさにこの感情を指していました。

　ジョーとの友情に関するスーの道徳律は、次のようなものでした。「ジョーが困っているときは、いつも私がついていてあげなければならない。そうでなければ、彼女の期待を裏切るし、私は悪い人間だということになる。期待を裏切っただけでなく、そのことによって彼女の苦しみをさらに強めてしまうからだ」。スーの道徳律は硬直した厳しい言葉で表現され、心理的な自由をまったく与えてくれませんでした。つまり、ときどきジョーの話を聞くのを避けるという選択肢を自分に禁じていたのです。仮にその選択肢を選んだら、罪悪感に猛烈に苦しめられることがわかっていました。

　しかし、罪悪感をかきたてていたのがスーの考えだとしたら、話を聞

きたくないと言われてジョーが傷つくのはジョーの考えのせいです。「私が取り乱しているときは，スーがついてくれなければならない。話を聞きたがらなければ，スーは私の期待を裏切ったことになる。ただでさえ取り乱しているときに，そんな扱いを受ける筋合いはない。スーは友達ではない。こんなに大変なときなのに，私はひとりぼっちだ」（たしかに，これはジョーの考えを私が推測したものですが，私の経験では，傷ついたときはたいていこのように考えているものです）。

　この硬直した道徳律を，スーは書き直すことにしました。これまでとは違って，自由がもてるような柔軟かつ優しい言葉を使うのです。「ときどきは話を聞くけれど，長くはつきあわない。ジョーはいつも私にアドバイスを求めるけれど，結局は一顧だにしない。ジョーの問題を解決するのは私の仕事ではない。私が話を聞きたくないと言って彼女が怒っても，怒らせておけばいい。ジョーがどう感じるかは私の責任ではなく，彼女自身の責任なのだ。話を聞きたくないからといって，私が悪いわけではまったくない。だから，聞いてあげないという理由で自分を責めるのはバカげている。もし私と同じ立場の人がいたら，私はその人を責めないだろう」。

　これを最初から最後まで暗記するのは大変なので，スーは短く縮めたいと考えました。古い考え方というのは「全か無か」の硬直した考え方ですが，新しい考え方は問題をありとあらゆる角度から見ようとするので，長文になりがちなのです。そこで，スーは次のように短縮しました。「聞くか聞かないか——それは状況による」。スーが新しい考え方を実践して，ときどきジョーの最新版の身の上話に耳を貸さないでいると，ジョーは腹を立て，スーの予想通り二人の関係は次第に消滅していきました。

　スーにとってむしろ驚きだったのは，自分がなぜこれほど長い間，ジョーの愚痴に耐えていたのかということでした。「罪悪感だけが理由ではありませんね？」と私はスーに尋ねました。シーバートは，愚痴ば

かり言う人とつきあうことに一体どのようなメリットがあるのかと問いかけています（Siebert, 1999）。スーは最初，この問いに戸惑い，「メリットなんてひとつもありません」と答えていました。しかし，もっとよく考えてみると，ジョーが「旦那さんを悪しざまにののしる」のを聞いて疲れきった後は，少なくとも自分と夫の関係は盤石だと安心することができ，夫への親密な気持ちと愛情が強まることを思い出しました。また，自分に対する全般的な満足感も強まりました。「他の人と同じように私にも欠点があるけれど，幸い，ジョーのような欠点ではないわ」。それでも，振り返ってみると，ジョーの愚痴を聞くことの代償は大きすぎました。自分自身の人生に目を向ければ，安心できる証拠はいずれにせよ見つかったのです。

人から嫌われても悩まない

いじめる上司についての項（pp.212-215）で，私は上司の攻撃性を和らげ，関係を改善する方法をいくつか提案しました。完全に円満な関係にはならないでしょうが，少なくとも上司は敬意を示すようになるはずです。しかし，誰かに嫌われている場合，その憎しみに満ちた態度を和らげるべく影響を及ぼそうとしても，らちが明かないかもしれません。悪いことや卑劣なことをしなくても，人から嫌われることはあります。民族や，性別，性的指向，宗教，社会的階級，生活様式，成功，容姿，意見，人気度など，人から嫌われる要因は山ほどあるのです。ドイツ人の作家で詩人のヘルマン・ヘッセは，「誰かを嫌う場合，それは相手がもっている自分と同じ性質を嫌うのである。自分にない性質は気にならない」と述べています。たとえば，あなたは上司に媚びる同僚を忌み嫌っているかもしれませんが，それはかつて自分が同じような行動を取ったことや，そのために自分で自分を激しく責めたことを思い出して不愉快になるからかもしれません。また，同性愛者を嫌っ

ている人は，かつて同性のヌードを見て性的に興奮し，自己嫌悪に陥って，自分は異性愛者ではないのだろうかと疑念を抱いたことがあるのかもしれません。

　例によって，回復につながる対応は，自分をコントロールすることから始まります。もちろん，暴力を振るわれる恐れがあるのなら，攻撃されたときに自分の身を守ったり，用心のために護身術を習ったりする必要があるでしょう。身体的攻撃の恐れはさておいて，注意してほしいのは，「あの人に私を嫌わせてしまったのは，私が何をしたからなんだろう？」といった自問に陥ってしまうことです。「嫌わせた」というと，相手があなたを嫌ったのはあなたの強制によるもので，選択の余地さえあれば，相手はあなたを好きになったかもしれないというニュアンスがあります。あなたは嫌われている理由を説明するために，自分が「悪い」人間になった原因を探して，欠点をあれこれ考えるかもしれません。嫌いな理由を教えてもらえないので，あなたが代わりに解明するのです。また，相手をなだめるような気さくな態度で，「私が何をしたというのか，ヒントだけでも教えてくれないかな？」と何度も聞いたことがあるかもしれません。しかし，そのたびに「『あなたの友達になりたいの。みんなで仲良くしましょ』なんて幼稚なことを言ってくるなよ。失せろ！」と，すげなくあしらわれてしまいます。なぜこんなに苦労して自分への見方を変えさせようとしているのか，自分でもわからなくなってくるかもしれません。誰かに嫌われていることを受け入れるのは苦痛だからでしょうか？　あるいは，その人に嫌われていることで，自分は良い人間だという自己イメージが打ち砕かれるからでしょうか？　もし相手があなたへの見方を変えたら，あなたの苦痛が和らいだり，自己イメージが回復したりするのでしょうか？　もしそうであれば，あなたはこういった問題の解決を，自分を嫌っている人の手に委ねているということです。

　相手に歩み寄ろうとしたのに，どんな努力も実を結ばなかったら，あなたは相手と同じ手で反撃しようと思うかもしれません。つまり，憎し

みに対して憎しみを返すのです。しかし、その方法は危険です。「憎しみほど人を消耗させる感情はめったにない。また、嫉妬などの激しい感情と同じく、憎しみは文字通り自分に取り憑いて人生を支配しかねない」(Ellis, 1977 : 221)。あなたは興味のあることから遠ざかり、憎む相手を人生の中心に据えるようになって、自己意識を失いはじめるか、あるいは憎しみに満ちた自己意識しか自覚できなくなります。「あいつが私をこんなふうにしたんだ」。しまいには、「ひねくれて」しまった自分を憎むようになるかもしれません。この憎しみの皮肉を、オルセン (Olsen) が簡潔に述べています (Ellis, 1977 : 221)。「憎しみとは、他者の行為のために自分自身を罰し、破壊する方法である」。

たとえば、自動車事故に遭ったある女性のクライアントは、そのとき負ったケガの痛みに悩んでいました。女性をはねた車は盗難車で、運転していた男は現場から逃走し、結局、捕まりませんでした。女性は憤り、「自分の人生をめちゃくちゃにした」男に激しい憎しみを抱きました。この怒りを、女性は一種の懲罰と見なしていて——いつ、どのように実現するかは不明でしたが——いずれ男は「痛い目に遭い」、自分と同じ苦しみを味わうことになると考えていました。怒りを手放してしまえば、「男は罰を受けずにすみ、男の勝ちになる」のです。しかし、長期にわたる怒りは心身を蝕み、痛みの悪化を含む大きなダメージを女性の生活に与えました。ケガそのものではなく、怒りと憎しみこそが自己破壊を招いたのです。私は女性が自分自身にしていることを理解させ、それを変える手助けをしようとしましたが、残念ながら、まったく成果はありませんでした。

では、誰かに嫌われていて、自分が何をしても相手の気持ちが変わりそうにないなら、どう対応すればよいのでしょう？ 第一段階は、自分だけは人から嫌われないなどということはありえないと思い出して、どんなに嫌でも現実を受け入れることです。たとえば、「嫌われないほうが断然いいが、そういう事態が自分に起きてはならない理由はない」と

考えるのです。ストア派哲学者の教えに従って、嫌われていることに無頓着な態度を取るようにしましょう（第2章 pp.039-040 のエピクテトスに関する部分を参照してください）。つまり、自分がコントロールできることと、できないことを区別するのです。「私たちは自分がコントロールできることに関心を向けるべきで、コントロールできないことは気にすべきではない。これは時代を超えて語り継がれてきた、ストア派哲学者の重要な助言である」（Morris, 2004 : 86）。嫌われていることに無頓着になれという言葉がしっくりこなければ、先ほどの、「嫌われないほうが断然いいが……」という言葉を覚えておくとよいでしょう。

　数十年前、私が学生だった頃、同じクラスの一人の女の子が私を嫌っていました。私が「気持ち悪くて不快」だという以外、きちんとした理由の説明はありませんでした。私は彼女に嫌われていることに大いに悩み——廊下ですれ違うたび、怒ったような目でにらまれたことにも悩みました——愛想よく接するよう努力しましたが、無駄でした。どんな行動が彼女の気に触ったのか、頭を絞って考えましたが、心当たりはありません。課程が終わるまでの1年半、この気まずさが続くのかと思っていましたが、ある朝、通学電車のなかで突然（実際にはさんざん考えた末に）こんな結論に至りました。彼女が私を嫌いでも、別にかまわないじゃないか。そう考えると気が楽になり、その安らかな気分は後々まで持続しました。私は彼女の憎しみから精神的に自由になったのです。自分を自由にするために、彼女に憎しみを手放してもらう必要はありませんでした。この結論に至ってから、廊下で彼女とすれ違うときも微笑みを浮かべ、教室で近くに座るときは、彼女に何を思われているかを気にすることなく、くつろいだ気分でいられました。

　相手が抱いている憎しみは変えられませんが、自分がそのことで悩むかどうかはコントロールできます。もし悩めば、一種の心理的な隷属状態に陥ってしまうでしょう。つまり、相手が自分を嫌いつづける限り、「嫌われるような悪いことは何もしていないのに、理不尽じゃないか」と

いう思いと、「これは耐えがたい状況だ」という思いを拭えず、悩みが続くということです。そのうえ、「相手にもうこれ以上、攻撃材料を与えたくない」という気持ちから、その人にどう思われるかを基準にして行動するようになり、いわば相手の気持ちのなかに囚われてしまいます。相手の見方を通して自分を眺め、憎しみを和らげるか、少なくとも悪化させなそうな行動を取るのです。

　職場や社交の場などで、自分を嫌いな人と接触せざるをえないときは、形式的な会話を短く交わすだけにしましょう。相手が暴言を吐きはじめても、それに「食いついて」はいけません。会話を打ち切って、その場を立ち去ってください。弱さのしるしに見えるのではないかと気にしてはいけません。気にすれば、心理的な隷属状態に逆戻りします。あなたは行動を通じて、自分が許容できることとできないことを相手に知らしめると同時に、相手が自分の前で卑劣なことをできないようにさせられます。

　ただし、陰でなされる行為は防ぎにくいでしょう。たとえば、自分に関する悪い噂を広められた場合などは、雑音程度に考えて、気にしないようにする必要があります。もしそういった噂で自分の評判が多少なりとも傷ついているため、相手とじかに話をつけたいと思ったときは、それが職場であれば、調停する権限のある中立の第三者に必ず立ち会ってもらいましょう。また、その場を立ち去ることが不可能な場面もあるはずです。たとえば、会議中などに問題が起きたときは、「私は侮辱には答えません。社会人らしい言葉で述べられた意見と質問にだけ答えます」と、きっぱり言い返してから、発言の仕方の模範を示してあげましょう。しかし、相手と日常的に顔を合わせる場合、容易な解決法はないかもしれません。それを求めても、悩みが増すだけです。

　ただし、相手を過大視しないようにしてください。自分が目指している目標や、家族と友人から得られる喜びに比べれば、相手はちょっとした癪の種にすぎません。「どんな経験からも教訓が引き出せるので、無

駄にはならない」という考え方を認めるなら，敵がいることによって，自分には必要ないと思う性質がわかるはずです。要するに，理性の代わりに憎しみが人の態度や行動を支配することがあるのです（たぶん，あなたはこれをわが子にも教えたいと思うでしょう）。それがわかれば，自分にとってどのような性質が重要かがいっそう明らかになるでしょう。それは理性や，寛容，平等，協調性，礼儀正しさかもしれません。この項を要約するなら，「嫌われていても，それを気軽に考えられるようになろう」となります。

生き方はその人自身に見つけさせる

アニーは，23歳の娘の「やる気」のなさに激しい怒りを覚えていました。「あの子は，ふらふらと生きているだけなんです。勉強もがんばりませんでした。仕事も転々としていて，一カ所に長く勤められないようです。自分に合った職業を見つけるより，ロックコンサートに行くほうが大事なんです。彼氏も次々と変わります。アパートの部屋は散らかり放題。借金を抱えても気にしません。私が文句を言っても，あの子はただ肩をすくめるだけです。あらゆることに対するあの子の態度に，とても腹が立ちます」。

アニーは熱心すぎるほど娘の世話を焼いていましたが，望むような変化は起きていませんでした。借金の返済や部屋の掃除もたびたび代わりにしてやりましたが，それは自分でやる気になるのを願ってのことでした。「娘が日曜日に食事をしに来るたび，『自分のやり方は間違っていた』と言い出すのを今か今かと待ち構えているんですが，娘はほとんどしゃべらず，食べ終わるとすぐ帰ろうとします」。アニーの言う「無気力な状態」から娘を引きずり出す努力は，実を結んでいないばかりか，二人の関係をどんどん悪化させていました。では，なぜアニーは非生産的な方法を取りつづけているのでしょうか？

アニー　だって，あの子は私の娘ですから。もっている能力を発揮して，できるだけ充実した人生を送ってほしいんです。今，あの子はそうしていません。転落の一途をたどっています。娘がそんな状態では，私は幸せになれません。

筆者　娘さんは，この問題についてどうおっしゃっているんですか？

アニー　ええ，娘は決まって「放っといてよ。干渉せずに，私のやり方でやらせて」と言います。でも，放っておいたら，もっとひどい状態になってしまいます。

筆者　では，旦那さんはどうおっしゃいますか？

アニー　「自分で撒いた種だ。自分で刈り取ることになるさ」と。夫は何の助けにもなりません。ときどき，娘は夫に似たのかと思います。どこも同じですよ。母親は子どものために最後の最後まで闘いますが，父親はすぐ音を上げて，新聞の陰に隠れるか，パブに逃げ込むんです。

筆者　娘さんの「最後の最後」が頭のなかに浮かんでいるんですか？

アニー　あの子が人生をどぶに捨てて，無為に過ごす姿が浮かんでいます。

筆者　娘さんのたどる道をそんなに正確に予想できるものでしょうか？

アニー　ええ，できます。だからこそ，こんなに努力しているんじゃありませんか。

筆者　もし娘さんが望むように，あなたが引き下がって，娘さんの人生に干渉するのをやめたら，あなたには何か失うものがありますか？

アニー　大ありですよ。あの子の人生がめちゃくちゃになるのを，指をくわえて見ていなきゃならないんですから。本気でお尋ねになっているんじゃありませんよね？

筆者　でも，娘さんはあなたのアドバイスをまったく聞いていませんよね？　つまり，あなたは娘さんの意思決定に良い影響を少しも与えていないわけです。それに，気をつけないと，娘さんとの関係は修復不

可能な状態になりますよ。自分のやり方でやらせてくれと言っているのに、なぜそうさせられないんですか？

アニー　私が目を離さずにいれば、事態が悪化するのを止められるからです。

筆者　あなたから見ると、娘さんは転落の一途をたどっているとおっしゃいましたよね？　あなたが目を離さずにいるというのに。娘さんを信じてあげて、やりたいようにやらせたらいかがですか？　借金も、散らかった部屋も、ロックコンサートも、次々変わる彼氏や仕事のことも。

アニー　娘に見切りをつけろと？

筆者　そうは言っていません。娘さんを見捨てるわけではありません。もし本当に事態が悪化したら、そのときはあなたの出番ですが、干渉するのはやめましょう。娘さんには、自立した人生を送ってほしいでしょう？　それも、あなたのやり方ではなく、娘さんのやり方で。

アニー　もちろんです。大切な娘ですからね。

筆者　それが本当なら、今と違う方法を試してみましょう。自分なりの生き方をさせるんです。間違いも含めて。

アニー　［ため息をつく］つまり、引っ込んでいるわけですね。

筆者　そうです、引っ込んでいるんです。

アニー　［ぐったりした口調で］わかりました。やってみます。あの子の心配ばかりして、すっかり疲れてしまいました。

引っ込んでいるということは、娘の部屋を勝手に訪ねず、掃除もせず、借金の返済も肩代わりせず、娘から話してこない限り、娘の生活ぶりも詮索しないということでした。言うまでもありませんが、アニーは逆の行動を取りたい衝動に強く駆られるとともに、娘の生活が救いようのない惨めな状態に陥る光景を想像しました。しかし、ほとんどの場合、衝動には屈しませんでしたし、娘の生活が崩壊することもありませんでし

た。ある日曜日、娘は食事に来て、今ある借金を返済してほしいと母親に頼みました。借金返済も母親のお節介のひとつでしたが、娘はこれには異議を唱えなかったのです。アニーは心を鬼にして断りました。「自分の人生に干渉しないでほしいと言ったわよね。だから、しないつもり。それはあなたの借金だから、これからは自分で解決するのよ」。娘は怒って家を飛び出し、数週間、口をきかず、その間アニーは気をもみ、自分のしていることが正しいのかどうか迷いました。最大の闘いは、娘ではなく自分自身との闘いでした。「この状況で誰よりも厄介だったのは自分自身でした。私は夫と同じ考え方をするようになって、以前よりも夫との距離が縮まりました。あの人は娘を気遣っていないのかと思っていましたが、あの人なりのやり方で気遣っていたんですね。それから、自分の嫌な部分を発見してしまいました。まるで専制君主のようだったということです。娘は私の流儀で生きなければならず、夫は私の流儀で物を見なきゃならないと言ってたんですから」。

私はアニーに、あなたはいつも娘さんの欠点だと思う部分に目を向けますが、長所も挙げてみてくださいと言いました。アニーは戸惑い、「どんな長所ですか？」と尋ねました。そこで私は、娘さんはひとり暮らしができ、自分で部屋を見つけ、仕事に就き、彼氏をつくり、ロックコンサートに行ったりして、友達と一緒に人生を楽しんでいるじゃないですかと指摘しました。もし仕事に就いたことがなく、ずっとアパートに引きこもって、抑うつ状態で酒や薬に溺れていたら、それは本当に心配しなければならない事態です。アニーは初め、私が挙げた長所すべてに反論し、それを欠点にすり替えようとしましたが、娘の目で世界を見ようとしたとき、それが長所であることを渋々認め、ついには泣きはじめました。「なぜ私は自分の娘についてこんなに否定的なんでしょう？　これじゃいけませんね」。

彼女は娘を食事に連れ出すことにし、自分の気持ちを打ち明けました。セラピーを受けていることも伝え、自分自身についてどんなことを学び、

どんな変化を遂げているかも話しました。そして二人の間に，ある種の和解が成立しました。娘は，干渉しないという約束が守られるかどうかをまだ少し疑っていて，アニーのほうは，借金返済の肩代わりをあくまでも拒否しました。その結果，娘は返済のためにいつもよりずっと長く同じ仕事を続け，アニーによれば，「母親の安全ネット」が取り去られたため，借金を負うことにずっと慎重になったと言います。本当の進展がうかがえるのは，日曜日の食事の様子だとアニーは話しました。「娘は昼食後も1, 2時間うちにいて，私とあれこれおしゃべりをするんですよ。笑いが起きることさえあります。もう長いこと，娘と一緒にいてくつろげたことはなかったのに」。前の項で，心理的な隷属状態から自分を解放する話をしましたが，アニーもまた，娘が自分のイメージ通りの人生を送ることと，自分の幸せとを結びつけるのをやめました。

厄介な人への対処の第一歩は，自分をコントロールすること

　厄介だと思う人に対処するときに注意すべき心理的な過ちは，実際とは違う振る舞いを相手に求めることです。それはまるで昼を夜にしてくれと言い張るようなもので，結局は要求が無視されていると感じ，自ら怒りをかきたてることになります。他の人の行動は，あなたではなく，その人の考え方から生まれるということを忘れないでください。相手の行動を受け入れれば（相手の行動を良いと思う必要はありません），問題を解決することだけに集中し，自分で自分の気持ちをかき乱さずにすみます。相手の行動の動機を探ること，つまり相手の視点から世界を見ることと，行動に良い影響を及ぼす手段を見つけることは，あなた自身の仕事です。あなたにできるのは相手の行動に影響を及ぼすことまでで，実際に行動を変えるかどうかは相手次第です。したがって，変えられなくても，自分を厳しく責めるのはやめ，自分の気持ちをかき乱さないようにしてください。あなたは全能の神ではないのです。また，行動に影

響を及ぼそうとするのではなく，その人から離れることが最善策である場合もあります。その人との関係はもはやあなたにとって意義がなくなり，時間と労力を浪費するだけになってしまったのです。ただし，最も厄介な人間は自分自身である場合もあります。それを認めるには勇気が必要です。

　人生のあらゆる出来事に回復力をもって対応できるのは，すばらしいスキルです。そして，すべてのスキルと同じく，それを維持し向上させるには絶え間ない練習が必要です。これが次の章のテーマになります。

第9章
回復力を維持する

はじめに

　本書では，認知行動療法の観点から回復力の養成を考え，逆境に直面したときどのような態度や行動が役に立つか，あるいは足かせになるかを具体的に示してきました。また，困難に負けることなく，うまく対処できた人の事例も多数紹介してきました。悪い出来事を乗り越えると，たいてい自分への見方が変わります。たとえば，以前は自分で人生の舵取りをする自信がなかったのに，そうしようという決意が生まれたりします。ただし，回復力のスキルが永久に自分のなかに定着し，次の試練のとき自然に発揮されるとは限りません。セラピーから得られる重要な教訓のひとつに，学んだことは一生涯，維持していかなければならないということがあります。セラピー自体は終わっても，人生はまだまだ続くのです。では，新たに身につけたスキルをどう扱っていけばよいのでしょうか？　比喩として，体力をつけることと体力を維持することの違いを考えてみましょう。体力をつけるというのは，たとえば，最初は弱々しかった体を，トレーニングによってハーフマラソンを走れる状態までもっていくことです。一方，体力を維持するというのは，体力低下を防ぐために定期的にハーフマラソンを走ることです。

　クライエントのなかには，私の警告をよそに，自分が苦労して遂げた変化はどんなことをしても失われないと考える人がいます。たとえば，たまにコカインをやっても，薬物を断つという方針に反しないと思った

り，怒りをコントロールするスキルによって冷静さを取り戻せるようになったからには，頻繁にかんしゃくを起こしてもかまわないと思ったりするのです。こんなふうに変化の維持について自分を欺いていると，問題のぶり返しをじかに引き起こしはしなくても，間接的にはそれを助長することになるでしょう。その後，何度もぶり返しが続けば，おそらくセラピー開始時の状態まで逆戻りしてしまうはずです。自滅的な考えや行動や感情がまた頭をもたげ，セラピーの効果がすっかり帳消しになってしまったように見えてきます。したがって，自分は変化を維持できるとぬぼれることは，まさに自己破壊的な行為なのです。

必要なのは，効果を維持しようとする熱心な努力と決意です。回復力のスキルをあまり使わずに錆びつかせてしまわないよう，真剣に取り組む必要があります。しかし，取り組んだからといって，ぶり返しが起きないわけではありません。人間というものは誤りを犯しがちですから，いくら避けたくても，セラピー後の経過にぶり返しは付きものなのです。ただし，対処の仕方によっては過剰な動揺を抑えられますし，自分の行動を正すために，ぶり返しから何が学べるかという点に目を向けられます（pp.240-247 の「ぶり返しと再発に対処する」を参照してください）。何度も書いているように，どんな経験であれ，それを検証して有意義な教訓を得る気があるなら無駄にはなりません。では，回復力のある考え方を維持するためには，何をすればよいのでしょうか？

ABC モデルを思い出す

第 2 章で，ABC モデルを紹介しました。このモデルは，出来事への感じ方や行動の仕方に，考え方が強い影響を及ぼすことを示しています。

A ＝逆境
B ＝逆境に対する考え

C＝結果──感情面と行動面

　もう一度，説明すると，ABCモデルにはA→C思考とB→C思考という2種類の考え方があります。A→C思考では，出来事や他の人が自分の感じ方や行動を決めます。たとえば，「妻が私を捨てたせいで，私は自分を無価値に感じ，酒を飲むようになった。妻がいなければ幸せになれない。時間が経っても気持ちが癒えることは決してないだろう。私は絶対に乗り越えられない」などと考えます。一方，B→C思考では，出来事や他の人ではなく，自分の考えが感じ方や行動に強い影響を及ぼします。「妻がいなくてさみしいが，私の自己価値は変わっていない。アルコールには慰めを求めない。今のところ，妻の存在なしに幸せを感じることは難しいが，きっとまた幸せになれるだろう。時間は必ずしも癒しにはならない。大切なのは，私が時間をどう使うかだ」。

　A→C思考をしていると，今の状況から抜け出せないと感じ，悲劇のヒロインのように行動して，自分の運命をコントロールできないままになりがちです。しかし，B→C思考をすると，自分の考え方や感じ方や行動に責任を取ろうという気になり，それによって自分の人生経験の書き手になれます。学びの日記（pp.239-240を参照してください）にABCの例を記録して，現在の問題への対処がどれだけ上手か，あるいは下手かを判断しましょう。「自分はこの状況でA→C思考をしているのか，それともB→C思考をしているのか」と考えてみるのです。

　状況に対する見方は必ず複数あるものですが，違った見方にすぐ気づけるとは限りません。系統的に思考を活性化させたいなら，第2章などで紹介した一連の問いを自分自身に向けてみることです。たとえば，「楽しくない作業を続けることには耐えられない」と考えているのなら，その考えを以下のやり方で検討してみましょう。

（a）その考え方は硬直しているか，柔軟か？　「硬直している。この考え方

をもっていると、楽しくない作業に対して違った反応の仕方があるという事実がわからなくなる。それで自分は、たとえば所得申告をするとき、毎年お決まりの状態に陥るのだ。自分で自分を精神的に縛っている」

(b) **その考え方は現実的か，非現実的か？** 「非現実的。本当に耐えられないなら、楽しくない作業をひとつもやり遂げられないだろう。でも、自分がよく音を上げるのは本当に耐えられないからではなく、この考え方を事実と見なし、それに基づいて努力を放棄するからだ」

(c) **その考え方は有益か，無益か？** 「無益。自分は、そういう作業をしなければならないことに怒りを感じる。すると、その作業を続行することが耐えがたいように思えてきて、努力を放棄しやすくなる。当然のことだが、これでは次のつまらない作業に直面したとき、取り組みたいと思う確率がますます低くなる。また、自分はそういう気分のとき、はた迷惑な人間になる」

(d) **その考え方を他の人に教える気があるか？** 「ない。人生にはしたくないことが山ほどあるが、しておいたほうが身のためだ。たとえば、追徴金を払わせられないように、所得申告は期限までにしたほうがいい。そういう作業を続けようとしなければ、人生にどんな不愉快な結果がもたらされるかわからない。間違いなく、この考えは自分の子どもには教えない。子どもには、難しいことを避けるのではなく、精神的に強くなってほしい」

では、この検討からどのような違った考えが生まれてくるでしょうか？　そのひとつは、「楽しくない作業をするのは嫌だが、それを続けることに自分は耐えられる。自分のためになるからだ」というものでしょう。この新しい考え方も、同じように検討することができます。

(a) **その考え方は硬直しているか，柔軟か？**　「柔軟。つまらない作業が嫌いであることを明言しつつ，そういった作業を続ける気にさせてくれる」

(b) **その考え方は現実的か，非現実的か？**　「現実的。自分はそういう作業を続けることに耐えられる。なぜかというと，現にそういった作業を続けているからだ。それはしっかり自分の目で見ている。今では，以前より多くの作業をやり遂げられるようになった。ただ，今でも古い考えに耳を傾けて努力を放棄してしまうこともある」

(c) **その考え方は有益か，無益か？**　「有益。少し苛立つことはまだたまにあるが，激しい怒りはほとんどなくなった。別に，そういった作業を楽しいと思う必要はない。妻には，以前より近づきやすい人間になったと言われる。次につまらない作業をすることになったら，深いため息はつくが，身を入れて取りかかる。今は，これまで避けてきた作業や投げ出した作業を片づけている」

(d) **その考え方を他の人に教える気があるか？**　「ぜひ教えたい。欲求不満に耐える力を高めれば，もっと規律ある生活を送れるようになる。耐えられないと思っていることに実は耐えられるということがわかるし，より多くの作業をこなせるようになり，人生をコントロールできていると思える。これはほとんどの人が感じたい気持ちだと思う」

ただ，この方法で検討しても，納得のいく別の考えが浮かばず，さらなる考察が必要になる場合もあります。ですから，気長にかまえましょう。「じっくり考える」ために散歩に出かけたり，音楽を聴いたり，回復力についての本を読んだり，友人と話をしたりすれば，もっと良い考えが浮かぶかもしれません。行き詰まったように思えて，その問題について考えるのをちょっと休もうと思うかもしれません。しかし突然，新たな見方を思いつき，「こんなアイディア，一体どこから湧いてきたん

だろう？　今それについては考えていなかったのに」と驚くこともあるでしょう。実は休んでいる間も，意識の外でまだそのことを考えていたのです。マイヤーズは次のように述べています。

　人は気づかぬところで膨大な量の情報を処理している。心の地下室でせっせと働く大勢の「認知労働者」に，思考や意思決定の大半を何気なく委ねているのである。重役のデスク，つまり意識が働く範囲には，本当に重要な精神的作業しか上がってこない。誰かから「何を考えているの？」と尋ねられたときに答えるのは，いわば精神活動のCEO〔最高経営責任者〕で，地下室の労働者のことは顧みず，さまざまな心配ごとや，希望，計画，疑問を口にする。
（Myers, 2004 : 15）

　問題解決は，意識レベルでも無意識レベルでも継続されます。大勢の「認知労働者」が新たな方策を見つけ出そうと懸命に働いているので，自分が気づかないときも，実際は問題に取り組んでいるのです。

定期的な心のトレーニング

　心の体力が落ちないように，ときどき自分に難しい課題を与えましょう。「あんな経験をしたんだから，もう自分は回復力について知らないことはない」と思っているかもしれませんが，回復力を育めても，そこがゴールというわけではありません。安心しきってはいけないのです。仮に，あなたは人から認められたいという欲求を努力して克服し，今では自己受容を自分のなかに深く根づかせたと思っているとします。だとしたら，本当に根づいたことを証明しつづけるために，批判や嘲笑や拒絶に遭いそうな状況に身を置きましょう。いくつか例を挙げてみます。

* あなたに反論されてひどく気を悪くする人がいそうでも、自分の意見をはっきり言うこと。ただし、それによって暴力を振るわれたり、何らかの形で就職に差し支えたりする恐れがあるなら、この方法はお勧めしません。そういう場合は慎重を期するべきです。
* 人が驚くような自分に関する事実を打ち明けること。たとえば、うつ病になった経験を語ったり、10年間セックスをしていないと告白したりするのです。ただし、誰に対しても心をさらけ出せと言っているわけではありません。
* 人の悪口ばかり言う友人に、そんな話を聞かされるとうんざりするし、つまらないと伝え、自分が話したい話題を挙げること。
* 同僚から「ごますり」と非難されそうでも、上司がすばらしい仕事をしたら、賛辞を送ること。
* 同僚の長話を遮って、予定が立て込んでいるので要点を言ってほしいと頼むこと。

　私は何も、自己受容が根づいていることを5分おきに証明しろと言っているのではありませんし（ひっきりなしに証明せずにいられないのなら、自分でそれを信じていない証拠かもしれません）、ひんしゅくを買うほど挑発的になれと言っているのでもありません。人から認められたがる傾向は知らないうちにときどきよみがえるので、目を光らせる必要があると言いたいのです。その傾向がまた現われたら、どんな努力がさらに必要かを再認識できます。「私は自分の存在を正当化するために、『良い人だね』と人からほめられる必要はない。自分を犠牲にしてまで絶えず人を喜ばせる必要もない」。

　定期的な心のトレーニングをするもうひとつの理由は、人は現在の自分の状態について自分に嘘をつく場合があるということです。つまり、セラピーの効果を維持しているつもりでも、実際には自分の行動によってそれを損なっている場合があるのです。仮に、あなたは収支を立

て直して借金をゼロにするため、長い間、懸命に努力し、今では「もう絶対に借金はしない！」という考え方を身につけたつもりでいるとします。しかし、徐々にまた借金が増えつつあるにもかかわらず、「こんなの、以前の多額の借金とは比べものにならない。少額の借金を何度かしているだけだ」と自分に言い聞かせて正当化します。けれども、今していることは過去に苦境を招いたプロセスとまったく同じなのです。借金するのは一回限りのことだと考えるだけで、積み重なればどうなるかを冷静に考えようとしていません。いずれは、「一体なぜ、またこんな事態になってしまったんだ？」と、つぶやくはめになるでしょう。こんな結果を避けるために、たとえば月1回、財務状況をチェックして、どこで借金が増えてきているかを調べましょう。また、収支を黒字に戻すため、多少は禁欲することもきわめて重要です。ただほしいからといって衝動買いをしてはいけないのです。

　ただし、問題のある領域だけをトレーニングの対象にする必要はありません。パラグライダーや急流下りといった楽しい活動を課題にしてもかまいませんし、国内外でのボランティア活動などを通じて、社会に対する責任感を表明してもよいでしょう。心のトレーニングは、さらなる人間的成長のチャンスを与えてくれます。

回復力の物語を探す

　さまざまなメディアで、逆境を乗り越えた人の物語を探してみてください。グロットバーグは、「回復力を人生の目標にした途端、自分の読む新聞やテレビや雑誌に、いかに回復力の例があふれているかを知って驚くだろう」と述べています（Grotberg, 1999 : 187）。インターネットの検索エンジンに「回復力」と入力して、表示されたさまざまなサイトを見てみましょう。そのほか、回復力の高い人物の伝記を読むという方法もあります。なかでも人気があるのは、ネルソン・マンデラの自伝『自

由への長い道』（Mandela, 1995）です。マンデラが27年も獄中生活を送り，その後，くじけもせず恨みを抱きもせずに意気揚々と出獄した経緯が詳しく書かれています。もう1冊は，第2章でも取り上げたヴィクトール・フランクルの『夜と霧』（Frankl, 1985）です。ナチスの強制収容所での生活が描かれ，どんなに過酷な状況でも意味は発見できることが示されています。

　もし試練を経験して強くなった友人や親戚や同僚が，快くその話をしてくれるようなら，それを詳しく吟味して，役に立つ回復力の情報を覚えておきましょう。もちろん，逆のケース，つまり不幸にうまく対処できなかった話も役立つはずです。ただし，その人と話すときは自分の言動に注意し，共感を示すことが大切です。相手を反面教師の役割しかない「落伍者」とは見なさないようにしましょう。

学びの日記をつける

　自分の経験を系統的に分析したければ，表9.1のような枠組みを使うのもよいでしょう。必要に応じて変更を加えてもかまいません。

　この日記には，過去にうまくいった事柄や現在うまくいっている事柄を，その理由とともに記入することもできます。例をひとつ挙げてみましょう。「半年前に禁煙したが，吸いたい衝動はまだかなり強い。吸いたくなっても，自分に許可を出さず，衝動が過ぎ去るまで別のことをしながら我慢している。生涯禁煙という長期的な目標を日々念頭に置いて，一時の欲求に負けるとか，後のことは考えないといった，過去によく取った行動を繰り返さないようにしている」。

　もっと言えば，役に立つことや参考になることなら何でも書き込んでかまいません。以下はその一例です。「アフリカの人々が失明治療の手術を受けられるように，毎月，少しずつ慈善団体に寄付を始めた。私はときどき自分の生活や問題だけにとらわれてしまい，実際にはもっと

表 9.1 学びの日記

どのような状況だったか	帰宅の際に，交通渋滞に 2 時間巻き込まれた。
どう反応したか	頭に来た。朝から晩まで働いた後に，こんな目に遭わされるのはおかしい。他にも，自分に起きた不当だと思うことをいろいろ考えはじめた。
どう反応したかったか	その場の現実を受け入れて，ラジオを聞くとか，過去や現在の出来事をくよくよ考えずにただ静かに座っているなどして，時間を有意義に使いたかった。
この状況から何が学べるか	うまくいかないことがあると，自分が相変わらず自己憐憫に陥りやすいということ。つまり，不愉快な状況を経験するだけでなく，腹を立ててあれこれ考えをめぐらすことになり，二重の不快を引き起こしてしまう。
この学びをどうするか	不愉快な経験から逃れることはできないのだと，毎日，心のなかで繰り返す。そういうことがあったときはただ運が悪いだけであって，それ以上のことではない。
その方法は効果があるか	ある。先日，苦労して書いた報告書を上司に批判された。すぐにカッとなったが，不愉快な出来事をときどき経験するのは，おかしいことではなく当然のことだと強く自分に言い聞かせ，自分を抑えた。世界は自分だけの都合に合わせて回っているわけではないし，自分の価値観を中心に回っているわけでもない。その後，報告書の手直しに取りかかった。

ずっと大変な人が大勢いて，自分の逆境なんてそれに比べれば楽なものだということを忘れてしまう。多くの人がこういった比較をするが，みな，5 分もすれば忘れてしまう。私は忘れたくないし，忘れずにいれば，難問にぶつかっても，ものごとを冷静に判断する感覚を保てる」。

ぶり返しと再発に対処する

　第 1 章で述べた通り，どのような状況下でもつねに回復力を発揮できるだろう——回復力を完璧に維持できるだろう——というのは錯覚です。ぶり返しは，変化のプロセスに付きものですし，誤りを犯しがちな人間の行動としても当然のものです。もしあなたが，まったく立ち止まらずに前進しなければならないと考えているなら，その考えはどこから仕入

れたのでしょうか？　そんなふうに思っていると，回復につながる考え方を弱めることになります。セラピー後のぶり返しの可能性について私がいくら話しても，自分には無縁だと考えつづけるクライエントもいます。そういう人は，実際にぶり返しが起きたとき，ひどい打撃を受けます。

　回復につながる対処法は，ぶり返しが起きたことを認めて，できるだけ速やかにそれに取り組むことです。見て見ぬ振りをしてはいけません。ここで考えるべき重要な問題は，「どのような態度がこのぶり返しを招いたのか？」ということです。おそらく，これまで変えようとしてきた態度が勢いを盛り返し，ぶり返しを引き起こしたのでしょう。

　たとえば，あなたはスピーチをする機会を避けているとします。自分が「完璧な仕事」をすることができず，自己価値がその結果に左右されるのではないかという心配が，再び頭をもたげたからです。そんな態度に抵抗するため，もう一度よく考えてほしいのは，あなたは自己受容を自分のなかに根づかせたい——自分自身と行動とを切り離したい——と考えながらも，スピーチの機会を避けることによって，その考えを強める邪魔をしているということです。もちろん，自分の力を発揮する必要はありますが，完璧でなくてもかまわないのです。心のなかでそうはっきり認識したら，恐れずにスピーチをしましょう。どのような結果になっても，それを学びの日記のなかでじっくり考えてください。

　ぶり返しに関する不安はもうひとつあります。自分は抜け出すことのできない下り坂を転げ落ちはじめていて，落ちきる頃には，それまでの前進が台無しになっているのではないかというものです。しかし，ウォーバートンは次のように指摘しています。

　　私たちはたいてい，坂のどこまで落ちたいかを自分で決められるにもかかわらず，下り坂の議論はその事実を見えにくくしてしまう。私たちはある地点で，「ここでストップ」と言うことができる。下り坂の比喩には，転落は避けられず，コントロールを失ってしまう

という含みがあり，自分で止まる可能性などありえないように聞こえる。下り坂の比喩からは無力さのイメージが思い浮かぶが，このケースに無力さのイメージはそぐわない。　　（Warburton, 2007 : 132）

　前述の例で言うなら，あなたはあらゆるスピーチの機会のほかに，自己価値が揺らぎそうな社交活動も避けるようになるかもしれません。そうなると，行動範囲が徐々に狭まってきて，足を踏み入れても「安全」だと思える状況がわずかしかなくなってしまいます。しかし，「ここでストップ」と言うのが早ければ早いほど，短期間でぶり返しを克服できるでしょう。したがって，下り坂全体には決断のポイントがいくつもあるわけです。要するに，自滅的な行動を続ける許可を自分に与えるか与えないかは，あなた次第だということです。許可を与えつづければ，再発が起きる可能性があります。セラピー開始時に抱えていた問題が完全に復活してしまうのです。
　もし再発しても，絶望しないでください。たしかに，再発の克服にはぶり返し以上の時間と努力が必要でしょうし，回復につながる強さをよみがえらせるため，自分のさらに深い部分に働きかけなければならないでしょう。しかし，ぶり返しや再発からは貴重な学びが得られます。自分のなかに残っている弱い部分がわかるのですから。たとえば，仕事のプレッシャーを感じたとき飲みすぎてしまうとか，自分の非が明らかなのに，怒ってそれを認めようとしないなどといった部分です。そういった弱さからは，非を認める謙虚さなど，新たに身につけるべきスキルがわかる場合もありますし，すでにもっているスキルを十分実践できていないことがわかる場合もあります。たとえば，回復力を損なうような態度に一貫して強く抵抗しつづけるという，重要なスキルが実践されていないケースもあります。
　ヒューは仕事で優れた業績を上げていましたが，長期間，無理をして働いたせいで心身ともに消耗し，長い病気休暇を取る結果となりました。

この経験は，何ごともほどほどにすることの重要性を物語っていました。仕事への復帰は段階的に行なわれ，約2年間は家庭生活と仕事の間に健全なバランスが取れていました。しかし，やがて以前の行動がよみがえりはじめたうえに，ヒューは自分が元の状態に戻りつつあるという警告サインをことごとく無視しました。結局，前回よりは短いものの，またもや病気休暇を取ることになり，ここで私の出番となったのです。

ヒュー なぜ自分がここまでバカなことをしたのか，理解できません。ずっとうまくやっていたのに。警告サインが灯っていたのはわかったんです。なぜ私は気に留めなかったんでしょう？ これまでの歩みが，すべて帳消しです。

筆者 いいえ，この2年間の歩みはそのままですよ。帳消しにはなりません。あなたはしばらくの間，正しいことをしていて，今はそれが一時的に中断されただけです。

ヒュー なぜこれを「一時的な中断」なんて呼べるんですか？ 最悪の事態のように感じますけど。

筆者 感じることが事実とは限りませんよ。私は，あなたの言う「最悪の事態」を，この2年間の成果に照らして考えているんです。再発に対処する最も生産的な方法は，いわゆる最悪の事態についてくよくよ考えることではなく，そこから何が学べるかを見きわめることです。

ヒュー では，私は何を学べばいいんでしょう？

筆者 さっき，警告サインを気に留めなかったと言いましたよね。その理由がわかりますか？

ヒュー わかりません。

筆者 ［額を軽く叩きながら］警告サインを無視する許可を自分に出したことについて，考えてみてください。

ヒュー 無理をしはじめたとき，「きっと多少の疲れを感じるだろうが，それは当然のことだ。だからそのまま行ってしまえ」と思ったんです。

筆者　疲れがさらにひどくなったときは？

ヒュー　「何とか対処できるだろう。だからそのまま行け」と。

筆者　どこかの時点で，対処できていないと気づきましたか？

ヒュー　はい。でも，気に留めませんでした。最初の病気休暇のときと同じ敗北感をまた味わいたくなかったので，苦しい思いをするだろうけど，何とか乗り切れることを願っていたんです。でも，また失敗してしまいました。人間って，どれだけバカになれるんでしょうね。

筆者　大切なのは，こうして再発を振り返ることで得られる教訓に意識を向けつづけることです。自分をバカだと言うと，注意がそれてしまいますよ。わかりましたか？

ヒュー　わかりました。どこまで話しましたっけ？

筆者　また失敗したというところです。高い業績を達成する原動力がどのような考えだったか，自分でおわかりですか？

ヒュー　自分の能力が，同僚以上とは言わないまでも，同等ではあると証明しなければならなかったんです。そのためには，同僚よりはるかにがんばらなければいけませんでした。

筆者　もしそのように証明できなかったら，それはあなたについて何を意味するんでしょう？

ヒュー　自分は能力不足で，見かけ倒しだということです。もうずっと前からそう考えていました。ぼろを出さない唯一の方法は，人よりずっと努力することなんです。私のなかにはいつも，「うまく正体を隠し，人目を欺いている」という気持ちがあります。まともな労働時間を守ってほどほどのペースで働いていた2年間は，そんな考えがなくなったと思っていたんですが，それがものすごい勢いでよみがえってきて，私は完全に打ちのめされてしまいました。

筆者　何か特定の出来事がその考えをよみがえらせたんでしょうか？

ヒュー　新しい上司が来て，私について否定的なことを言ったんです。それで私は，「彼の目をごまかせていない」と震え上がり，私への見

方を変えさせるために猛烈に働くようになったんです。

筆者 でも，あなたは自分自身への見方を変えていませんね。

ヒュー はい。そこが問題なんです。そこにすべての原因があるんですよ。

筆者 自分自身をどう考えたいですか？

ヒュー 自分は非常に仕事ができるということを，ある部分ではわかっているんです。それをもっと心の底から信じられるといいんですが。

筆者 心の底から信じられたら，どうなるんですか？

ヒュー 正体がばれるという心配がすっかりなくなるでしょう。肩の荷が下りて，とても解放感を覚えるでしょうね。つねに自分の能力を証明しなくてもいいので，職場でもっとリラックスできます。

筆者 その「自分は見かけ倒しだ」という考えを，これまでに誰かと話し合ったことがありますか？

ヒュー 会社の産業医と話しましたし，最初に病気になったとき，何度かカウンセリングも受けました。自分ではもう解決ずみだと思っていたんですが，明らかに違いましたね。

筆者 今こそ，その考えにスポットライトを当てて詳しく検討しなければなりませんね。

ヒュー 遅すぎたくらいです。今度こそ完全に解決して，もうそれが自分に関する事実だと思うのをやめるつもりです。

検討する際，注目したのは，基本的に以下の点でした。

1. ヒューが本当に見かけ倒しなら，とうの昔に会社をクビになっていただろう。ヒューは誰の目も欺いていなかった。同僚も上司もバカではなかった。
2. ヒューは将来性を見込まれ，出世街道である大卒者向けプログラムに選抜されたが，大学中退だったために，自分は同僚より知的に劣っていると考えた。しかし実際には，さまざまな面で能力を

示していて，大半のプログラム参加者より早く昇進していた。

3. 自分のした仕事が何かしら批判を受けると，すぐ正体がばれたという結論を下した。批判は受けて当然で（批判を絶対に受けない人はいない），それ以上，深い意味はないかもしれないとは思わなかった。

4. ヒューは自分を「一介のイーストエンド出身者」〔イーストエンドは下層階級の人が多く住んでいたロンドン東部の地区〕と呼び，本来はこれほど成功する資格などないと考えがちだった。「一介の」という言葉によって，自分自身に対する低い評価と，自分が収めた成功への不信感が強まった。「この言葉は自分を守る盾なんです。能力不足がばれたら，『大学中退の一介のイーストエンド出身者に何を期待していたんですか？』と言って自己弁護できますから」。

5. ヒューは基準を非常に高く設定しており，どんなときでもその基準に達しなければならなかった。もし達しなければ，それは取りも直さず，自分が見かけ倒しだということだった。つまり，ヒューは絶えずこの「不到達」という尺度で自分を判断していた。

6. 言ってみれば，ヒューの人生についてのDVDが2枚あるようなものだった。1枚はヒューが仕事で築いてきた立派な実績（現実）に焦点を合わせたもので，もう1枚は「うまく正体を隠し，人目を欺いている」姿（幻想）を描いたものである。ヒューは職場での経験を，主に2枚目のDVDを通じて分析していた。

こうして自分の考えを検討した結果，ヒューは職場での経験を2枚目のDVDではなく1枚目のDVDで分析するよう，意識を変えました。「見かけ倒しのヒュー」ではなく，「有能なヒュー」に注目するということです。やがて，自分の手腕と実績は持ち前の能力から生まれたもので，不正に捏造したものではないということを，本人の望み通り，深く信じられるようになりました。「今，考えると，こんなに長い間，自分

で自分を心から信じられなかったのは悲しいことですが、ようやく信じられるようになりました。私は今、かつてないほど仕事が楽しいんです」。職場には再発の警告サインリストを置いておき、以前の状態に戻りつつあることに気づいたら、速やかに是正措置を取ることにしました。セラピー終結時には仕事と生活のバランスが健全な状態に戻っていましたが、それから数年たった今でも、年2回、経過を観察するために面接を行なっています。この本を執筆している時点で（2008年12月）、セラピーの効果はまだ失われておらず、「見かけ倒しのヒュー」は遠い記憶になっています。それでも、「有能なヒュー」は、特に仕事で強いプレッシャーがかかったとき、「見かけ倒しのヒュー」が復活するのをいまだに警戒しています。

ぶり返しと紛らわしいケース

　回復力のスキルを発揮できなくなったように思えたら、自分の状態が後退したのかと、つい思ってしまうでしょう。しかし、ただ初めての状況に遭遇しているだけの可能性もあります。たとえば、あなたは元恋人に付きまとわれているとしましょう。そういう場合はぶり返しではなく、未知の領域に入っただけです。現時点では具体的な対処法がわからないかもしれませんが、回復につながる考え方が、解決策を探すのに役立つでしょう。「この問題には対処法がある。私は必ずそれを見つけてみせる。自分を無力な被害者と見なして、彼の行動を理由に人生を楽しむのをやめるなんてことは、絶対にしない」。

回復力について語る

　回復力について人に教えたり語ったりすることは，自分の理解を深めるのに役立ちます。ただし，自分を回復力のエキスパートだと言い触らすことはお勧めしません。そんなことをすると，「回復力かぶれ」と見なされて，人はあなたの姿を見た途端，そっぽを向くようになる恐れがあります。相手が興味を示したら，回復力について自分が得た知識や，その能力は誰でも身につけられるという事実を話すとよいでしょう。私のクライエントの何人かは，身近な人に役立つ回復力のスキルをいくつか教えることができたと喜んでいました。回復力を人に教えるのであれば，普段からあなたの言葉と行動を一致させるように注意してください。もし一致していなければ，相手はただちに偽善を指摘し，あなたの意見に耳を貸さないでしょう。

手本になる人を探す

　苦難や挫折に対処しながら，それでも目標を達成できている人がいれば，ためらうことなくその秘訣を尋ねてください（ただし，まるで尋問のように，役立つ情報を最後の一滴まで絞り取ろうとはしないこと）。そういう人は回復力の手本になります。たとえば，つねに仕事の期限を守る同僚や，客に「ノー」と言われても決してめげないセールスマン，どんな出来事があっても落ち込みを引きずらない身内の人などが参考になるでしょう。私の経験では，人は普通，自分の人生哲学を喜んで教えるものです。したがって，エチケットを気にしすぎず，役立つ情報を聞き出してください。

コミュニティへの参加を通じて回復力を強める

「教会などの宗教共同体に参加している人は，人生の災難に対する回復力が比較的高いことが，多くの研究からわかっている」(『タイムズ』紙／2008年10月11日付)。信仰心の篤い人は，信仰自体が精神的な支えとなるだけでなく，エデルマンによれば，「共同体の一員であること」を通じて良質な社会的サポートを得ていることが多いと言います（Edelman, 2006）。自分がコミュニティの一員だと認識すれば，人生の危機にうまく対処しやすくなるかもしれません。仲間が自分の苦労を一緒に背負い，支えてくれるからです。ある同僚は私に，「教会に属していることで，深い連帯感が得られるんだ。困ったときは，きっと仲間が私のことを考えたり祈ったりして，支えてくれているだろうと思える。とても心強いよ」と語っていました。自立した生活を送るために人を遠ざけると，自分自身や運命をコントロールできているように感じることがあるかもしれません。しかし，ひとりで闘うことにこだわりつづけると，よりいっそうの苦労を強いられる場合もあります。聖職者のゴードン・マクドナルドは，「回復力のある生き方は，ひとりでは成し遂げられない」と言っています（MacDonald, 2004：217）。

私は何も，急いで地元の教会に行くよう勧めているわけではありません。ただ，コミュニティに参加するメリットを考えてほしいだけです。参加すれば，必要なときに頼れるサポートを広げることができますし，サポートを受ければ自分の決意を強めることもできます。たとえば，アルコール依存の問題に取り組むため，アルコホーリクス・アノニマス（AA）という自助グループに参加すれば，大きなメリットが得られるでしょう。手助けはギブアンドテイクです。他の人が苦労しているときは，あなたが支えればよいのです。ただし，手助けをしたりされたりすることだけが，人との関わりではありません。ランニングやサイクリングの

クラブに入ったり，夜学に通ったり，アマチュア演劇に参加したり，団体で冒険旅行に出かけたりするのは，あなたが新たな経験と友人を求めている証拠です。これは回復力のある生き方を築くうえで，逆境に立ち向かうのと同じくらい重要な要素です（Reivich and Shatté, 2003）。

目標を設定しつづける

つねに刹那的に生きていたり，日々の問題や仕事にとらわれていたりすると，目を上げて地平線を，つまり自分の人生の行き先を見ることがまったくないように思えるかもしれません。目標があると，人生に方向性が生まれ，人生には意味と目的があることがわかり，取り組むべき課題ができて緊張感を保てます。目標を立てるときは，次の点に注意しましょう。

* 達成が難しい（ただし不可能ではない）目標を立てましょう。簡単な場合より，大きな達成感が得られます。
* 自分の力で達成できるものにしましょう。
* 明瞭で，具体的で，測定可能で，前向きな言葉で目標を表現しましょう。前向きというのは，自分が求めることに焦点を合わせるという意味です。たとえば，「今後3年以内に住宅ローンを完済したい」といった具合です。

グラントとグリーンは次のように指摘しています。「具体的でしかも難しい目標は最高の能力を引き出す［とともに］，目標が具体的で難しければ，真剣な取り組みが必要不可欠になる」（Grant and Greene, 2001：77）。また，目標が自分の中核的な価値観（自分にとって根本的に重要な規範や信条や優先事項）と一致しているかどうかも考えましょう。たとえば，数年後に自営業に転向したい場合，それにはさまざまな不確定

要素が伴うため，住宅ローンの心配をなくしてしまうことが非常に重要です。パーソーは，目標のある人生こそ生きる価値があると述べています。「個人の誇りや自尊心や自信はすべて，難しく，挑戦しがいのある目標を実現することから生まれる」(Persaud, 2005：38)。

一生涯の回復力

　目標を達成したからといって，その状態をずっと保てるわけではありません。何十回と禁煙しながら，いつもまた吸いはじめてしまう人を見ればわかります。長期間，懸命に努力して逆境を乗り越え，苦心して回復力のスキルを身につけたとしても，残念ながらそのスキルはずっと衰えないわけではありません。錆びつかないよう，ときどき実践する必要があるのです。そのためには，心の体力が落ちないよう定期的に心のトレーニングをしたり，より優れた能力を引き出すため，難しい目標を設定したりする方法があります。必ず起きるぶり返しに対処することも，回復力を維持するプロセスの一環です。ただし，ぶり返しは貴重な学びの機会とも考えられます。自分のどこに弱さが残っているかを知り，自分をよりよく理解することにつながるからです。回復力について本を読んだり，人に語ったり，試練に対処した話を人から聞いたりすれば，回復力をより広く深く理解できるようになります。最後の章では，回復力の養成と維持の要点をざっとおさらいします。

第10章
回復力についてのまとめ

はじめに

　この章では，これまでの内容をまとめたいと思います。試練が訪れそうなとき，あるいは前触れもなく襲ってきたとき，あなたには次のような選択肢があります。さまざまな問題解決法を試して，建設的な対処法を見つけること。布団にもぐって，問題が消えてなくなるのを願うこと。誰かが代わりに対処してくれるのを当てにすること。人生に起きた嫌な出来事について愚痴ばかり言い，自分には手の打ちようがないと考えて，自己憐憫と無力感のなかに閉じこもること。このうち最初の選択肢が回復につながる対応ですが，本書で紹介した人のなかには，まず他の選択肢を取り，後で渋々試練に対峙する気力と決意を呼び起こした人もいます。ここからは，回復力を育み，それを維持するうえで，覚えておいてほしい要点を挙げていきます。

回復力は誰でも身につけられる

　この事実は研究によって一貫して裏づけられています。回復力は非凡な少数の人がもつ特別な才能ではなく，一般の多くの人が獲得できるものです。自覚しているかどうかはともかく，あなたは回復につながる強さや要素をすでにいくつかもっているはずです。「回復力を伸ばすうえで喜ぶべき点は，たいていの人が回復につながる要素をすでにいくつか

備えていることである。こういったものを発見し，強化することと，その他［弱いか，まだ存在しないかもしれない］回復力の要素を伸ばすことは，並行して進められる」(Grotberg, 2003：250)。私はクライエントに会うと，今，抱えている問題にあなたのどんな強さが活かせますかと尋ねます。クライエントは，「強さ？　思いつきませんが」と答えますが，人はたいていどこかで決断力や自己コントロールや問題解決能力を示しているものです。したがって，そういった特長を現在の状況にどう活かせるかを見きわめなければなりません。また，さらなる進歩を遂げるには，他にどのような強さを育む必要があるかも判断しなければなりません。例として，過ちを犯しても自分を責めるだけではなく，もっと寛容になることが挙げられます。

回復力は逆境から飛び起きることではなく，ゆっくり立ち上がること

　試練に対処するときは，たいていの場合，明るい未来を目指して前進しながらも，苦痛を感じたり，もがいたりせずにはいられません。自己修復のプロセスのなかで，人生の新たな現実に適応し，変化と喪失に対する気持ちを処理するには，時間が必要です。適応のプロセスがこのように進むことを考えると，逆境から飛び起きるというより，ゆっくり立ち上がるというほうが現実的な反応でしょう。飛び起きるというと，速やかに，苦もなく，大した努力もせずに逆境から立ち直る光景が目に浮かびますが，これはマンガじみた考え方です。また，自分が「飛び起き」タイプだと自負している人は，「飛び起き」に失敗したとき自己非難に陥りがちです。たとえば，いつもの問題解決スキルが通用しない未知の状況に遭遇すると，自分が弱いから事態を改善させられないのだと結論を下し，弱点を人目にさらしてしまったと恥じ入ります。

回復力が役立つのは逆境だけではない

　回復力の態度やスキルは，日常的な問題にも用いることができます。たとえば，交通渋滞，長い会議，反論ばかりする同僚，電車の遅れと車内の混雑といった問題に直面したとき，より有意義な対処法を探すのに役立つのです。電車の例について言うなら，目的地まで混雑した電車でずっと立っていなければならないことに怒るかどうかはあなたの選択次第ですが，その怒りを座れないせいにしてはいけません。実際には存在しない自分の席を思い描いて，「切符を買ったんだから，座れないのはおかしい！」とばかりに，現実を自分の言う通りに歪曲することはできないのです。また，新たな経験と機会を求めることも回復力の一部です。それは言い換えれば，危険を冒すことです。危険を冒せば，挫折や拒絶に遭う恐れがありますが，それに挑む人は，少なくとも人生をもっと充実させようとしているのです。何かを試す前にいつも石橋を叩き，人生をそろそろと慎重に進むのとは違います。

態度が回復力の核心

　もっと正確に言えば，強固ながらも柔軟な態度を取ると，変化する人生の状況に適応できるようになります。自分の今の対処の仕方が上手いか下手かを知りたいなら，最も手っ取り早い方法は自分の態度を見きわめることです。たとえば，「なぜこんなことが私の身に起きたの？」と，いつまでも考えていると，その考えは自己憐憫に変わりますし，悪い出来事に対して自分が無力であるように感じてしまいます。一方，「こういう出来事が起きてしまった以上，どこから手を着ければ人生をまたコントロールできるようになるだろう？」と考えれば，その状況に建設的に向き合うことになりますし，逆境のなかで自分が強くなったと実感で

きます。

　しかし，こういった態度はずっと変わらないわけではありません。「なぜこんなことが？」と考えていた人が自己憐憫に飽き飽きして精力的に動きはじめるかもしれませんし，「どこから手を着けよう？」と考えていた人が，当初の予想ほど早くは立ち直れないことに気づき，努力を続ける意味があるのかと疑問を抱いて，だんだんやる気を失っていくこともありえます。つまり，のちのち立ち直れる人とそうでない人は，最初の様子からは簡単に判別できないのです。自分の態度が問題への対処に役立っていないとか，以前と違って役立たなくなったと思うなら，この本に登場した多くの事例のように，態度を変えるとよいでしょう。人生の出来事には必ず複数の見方があるということを忘れないでください。私はよく，クライエントにこう尋ねます。「目標を達成するのに必要な行動が取れないのは，どこで考えあぐねているせいですか？」。

回復につながる態度を行動によって支える

　回復につながる態度は，言葉で表現するよりも行動で示すほうが難しいものです。新たな態度を維持するためには，それを支える行動をあくまでも取りつづける必要があります。行動によってその態度への信念を育むためです。たとえば，元旦に新年の決意をしても，行動に移さなかったために，それがほんの数日でかけ声倒れに終わったというケースは多々あるはずです。行動は，行為傾向と，完了した行為に分けられます。行為傾向は，ある状況で示しそうな，または示さなそうな振る舞いであり，完了した行為はある状況で実際に行なったことです。もしあなたの目標が，これまで避けてきた嫌な作業をすべて半年以内に完了させることであれば，歯を食いしばってそれに取りかかり，一つひとつ片づけて「完了した行為」にしていくとともに，作業を避けようとする行為傾向の強い「引力」に――つねに上手くいくとは限りませんが――抵抗

しなければなりません。この行為傾向こそが，問題を持続させてきたからです。

もし，目標達成につながる行為の多くを完了させ，その努力を避ける行為傾向にはごくたまにしか屈しないなら，あなたは回復力のある振る舞い方をしていると言えます。ただし，目標の追求にプラスになる行動（たとえば85%）と，ならない行動（15%）の比率が逆転しはじめたら，「こんな大変な努力をすることには耐えられない」といった自滅的な考えが優勢になってきています。したがって，その考えを疑問視し，変えるための緊急措置が必要です。

否定的な感情に対処する

悪い出来事が起きた際の回復につながる対応とは，何の感情も抱かないことではありません。そういうときは必ず嫌な感情を味わうものです。平静を装おうとすると，たいていは本当の気持ちを抑制することになります。それでは嫌な経験を感情的に処理しきれず，次の悪い出来事に対処する態勢が取れません。

たとえば，あなたは彼女に振られ，傷ついて混乱しているとします。にもかかわらず，友人たちから「弱虫」だと思われたくないばかりに「大したことじゃないよ」と言ってしまったら，どうなるでしょう？　次の恋愛も短命に終わり，しかもその彼女が自分の友人とつきあいはじめたりすれば，強い抑うつ状態に陥るでしょう。回復力があるということは柔軟だということなので，否定的な感情にとらわれつづけたり，それによって身動きできなくなったりはしません。

思い出してほしいのは，感情が思考によって左右され，思考を変えれば感じ方も変わるということです。そうすれば，否定的な感情を抱く頻度や強度や持続期間を軽減できます。先ほどの例で言うなら，二度の失恋という出来事が自分に起きても決して理不尽ではないことを，嫌々な

がらでも認めることです。そういった経験から学ぼうとすれば，自分のしつこさが嫌われる原因かもしれないと気づいて，それを直す努力ができます。

自分がコントロールできることとできないことを区別する

人は，自分でコントロールできないことに固執しがちです。たとえば，あなたは同僚に自分を尊敬させることは可能だと思っているかもしれませんが，尊敬「させる」ことはできません。それは同僚がコントロールする事柄です。ただ，自分自身の行動は変えられます。もっと時間に几帳面になったり，仕事の期限を守ったり，人に気に入られるように自分の意見を曲げるのではなく，本音を伝えたりするのです。そうすれば，あなたへの見方が変わるような影響を同僚に及ぼせるかもしれません。他にも例を挙げましょう。歳をとることは止められませんが，体や脳を年齢の割に元気な状態に保つことはできます。また，人が自分を拒絶することは止められませんが，その後，自分で自分を拒絶する必要はありません。自分でコントロールできないことにこだわるのは，貴重な時間と労力の無駄遣いです。そういった資源は，確実に自分の力でできる事柄に費やしたほうがよいのです。

逆境に陥ったとき，この区別を覚えておくと，比較的冷静に逆境に対処していけます。「自分の考えと感情と行動は自分でコントロールできるので，この出来事への対応の仕方は自分で選ぶことができる。しかし，家に泥棒が入り，車を壊されることは，私には防ぎようがない。ただ，言うまでもなく，こんなことが起きなければよかったと思う」。

人生のあらゆる出来事から学ぶ

どんな経験も無駄にはなりません。あなたは一つひとつの状況からど

んな教訓を引き出してきたでしょうか？　例をいくつか挙げてみます。強く望んでいた昇進を果たせなかったという挫折を経験したとき，自分自身を罵倒するとしたら，本来は1つでよいはずの問題を2つに増やしています。昇進できなかったという問題と，そのことで自己非難するという問題です。こういう場合は，同時に取り組む問題の数を最少限に留めるのが賢明だという結論を引き出せます。また，組み立て式の本棚をうまく作れず，ひどいかんしゃくを起こしたとします。そういう場合は，つまらない作業や難しい作業をするための欲求不満に耐える力を高めるため，怒らずに作業を続けようと決断することができます。さらに，同僚に批判されたとき，とっさに自己弁護したものの，耳を傾ければ能力の向上に役立ったかもしれないと後で気づいたとします。そういう場合は，「まずは相手の言うことを聞く。反応するのは相手の意見をよく考えてから」という新たなモットーを採用することができます。意味というものは，探す気になれば，自分に起きるありとあらゆることのなかに見つけられます。もしかしたら，友人との語らいのなかに見つかるかもしれません。自分から探すことなく，意味が自ずと明らかになることはありません。

自己信頼

　第5章では，回復力を支える強さをいくつか挙げました。ここでは，そういった強さの一部を「自己信頼」という言葉で括ります。自己信頼とは，自分は人生を望む方向に進められるという，強いけれども非現実的ではない信念を意味します。私自身の例を挙げると，自分はいつか努力と多少の才能によって，本の著者になるのだという信念を抱いていました。振り返ってみて気づいたのは，最初の著書が出版されるまで，自分が長い訓練を積んでいたということです。本を貪欲に読みあさり，好きな著者の作品を研究し，良いと思う文章の書き方を練習していたのです。

自己信頼を育むには，目標を設定し，その難度を少しずつ上げ，達成するまで努力しつづけなければなりません。自己信頼があっても努力しなければ，その人は行動家ではなく夢想家にすぎません。目標を達成すると，自分はやると言ったことをやれるのだという自信が高まります。前進の途中でぶり返しが起きても，それは当然のことですし，貴重な学びの機会になるので，絶望する必要はありません。それどころか，成功も失敗もあまり重く考えないほうがよいのです。

　誤りを犯しがちな一人の人間として自分を温かく受容することも，自己信頼の一環です。バカだとか完璧だなどという包括的な評価を自分に下してはいけません。そのような評価は，人間としての自分の複雑さをまったくとらえていないからです。しかし，自分の個々の行動には評価を下してかまいません。その行動が目標の達成にプラスになるかマイナスになるかで評価するのです。たとえば，夜，ワインを飲みすぎれば，書類の整理を予定通りに終わらせることが難しくなります。ただし，自己信頼が傲慢さにすり替わらないようにしましょう。傲慢になると，自分の間違いを認めないうえに，人から学ぶことは何もないと思って，手助けを求めたり受け入れたりしなくなります。

回復につながる考え方を維持する

　試練を切り抜けた今，自分はもうストレスに強くなったのだから，安心しきっていて大丈夫だとあなたは思っているかもしれません。しかし，楽な環境から自分を引きずり出すような課題を設けて回復力のスキルを練習しなければ，スキルは衰えてしまうでしょう。たとえば，気分が乗らないからと自宅の改装を延ばし延ばしにしている場合は，その作業に取りかかることが課題になります。また，人生に波風を立てたり，ひとり暮らしをしたりするのが怖いからと，不満のある人間関係をずるずる続けている場合は，別れを選ぶことが課題になります。逆境のときに

役立つような態度とスキルを備えておくため、回復力の維持には、生涯、取り組みつづけなければならないのです。

最後に

　自分の問題を克服不可能だと考え、前進などできないと悲観しているクライエントに私はよく出会います。しかし、一部のクライエントは数カ月後、自分が遂げた変化に目を見張ります（他のクライエントは、被害者意識にとらわれていたり、ろくに努力もせずに変化を遂げたいと思っていたり、出来事を宿命と見なして受け身の姿勢でそれを受け入れたり、洞察さえあれば変化を起こせると勘違いしていたりします）。クライエントのこうした変化は、なぜ起きるのでしょう？　その理由は、結果など最初からわかっていると言い張らずに、新しい考え方や行動の仕方を素直に受け入れる気があること、目標を達成するために努力しつづけること、その過程で、成功と挫折の両方の経験から、回復力を高める知識を得ること、そして、その闘いぶりを通じて自分の想像以上の強さを認識することです。こうしたクライエントは、思いきって人生の方向を変えようとしたからこそ、内なる強さを発見したのです。この強さは、これから一生涯、大いに役立つことでしょう。自分が何を成し遂げられるかは、自分を試そうと思わない限り、本当の意味ではわからないのです。

参考文献

Antony, M.M. and Swinson, R.P. (1998) *When Perfect Isn't Good Enough : Strategies for Coping with Perfectionism.* Oakland, CA : New Harbinger.

Auerbach, J.E. (2006) Cognitive coaching, in D.R. Stober and A.M. Grant (eds.) *Evidence Based Coaching Handbook.* Hoboken, NJ ; Wiley.

Beck, A.T. (1988) *Love Is Never Enough.* New York : Penguin.

Bonanno, G.A. (2006) Grief, trauma, and resilience, in E.K. Rynearson (ed.) *Violent Death : Resilience and Intervention beyond the Crisis.* New York : Routledge.

Boniwell, I. (2006) *Positive Psychology in a Nutshell.* London : PWBC.

Brinkman, R. and Kirschner, R. (2002) *Dealing with People You Can't Stand.* New York : McGraw-Hill.

Brooks, R. and Goldstein, S. (2003) *The Power of Resilience : Achieving Balance, Confidence, and Personal Strength in Your Life.* New York : McGraw-Hill.

Burns, D.D. (1999) *Feeling Good : The New Mood Therapy Revised and Updated.* New York : Avon Books.

Butler, G. and Hope, T. (2007) *Manage Your Mind : The Mental Fitness Guide,* 2nd edn. Oxford : Oxford University Press.

Chartered Institute of Personnel and Develoment (2008) Work-related stress. Online. Available at http://www.cipd.co.uk/subjects/health/stress (accessed 10 August 2008).

Coutu, D. (2003) How resilience works, in *Harvard Business Review on Building Personal and Organizational Resilience.* Boston, MA : Harvard Business School Press.

Crowe, M. (2005) *Overcoming Relationship Problems : A Self-Help Guide Using Cognitive Behavioral Techniques.* London : Robinson.

Csikszentmihalyi, M. (1997) *Creativity : Flow and the Psychology of Discovery and Invention.* New York : Harper Perennial.

Dato, R. (2004) The mistaken notion of good stress, *Stress News* 16-3 : 11-22.

Dryden, W. (2001) *Reason to Change : A Rational Emotive Behaviour Therapy (REBT) Workbook.* Hove, UK : Brunner-Routledge.

Dryden, W. and Gordon, J. (1994) *How to Cope When the Going Gets Tough.* London : Sheldon Press.

Dweck, C.S. (2006) *Mindset : The New Psychology of Success.* New York : Random House.

Edelman, S. (2006) *Change Your Thinking : Overcome Stress, Combat Anxiety and Improve Your Life with CBT.* London : Vermilion.

Ellis, A. (1977) *Anger : How to Live with and without It.* Secaucus, NJ : Citadel Press.

Ellis, A. (2001) *Feeling Better, Getting Better, Staying Better : Profound Self-Help Therapy for Your Emotions.* Atascadero, CA : Impact Publishers.

Epstein, N.B. (2004) Cognitive-behavioral therapy with couples, in R.L. Leahy (ed.) *Contemporary*

Cognitive Therapy : Theory, Research and Practice. New York : Guilford Press.
Fennell, M. (1999) *Overcoming Low Self-Esteem : A Self-Help Guide Using Cognitive Behavioral Techniques.* London : Robinson.
Flach, F. (2004) *Resilience : Discovering a New Strength at Times of Stress Revised Edition.* New York : Hatherleigh Press.
Forward, S. and Frazier, D. (1997) *Emotional Blackmail.* London : Bantam Press.
Frankl, V. (1985) *Man's Search for Meaning.* New York : Washington Square Press.
Frankl, V. (1997) *Recollections : An Autobiography.* New York : Insight Books.
Gilson, M. and Freeman, A. (1999) *Overcoming Depression : A Cognitive Therapy Approach for Taming the Depression BEAST* (client workbook). New York : Oxford University Press.
Grant, A.M. and Greene, J. (2001) *Coach Yourself : Make Real Change in Your Life.* London : Momentum Press.
Grayling, A.C. (2002) *The Meaning of Things : Applying Philosophy to Life.* London : Phoenix.
Grayling, A.C. (2005) *The Heart of Things : Applying Philosophy to the 21st Century.* London : Weidenfeld & Nicolson.
Groopman, J. (2006) *The Anatomy to Hope : How You Can Find Strength in the Face of Illness.* London : Pocket Books.
Grotberg, E.H. (1999) *How to Deal with Anything.* New York : MFJ Books.
Grotberg, E.H. (2003) What is resilience? How do you prpmote it ? How do you use it ?, in E.H. Grotberg (ed.) *Resilience for Today : Gaining Strength from Adversity.* Westport, CT : Praeger.
Haidt, J. (2006) *The Happiness Hypothesis ; Putting Ancient Wisdom and Philosophy to the Test of Modern Science.* London : Arrow.
Hastings, M. (2007) *Nemesis : The Buttle for Japan, 1944-45.* London : Harper Perennial.
Hauck, P. (1980) *Calm Down.* London : Sheldon Press.
Hauck, P. (1981a) *Making Marriage Work.* London : Sheldon Press.
Hauck, P. (1981b) *How to Stand Up for Yourself.* London : Sheldon Press.
Hauck, P. (1991) *Hold Your Head Up High.* London : Sheldon Press.
Hauck, P. (1998) *How to Cope with People Who Drive You Crazy.* London : Sheldon Press.
Herrmann, D. (1999) *Helen Keller : A Life.* Chicago, IL : University of Chicago Press.
Hoopes, L. and Kelly, M. (2004) *Managing Change with Personal Resilience.* Raleigh, NC : MK Books.
Irving, W.B. (2009) *A Guide to the Good Life : The Ancient Art of Stoic Joy.* New York : Oxford University Press.
Janoff-Bulman, R. (1992) *Shattered Assumptions.* New York : Free Press.
Keller, H. (1903/2007) *The Story of My Life.* Teddington : Echo Library.
Knaus, W. (2002) *The Procrastination Workbook.* Oakland, CA : New Harbinger Publications.
Kottler, J.A. (2001) *Making Changes Last.* Philadelphia, PA : Brunner-Routledge.
Leahy, R.L. (2001) *Overcoming Resistance in Cognitive Therapy.* New York : Guilford Press.
Leahy, R.L. (2006) *The Worry Cure : Stop Worrying and Start Living.* London : Piatkus Books.
Lewis, B. (2008) *Hammer and Tickle : A History of Communism Told through Communist Jokes.* London : Weidenfeld & Nicolson.
Linley, P.A., Joseph, S., Harrington, S. and Wood, A.M. (2006) Positive psychology : past, present, and

(possible) future, *Journal of Positive Psychology* 1-1 : 3-16.
Long, G. (trans.) (2004) *Epictetus : Enchiridion.* New York : Dover Publications.
MacDonald, G. (2004) *A Resilient Life.* Nashville, TN : Nelson Books.
McKay, M. and Fanning, P. (1991) *Prisoners of Belief : Exposing and Challenging Beliefs that Control Your Life.* Oakland, CA : New Harbinger Publications.
Maddi, S.R. and Khoshaba, D.M. (2005) *Resilience at Work : How to Succeed No Matter What Life Throws at You.* New York : Amacom.
Mandela, N. (1995) *Long Walk to Freedom.* London : Abacus.
Marinoff, L. (2004) *The Big Questions : How Philosophy Can Change Your Life.* London : Bloomsbury.
Michelon, P. (2008) Brain plasticity : how learning changes your brain. Online. Available at http://www.sharpbrains.com (accessed 13 August 2008)
Morris, T. (2004) *The Stoic Art of Living : Inner Resilience and Outer Results.* Chicago, IL : Open Court Publications.
Myers, D.G. (2004) *Intuition : Its Powers and Perils.* New Haven, CT : Yale Nota Bene.
Nay, W.R. (2004) *Taking Charge of Anger.* New York : Guilford Press.
Neenan, M. and Dryden, W. (2002a) *Cognitive Behaviour Therapy : An A-Z of Persuasive Arguments.* London : Whurr.
Neenan, M. and Dryden, W. (2002b) *Life Coaching : A Cognitive-Behavioural Approach.* Hove, UK : Brunner-Routledge.
Neenan, M. and Dryden, W. (2004) *Cognitive Therapy : 100 Key Points and Tecniques.* Hove, UK : Brunner-Routledge.
Newman, R. (2003) In the wake of disaster : building the resilience initiative of APA's public education campaign, in E.H. Grotberg (ed.) *Resilience for Today : Gaining Strength from Adversity.* Westport, CT : Praeger.
Nezu, A.M., Nezu, C.M. and D'Zurilla, T.J. (2007) *Solving Life's Problems : A 5-Step Guide to Enhanced Well-Being.* New York : Springer.
O'Connell Higgins. G. (1994) *Resilient Adults : Overcoming a Cruel Past.* San Francisco, CA : Jossey-Bass.
Oyebode, F. (2007) Exercise and mental health, in R. Persaud (ed.) *The Mind : A User's Guide.* London : Bentam Press.
Padesky, C.A. (1994) Schema change processes in cognitive therapy, *Clinical Psychology and Psychotherapy* 1-5 : 267-278.
Padesky, C.A. (2008) Uncover Strangths and Build Resilience with CBT : A 4-step model, workshop, London, 12-13 May.
Palmer, S. and Cooper, C. (2007) *How to Deal with Stress.* London : Kogan Page.
Papházy, J.E. (2003) Resilience, the fourth R : the role of schools in this promotion, in E.H. Grotberg (ed.) *Resilience for Today : Gaining Strength from Adversity.* Westport, CT : Praeger.
Pattakos, A. (2008) *Prisoners of Our Thoughts : Victor Frankl's Principles for Discovering Meaning in Life and Work.* San Francisco, CA : Barrett-Koehler.
Persaud, R. (2001) *Staying Sane : How to Make Your Mind Work for You.* London : Bantam Press.
Persaud, R. (2005) *The Motivated Mind : How to Get What You Want from Life.* London : Bantam Press.

Redsand, A.S. (2006) *Viktor Frankl : A Life Worth Living.* New York : Clarion Books.

Reivich, K. and Shatté, A. (2003) *The Resilience Factor : 7 Keys to Finding Your Inner Strength and Overcoming Life's Hurdles.* New York : Broadway Books.

Rutter, M. (1987) Psychosocial resilience and protective mechanisms, *American Journal of Orthopsychiatry* 57-3 : 316-331.

Sapadin, L. and Maguire, J. (1996) *It's about Time : The 6 Styles of Procrastination and How to Overcome Them.* New York : Penguin.

Sartre, J.-P. (1944/1989) *No Exit and Three Other Plays.* London : Vintage.

Seligman, M.E.P. (1991) *Learned Optimism.* New York : Knopf.

Seligman, M.E.P. (2003) *Authentic Happiness : Using the New Positive Psychology to Realize Your Potential for Lasting Fulfillment.* London : Nicholas Brealey.

Sherman, N. (2005) *Stoic Warriors : The Ancient Philosophy behind the Military Mind.* New York : Oxford University Press.

Siebert, A. (1999) *The Survivor Personnality : How to Thrive and Survive in Any Life Crisis.* London : Thorsons.

Siebert, A. (2005) *The Resiliency Advantage : Master Change, Thrive under Pressure, and Bounce Back from Setbacks.* San Francisco, CA : Barrett-Koehler.

Stockdale, J.B. (1993) *Courage under Fire : Testing Epictetus's Doctrines in a Laboratory of Human Behavior.* Stanford, CA : Hoover Institution Press.

Ubel, P. (2006) *You're Stronger than You Think : Tapping into the Secrets of Emotionally Resilient People.* New York : McGraw-Hill.

Vaillant, G.E. (1993) *The Wisdom of the Ego.* Cambridge, MA : Harvard University Press.

Walen, S.R., DiGiuseppe, R. and Dryden, W. (1992) *A Practitioner's Guide to Rational-Emotive Therapy*, 2nd edn. New York : Oxford University Press.

Walsh, F. (2006) *Strengthening Family Resilience*, 2nd edn. New York : Guilford Press.

Warburton, N. (2007) *Thinking from A to Z*, 3rd edn. Abington : Routledge.

Warren, R. and Zgourides, G.D. (1991) *Anxiety Disorders : A Rational-Emotive Perspective.* New York : Pergamon Press.

Werner, E. and Smith, R. (1982) *Vulnerable but Invincible : A Study of Resilient Children.* New York : McGraw-Hill.

Wessler, R.A. and Wessler, R.L. (1980) *The Principles and Practices of Rational-Emotive Therapy.* San Francisco, CA : Jossey-Bass.

Wolin, S.J. and Wolin, S. (1993) *The Resilient Self : How Survivors of Troubled Families Rise above Adversity.* New York : Villard Books.

索引

▶人名

エピクテトス ………… 039, 040, 054, 057, 059, 223
グロットバーグ（エディス・ヘンダーソン）
　…………………………030, 098, 238
ケラー（ヘレン）……………………… 058, 059
ストックデイル（ジェイムズ）…… 057, 059
セリグマン（マーティン）…… 061, 081-084
フランクル（ヴィクトール）……………054, 055, 059, 069, 076, 077, 121, 239
ヘッセ（ヘルマン）…………………………… 220

▶か

外傷後成長………………………………… 031
回復力の物語 ……………………………… 238
カップルカウンセリング ……… 173, 174, 178, 182
感情のコントロール力………………… 123
完璧主義 ……………………… 077, 151, 152
行為傾向 …………… 026, 027, 149, 255, 256
好奇心 ………………………… 125-127, 135, 175
行動計画 …… 020, 107, 134, 148, 156, 212
心のトレーニング………………236-238, 251

▶さ

サバイバー…………………………… 021, 125
自己イメージ …… 031, 032, 074, 109, 221
自己価値 …… 117, 118, 120, 148, 153, 164, 166, 167, 233, 241, 242
自己効力感 ………………………………… 102
自己修復 ……………… 021-023, 117, 253
自己受容 …… 045, 115-118, 135, 137, 163, 168, 194, 236, 237, 241
自分を受け入れること ………………… 115
自己信頼 …… 119, 120, 121, 135, 258, 259
自分を信頼すること ………………… 119
自己非難 …… 034, 054, 082, 097, 098, 105, 116, 118, 119, 153, 167, 253, 258
自尊心 ………………………… 106-108, 117, 118, 136, 251
受動攻撃性……………………………… 206, 207
情報処理 …………………………………… 038
ストレスの法則……………………………… 142
精神的健康………………………………… 016
セルフヘルプ ……………………… 020, 023
ソーシャルサポート ……………… 023, 138

▶た

他者受容 ……………………………………… 117
適応力 ………… 024, 132-134, 142, 143
トラウマ ………… 017, 021, 031, 032, 068

▶な

認知行動療法 …… 005, 014, 034, 038-041, 059, 060, 067, 112, 117, 137, 141, 142, 162, 231
ABCモデル …… 040, 042, 043, 060, 083, 123, 128, 130, 199, 232, 233
A→C思考 …… 040, 041, 043, 044, 171, 194, 233
B→C思考 …… 043, 044, 171, 194, 233
下向き矢印法 ……………………… 147, 183
脳の可塑性 ………………………… 127, 139

▶は

悲観主義 ·························· 058, 081, 082
　永続性 ······························ 081, 096
　全面性 ······························ 081, 096
　自己関連づけ ······················ 081, 096
不確実性 ············ 046, 048, 079, 080, 149
ポジティブ心理学·························· 061

▶ま

マインドフルネス······························ 211
問題解決 ······ 029, 038, 086, 092, 101, 111, 124, 128, 135, 148, 149, 152, 153, 169, 180, 190, 236, 252, 253
ADAPTモデル ···················· 128, 190

▶や

ユーモア ·························· 095, 101, 121
欲求不満に耐える力 ········ 066, 067, 113, 114, 135, 159, 162, 169, 235, 258

▶ら

劣等感 ······························ 106, 109, 117
ロゴセラピー ·································· 055

著者略歴
Michael Neenan
(マイケル・ニーナン)

論理情動療法協会（AREBT）が認定した論理情動療法カウンセラーとして，AREBTの副議長と学会誌副編集長を歴任。さらに英国認知行動療法学会（BABCP）の認定セラピストとして，連合王国心理療法協議会の登録認知行動療法セラピスト資格も取得。現在，ロンドンのストレスマネジメント・センター副所長として，認知行動療法と論理情動療法の治療者訓練プログラムを監督。
主著――『わかりやすい認知療法』（二瓶社［2007］），『認知行動療法100のポイント』（金剛出版［2010］），*Life Coaching : A Cognitive-Behavioural Approach, 2 Edition*（Routledge［2013］）（すべてウィンディ・ドライデンとの共著）ほか多数。

監訳者略歴
石垣琢麿
(いしがき・たくま)

1987年，東京大学文学部心理学科卒業。1993年，浜松医科大学医学部卒業。1999年，東京大学大学院総合文化研究科博士課程修了。現在，東京大学大学院総合文化研究科教授。
主要著訳書――『幻聴と妄想の認知臨床心理学――精神疾患への症状別アプローチ』（単著・東京大学出版会［2001］），『統合失調症の臨床心理学』（共著，東京大学出版会［2003］），『心理学をつかむ』（共著・有斐閣［2009］），『認知行動療法100のポイント』（監訳・金剛出版［2010］），『統合失調を理解し支援するための認知行動療法』（監訳・金剛出版［2011］），『認知行動療法を身につける――グループとセルフヘルプのためのCBTトレーナーガイドブック』（監修・金剛出版［2011］）ほか多数。

訳者略歴
柳沢圭子
(やなぎさわ・けいこ)

翻訳業。上智大学外国語学部英語学科卒業
主要訳書――『自殺で遺された人たちのサポートガイド――苦しみを分かち合う癒やしの方法』（明石書店［2007］），『アスペルガー症候群・高機能自閉症の人のハローワーク』（明石書店［2008］），『統合失調症と家族――当事者を支える家族のニーズと援助法』（金剛出版［2010］），『精神疾患診断のエッセンス――DSM-5の上手な使い方』（金剛出版［2010］）ほか。

あなたの自己回復力を育てる
認知行動療法とレジリエンス

印　　刷	…………………………………………………………	2015 年 4 月 10 日
発　　行	…………………………………………………………	2015 年 4 月 20 日
著　者	…………………………………………………………	マイケル・ニーナン
監訳者	…………………………………………………………	石垣琢麿
訳　者	…………………………………………………………	柳沢圭子
発行者	…………………………………………………………	立石正信
発行所	………………………………	株式会社 金剛出版（〒112-0005 東京都文京区水道 1-5-16）
		電話 03-3815-6661　振替 00120-6-34848
装　幀	…………………………………………………………	永松大剛（BUFFALO.GYM）
印刷・製本	…………………………………………………………	三報社印刷

ISBN978-4-7724-1418-0　C3011　©2015　Printed in Japan

認知行動療法を身につける
グループとセルフヘルプのためのCBTトレーニングブック

[監修]=伊藤絵美　石垣琢麿　[著]=大島郁葉　安元万佑子

●B5判　●並製　●208頁　●定価 **2,800**円+税
● ISBN978-4-7724-1205-6 C3011

CBTの誤解を払拭し、
ストレスマネジメントとセルフヘルプによるCBTの真実を提案する。
クライエント個々のニーズに応じた
オーダーメイド式CBT。

リジリエンス
喪失と悲嘆についての新たな視点

[著]=ジョージ・A・ボナーノ　[監訳]=高橋祥友

●四六判　●上製　●250頁　●定価 **2,800**円+税
● ISBN978-4-7724-1287-2 C3011

死別の過程をきわめて新鮮に、
科学的な根拠に基づいて描き出し、
肯定的感情、笑い、死後も続く絆について実例を挙げて解説。
ジョージ・ボナーノによる画期的名著の待望の邦訳！

リジリアンスを育てよう
危機にある若者たちとの対話を進める6つの戦略

[著]=M・ウンガー　[訳]=松嶋秀明　奥野光　小森康永

●A5判　●並製　●208頁　●定価 **2,600**円+税
● ISBN978-4-7724-1404-3 C3011

リジリアンス研究を牽引するマイケル・ウンガーが
「非行少年」「問題のある若者」たちとの臨床から
非行文化のエコロジーを通して示す
ストレングス志向の新たなパースペクティブ。